# 멘토링
# 인격 오디세이

좁은 인격 넓은 인격

# 멘토링 인격 오디세이

류재석 지음

이담 Books

　이 책은 멘토링 인격시리즈 1권으로 인격에 관한 본질(Essence)적인 내용으로 주요내용
은 멘토링에 관한 중요성, 그리고 인격에 관한 본질로 인격개념, 인격정의, 인격진단, 인격
평가, 인격개발 방법을 다루었고 마지막으로 독자들이 호감을 갖는 인격멘토링 사례 편을
다루었다.

　이 인격 4권 시리즈는 내부적으로는 먼저 멘토개발 및 인재개발 교재로 사용될 것이고
외부적으로 오늘날 사회 각 조직마다 상실된 인간성과 지도자들의 윤리 리더십을 회복하
는 데 활용될 것이다.

　특히 이번 인격개발 4권의 도서는 그동안 우리 사회에서 좁은 인격의 틀을, 앞으로 넓
은 인격의 틀로 전환의 계기를 마련하여 전 사회적으로 자정 프로그램으로, 그리고 국가적
인 차원에서는 선진 문턱을 넘는 국격을 높이는 인간 벨트(Human Belt) 구축에 핵심 프로
그램으로 활용될 수 있을 것이다.

# 서 문

## 1. 오늘날 인격의 현상

### [좁은 인격에서 넓은 인격으로]

인격은 사람의 격식을 뜻하는 낱말로서, 한 사람이 이룩한 사람됨을 뜻한다. 우리가 이룩한 사람됨에 따라 인격이 고매한 사람으로 살아갈 수도 있고, 그렇지 않을 수도 있다. 그래서 인격을 도야(陶冶)하는 일은 사람다운 사람이 되어 가는 것을 뜻하며, 사람다운 사람이 되는 일이 혼자의 힘만으로 되는 일이 아니기에 서로 도와주고 살펴주는 일이 필요하다. 또한 사람다운 사람이 될 수 있도록 가르치고 기르는 일, 즉 인격개발을 요구하게 된다.

그러나 오늘날 우리 사회는 그동안 산업사회 여파로 첨단기술(Hightech)경영과 성과(High Performance)경영에 치우친 나머지 좁은 인격 체제 속에서 제도권 교육의 붕괴, 조직구성원의 인간성 상실, 그리고 지도자들의 윤리리더십 상실로 심각한 후유증에 시달리고 있다.

멘토링은 지금부터 3250년 전에 넓은 인격을 내용으로 인재개발 툴(Tool)로 개발되어 맥킨지 컨설팅의 평가대로 21세기 인재전략에 큰 힘을 발휘하고 있다.

| 한국 그동안 좁은 인격 이유 | 구분 | 한국 앞으로 넓은 인격 전향 |
| --- | --- | --- |
| Charisma(카리스마) | 리더십 | Servant(섬김) |
| Equal(평준화) | 교육 | Fair(수준별) |
| Product(생산중심) | 경영 | People(인간중심) |
| 물적 빈곤 | 자원 | 물적 풍요 |

필자는 멘토링코리아 설립 이후(1998. 2. 1.) 계속해서 인격 프로그램을 교육 및 컨설팅 현장에서 핵심내용으로 적용하여 왔고 금번 창립 13주년을 맞아 "좁은 인격에서 넓은 인격으로"라는 슬로건을 내걸고 그동안 10여 년에 걸쳐 준비한 자료로 인격 시리즈 4권을 출간하게 되었다.

## 2. 멘토링 인격개발

### 1) 인격개발 의미

멘토링의 역사는 '잔닥제도 B.C. 1400년 구약 모세시대'와 '멘토제도 B.C. 1250년 그리스신화'로 구분하여 설명할 수 있다. 그러나 인격적인 면에서는 두 제도가 대동소이하다고 볼 수 있다. 잔닥제도는 잔닥이 신앙생활과 사회생활의 양면에서 전인적인 삶에 조언자가 되는 것이고 멘토제도는 멘토가 수학, 철학, 논리학을 교재로 오늘날 인격을 상징하는 지정의 3요소를 균형 있게 개발해 주는, 역시 전인적인 삶의 조언자이기 때문이다. 그러므로 인격개발의 우선순위는 멘토를 인격적으로 개발하고 그다음 멘제를 자신과 같은 인격적인 리더로 개발하고자 하는 데 근본 의미가 있는 것이다.

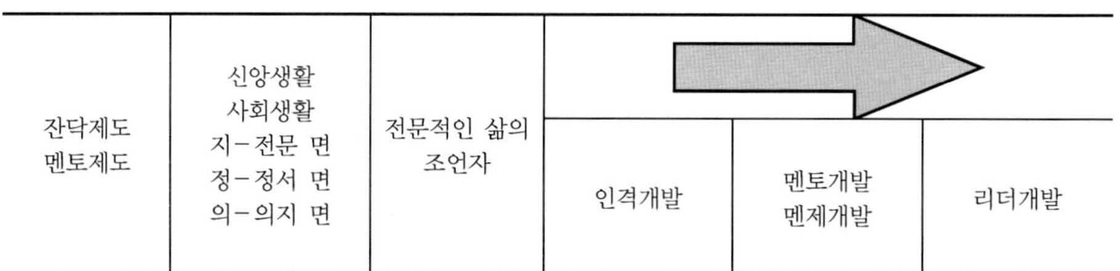


### 2) 오늘날 인격개발 필요성과 멘토링의 놀라운 힘

오늘날 사회 각 조직마다 인간성 상실과 제도권교육의 교실붕괴로 인격개발이 절실히 필요한 시대이다. 아래 개인의 입장, 조직의 입장, 그리고 사회의 입장에서 필요성을 찾아보고 특히 맥킨지 컨설팅이 평가한 "멘토링이 21세기 인재전략에 놀라운 힘을 발휘하고 있다"는 점을 이 책에서 찾아보도록 하자.

| 구분 | 내용 | 21세기 멘토링의 놀라운 힘과 세부내용 |
|---|---|---|
| 개인 | 균형인간 | 인격 3요소인 지정의(知情意)를 균형 있게 개발하여 개인적으로 인간존중을 받고 자기를 실현하는 데 멘토링 인격개발이 필요하다.<br>－전통적 멘토링(Typical Mentoring) |
| 조직 | 균형경영 | 인간성과 생산성의 균형경영으로 인재경쟁력을 확보하고 행복한 개인과 희망찬 조직을 건설하는 데 멘토링 인격개발이 필요하다.<br>－제도적 멘토링(System Mentoring) |
| 사회 | 균형사회 | 우리 사회 Hightech와 Hightouch를 균형 있게 개발하고 인간성과 윤리리더십을 회복하여 사회적으로 인간 벨트(Human Belt)를 구축하고 국격(國格)을 높여 선진국 문턱을 넘는 데 멘토링 인격개발이 필요하다.<br>－사회적 멘토링(Social Mentoring) |

## 3) 인격개발 방법

이 책에서는 인격개발 방법으로 (1) 두뇌활용법, (2) 멘토활용법, (3) 교육활용법 등 3가지 방법을 제시하고 있다.

(1) 두뇌 활용법: 양뇌이론(Dual Brain)으로 지성의 좌뇌와 감성의 우뇌를 개발한다.

(2) 멘토 활용법: 멘토 자신과 같은 리더로 재생산 기법인 4Step－10Skill을 활용한다.

(3) 교육 활용법: 교육, 컨설팅, 미팅 등 일정시간, 기간에 개발 프로그램을 활용한다.

## 4) 이 책의 출간 목적

오늘날 우리 사회에서 정치, 경제, 교육, 교회 등 지도자들의 윤리 리더십이 강하게 요구되고 있음에도 아쉬운 점은 대한민국에는 제도권 교육이나 기타 조직에서 좁은 인격 프로그램으로 인하여 교실이 붕괴되고 각 사회 각 계층마다 인간성 상실로 그 후유증이 심각한 상태에 이르고 있는 것이다.

금번 그동안 멘토링의 핵심내용으로 다루었던 인격 프로그램을 아래의 출간 목적으로 방대한 내용을 4권으로 책으로 출간했다.

## (1) 인간성 회복

제도권교육의 인격상실교육과 조직의 첨단기술(Hightech)경영 및 성과(High Performance)경영으로 상실된 인간성을 인격 프로그램으로 회복하기 위함이다.

(2) 멘토개발 교재

인격개발용 신간 4권의 인격 시리즈는 인격을 갖춘 멘토로 개발하고 각 조직에서 인재개발을 위한 교재로 사용하기 위함이다.


(3) 인간 잠재역량 개발

인격을 구성하는 15개 핵심역량을 개발함으로 멘토의 자신 개발과 동시에 멘제의 역량개발로 상호 간 잠재역량개발을 하기 위함이다.


(4) 인격적으로 존경받는 리더

우리 사회 각 조직마다 지도층에 있는 리더들이 언행일치, 타인배려, 섬김 리더십 등을 발휘하여 정부조직을 비롯해서 모든 사회 조직이 국민과 구성원들로부터 먼저 신뢰받고 특히 인격적으로 존경받기 위함이다.


(5) 국격과 인성자정 프로그램

국가의 품격을 높이기 위한 대안으로 제도권교육계와 기업 등 사회 법적 조직, 협회 학회 단체 등 자율조직의 리더급 위치에 있는 사람들에게 상실된 윤리 리더십 회복과 언행일치의 삶 등 자정 프로그램으로 적용하여 선진국 대열에 진입의 계기를 마련하기 위함이다.

# 인격 시리즈 4권의 단행본 소개

멘토링 인격 프로그램은 2000년부터 교육 및 컨설팅 과정에서 핵심내용으로 적용되어 왔다. 금번 그동안 10년에 걸쳐 인격에 관한 강의 자료를 종합하여 4권의 신간에 그 내용을 담아 출간하였다.

이 인격 시리즈 4권은 내부적으로는 먼저 멘토 개발 및 인재 개발 교재용으로 활용될 것이고 외부적으로 오늘날 사회 조직마다 상실된 인간성을 회복하고 지도자들이 윤리 리더십을 회복하는 자정 프로그램으로, 그리고 국가적인 차원에서는 선진국 문턱을 넘는 국격을 높이는 인간 벨트(Human Belt) 구축에 핵심 프로그램으로 활용될 것이다.

| 권수 | 도서 제목 및 내용 |
|---|---|
| 인격 1권 Book 1.<br>본질 편(Essence) | **멘토링 인격 오디세이** |
| | 제1부. 21세기 멘토링의 중요성<br>제2부. 멘토링 인격 오디세이<br>제3부. 멘토링 인격 사례모델 |
| 인격 2권 Book 2.<br>가치 편(Worth) | **멘토링 인간가치 경영** |
| | 제1부. 멘토링 인간 중심 경영<br>제2부. 멘토링 인간 가치 개발 프로그램<br>제3부. 멘토링 인간가치 개발 명상록 |
| 인격 3권 Book 3<br>기술 편(Skill) | **멘토링 활동 촉진기술** |
| | 제1부. 멘토링 소통기술 개발<br>제2부. 멘토링 감성기술 개발<br>제3부. 멘토링 미팅기술 개발 |
| 인격 4권 Book 4.<br>생애 편(Life) | **멘토링 생애진단도구** |
| | 제1부. 멘토링 행동지침 12<br>제2부. 멘토링 생애진단도구<br>제3부. 멘토링 생애개발계획 |

# 출간 감사(Thanks)

멘토링코리아 설립 당시(1998. 2. 1.) Bob Biehl 박사(美 멘토링전문가)와 William Gray 교수(加 브리티시 대학)로부터 전화, 이메일, 책자 등의 귀중한 자료를 제공받은 것에 대하여 두 분에게 진심으로 감사를 드린다.

초창기부터 한국적인 정서에 맞는 올바른 이론 정립과 생산성 확보에 필수적인 실행 프로그램을 개발하는 데 전문연구원으로 동참한 민홍기 박사, 김영회 박사, 최창호 박사, 최명국 박사, 탁충실 위원, 그리고 최근에 합류한 김순환 박사, 이제빈 박사, 한광훈 박사, 김해영 박사, 조병용 박사, 김동철 박사, 김성일 군목, 조주영 박사, 안만수 박사, 전종현 위원, 박화현 위원, 문일상 위원에게 감사를 드린다.

멘토링 자격증을 취득하고 전문업체로 멘토링 보급에 파트너십을 하고 있는 김호정 원장(멘토링솔루션), 이용철 원장(한국멘토링코칭센터), 나병선 대표(멘토링코리아컨설팅), 홍은경 소장(핸즈코리아), 이영남 대표(SMI KOREA)와 신정범 목사(큰비전교회), 이순길 목사(수원 소망교회) 등 현장에서 멘토링 보급에 앞장서고 있는 68명 멘토링 지도사에게 감사를 드린다.

멘토링 불모지 한국에서 정부기관 도입에 앞장선 노동부 정원호 서기관, 농림수산부 신경순 사무관, 지식경제부 김영화 서기관, 행정안전부 이정래 서기관, 그리고 교육과학기술부 임용우 팀장, 한국장학재단 이경숙 이사장님께 감사를 드린다.

멘토링은 저자에게 하나님이 25년 만에 기도의 응답으로 주신 선물(Gift)이다. 이에 감사하는 마음으로 멘토링에 열정을 가지고 다이아몬드와 같은 고품질의 프로그램으로 개발하여 1) 하나님께 영광, 2) 조직 개발에 기여, 그리고 3) 많은 사람에게 유익을 주어(고전 10:31~33) 하나님의 은혜에 보답하고자 한다.

저자의 멘토로서 8년간 저자에게 청교도 삶을 각인시킨(1980~1988) 故 김용기 장로님(가나안농군학교 설립자)과 대를 이어 멘토링 관계를 이어 오고 있는 김평일 가나안농군학교 교장께 감사를 드린다.

이번 책은 그동안 저자의 기도의 응원군인 서현교회 김경원 목사님과 성도님들, 그리고 저자의 에너지 근원이 된 아내 임금자를 포함한 가족 류환, 류현, 한현숙, 류경헌, 류나안, 안성훈, 류지영, 안서연 모두에게 감사를 드린다.

마지막으로 어려운 여건 속에서도 기꺼이 출판을 맡아 수고해 주신 한국학술정보㈜ 출판사 임직원께 심심한 감사를 드린다.

2011. 02. 01.

류재석 드림

# Contents

# 제1부
# 21세기 멘토링의 중요성

    제1부에서는 오늘날 인격개발 멘토링의 역사성과 중요성을 다루었다. 멘토링은 지금부터 3250년이라는 인류 역사상 가장 오래된 전인적인 인간개발 프로그램이다. 한 사람이 다른 사람과 관계를 맺고 인간성장에 도움을 주는 일련의 과정을 멘토링이라 한다. 그 도움은 다양한 형태로 이루어지며, 전통적(Typical) 멘토링에서는 개인과 개인이 전인적인 인생의 후원자로서의 역할을 들 수 있고, 현대에서는 제도적(Systematic) 멘토링이 조직경영에서 인재경쟁력으로 인간성 바탕에 생산성 확보를 목적으로 두고 있다.

    * 한 사람의 삶에 진정한 변화를 가져다준다.
    * 조직경영에서 인재 경쟁력을 가져다준다.

### Mentoring Story

    이타카(Ithaca) 왕국의 오디세우스 왕이 트루이(Troy) 전쟁(B.C. 1250년)에 출정하면서 집안일과 아들 텔레마코스(Telemachus)의 교육을 그의 친구인 멘토(Mentor)에게 맡긴다. 오디세우스가 전쟁에서 돌아오기까지 무려 20여 년 동안 멘토는 왕자의 친구, 선생, 상담자, 때로는 아버지가 되어 그를 잘 돌보아 주었다. 이후로 멘토라는 그의 이름은 지혜와 신뢰로 한 사람의 인생을 이끌어 주는 지도자의 동의어로 사용되었다.

    멘토의 상대자를 멘제(韓: menger), 멘티(美: mentee), 멘토리(英: mentoree), 프로테제(佛: Protege)라 한다.

# 제1장
# 멘토링 유래

## 1-1. 멘토링 두 가지 유래

인류역사 이래로 오늘날까지 멘토링은 인간의 관계본능 지향으로 사회 구석구석에 자리 잡아 왔는데 이와 같이 개인 간 만남과 헤어짐이 자유롭게 이루어지는 형태를 전통적 멘토링(Typical Mentoring)이라 부른다. 이러한 멘토링 프로그램은 미래에도 인간이 존속하는 한 널리 활용될 것으로 예견한다.

멘토링 및 후견인제도가 역사의 흐름 속에서 발전적으로 체계와 철학을 정립하게 되는데 저자는 여기에서 두 가지 면에서 검토했다.

그의 한편은 유대나라를 중심으로 한 잔닥(Zantak)제도로 오늘날 유대교의 랍비와 천주교 대부제도로 전승되어 왔다.

다른 한편은 그리스를 중심으로 발전한 멘토(Mentor)제도로 오늘날 유럽 및 북미 지역에서 멘토제도로 전승되어 온 것이다. 다음과 같이 좀 더 자세히 소개하고자 한다.

### 1. 잔닥제도(Zantak System)

기독교 신앙의 본산지인 유대나라의 히브리 문화권에서 구약모세(B.C. 14세기) 오경에서 남자아이 출생 8일 만에 하나님과 약속한 할례(창 17:10~27)(음경 포피

수술) 시술 장면이 나오는데 이때 아버지, 모헬(의사), 잔닥(Zantak: 최병덕 교수 저서 참고)이 함께하고 그중 잔닥이 아이를 껴안고 그 후에는 신앙생활과 사회생활 지도를 맞게 되는데 오늘날 유대교의 랍비제도와 천주교의 대부제도가 그 그림자라고 볼 수 있다.

## 2. 멘토제도(Mentor System)

서양철학의 본산지인 그리스의 헬라 문화권에서 호머의 그리스 신화에 멘토(Mentor)가 첫 등장하게 되는데 이타카 왕의 오디세우스가 트로이 전쟁(B.C. 1250년)에 출정하게 되면서 어린 텔레마코스 왕자를 친구인 멘토에게 맡기고 그 후 귀향하기까지 20년 동안 왕자를 지혜롭고 현명한 왕으로 성장시켰다는 데서 기인하며 오늘날 유럽의 길드, 도제, 마이스터, 북미의 청소년 멘토링(BBS) 등 멘토제도로 전승되었다고 볼 수 있다.

**[인격 멘토링 유래]**
**잔닥제도 1. 히브리 문화권(이스라엘 지역중심 B.C. 1400년대) – 잔닥**
 – 할례예식에서 잔닥 – 부친 모헬 중 잔닥 – 신앙지도/생활지도 – 인격개발
 – 오늘날 유대인 – 랍비제도 천주교 – 대부모제도

**멘토제도 2. 헬라 문화권(그리스 지역중심 B.C. 1250년대) – 멘토**
 – 최초 멘토/텔레마코스 – 수학, 철학, 논리학 교재 – 지정의 상징 – 인격개발
 – 프랑스 페넬롱 – 유럽의 길드제도 – 영국의 도제제도
 – 미국의 BBS(청소년 멘토제도 1904년)

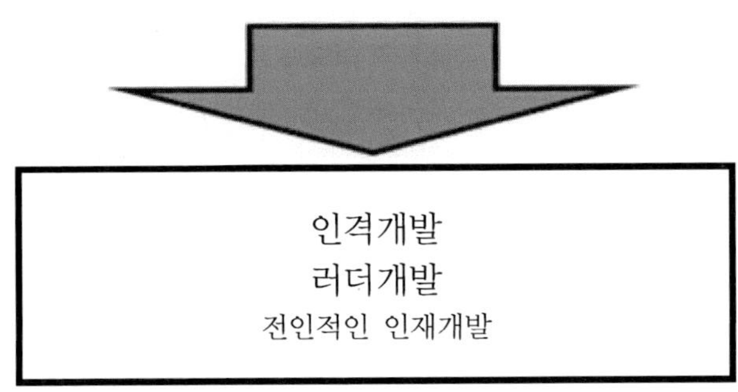


## 3. 제도적 멘토링(System Mentoring)

오늘날 조직개발용으로 체계 있게 프로그램을 갖춘 제도적 멘토링은 1970년대 북미지역의 Bobb Biehl(美: MGI대표), Levinson 교수(예일대), Roche 교수(하버드대), William Gray 교수(加 브리티시대), Howard Hendricks(달라스신학교)에 의하여 열정적으로 기업, 학교, 교회, 공공기관 등 조직개발 프로그램을 개발하면서 맥킨지 컨설팅 그룹, GE그룹 등에서 모범적으로 앞장서서 실행함으로써 조직에서 제도적으로 정착을 이루었다고 볼 수 있다.

## 4. 멘토링코리아(Mentoring Korea)

국내에 멘토링이 도입된 지는 약 30년 전으로 볼 수 있다. 주로 멘토링을 체험한 유하파 교수들이 귀국하면서, 한편으로는 교회를 중심으로 네비게이토 선교사들이 1:1 성경공부 형대로 부분직으로 도입이 이루어졌다.

국내에 체계적이고 전문적으로 종합 프로그램 도입이 시도된 것은 저자의 멘토링쿠리아 설립(1998. 2. 1. 설립)이 시발점이 되이 류재식 대표, 탁충실 위원, 민홍기 박사, 김영회 박사, 최창호 박사, 최명국 박사 등으로 전문연구팀이 구성되어 연구활동의 시점부터라고 볼 수 있다.

# 1-2. 한국적 멘토링 차별성

멘토링코리아에서 멘토링 프로그램을 국내에 최초로 도입하면서 한국적 정서와 문화를 감안하여 멘토링 주제로 인간(A Person), 멘토링 내용으로 인격(Personality), 멘토링 목적으로 리더개발(Leadering)로 개념을 정리하고 아래 3가지 관점에서 해외 프로그램과 차별화를 시도했다.

## 1. 균형인간

멘토링 프로그램의 핵심을 인격프로그램으로 설정하고 전인적인 개발방법인 지정의(知情意) 3요소를 균형 있게 개발하여 인격적인 리더로 성장하는 데 차별화하였다.

| 인격<br>Personality | 知 | 전문적인 면 | 균형인간<br>Balance a Person |
| --- | --- | --- | --- |
| | 情 | 정서적인 면 | |
| | 意 | 의지적인 면 | |

## 2. 균형경영

한국적인 실정과 특히 제도적 조직인 기업 등을 감안하여 인간성과 생산성을 균형 있게 경영함으로써 행복한 개인과 희망찬 조직을 건설하는 데 차별화하였다.

| 경영<br>Business | 인간성 경영 | 멘토 | 균형경영<br>Balance Biz |
| --- | --- | --- | --- |
| | 생산성 경영 | Ceo(상급자) | |

## 3. 균형과정

멘토링 활동을 체계적으로 진행할 수 있도록 일정기간을 1) 준비과정, 2) 도입

과정, 3) 활동과정, 4) 평가과정으로 각 과정을 균형 있게 관리할 수 있도록 차별
화하였다.

| 과정<br>Process | Process 1 | 준비과정 | 균형과정<br>Balance Process |
|---|---|---|---|
| | Process 2 | 도입과정 | |
| | Process 3 | 활동과정 | |
| | Process 4 | 평가과정 | |

## 1-3. 멘토링 한 사람 철학

### 1. 탈무드

인류에게는 단 하나의 조상이 있을 뿐이다. 따라서 어느 한 사람이 다른 한 사
람보다 우월하다고 할 수 없다. 만일 당신이 어떤 사람을 죽였다면 온 인류를 죽
인 것과 같다. 또 어떤 사람의 목숨을 건져 주었다면 온 인류를 구한 것과 같다.
세계는 한 사람에 의해 시작되었으므로 그 최초의 사람을 죽였다면 오늘날 인
류는 존재하지 않았을 것이기 때문이다.

### 2. 소크라테스(철학자)

가장 위급한 순간이 오면 결국 현명한 한 사람이 전체 사회를 구할 것이다. 그
러나 그 반대의 경우는 없을 것이나

### 3. 파스칼(철학자)

인간은 하나의 연약한 갈대에 지나지 않는다. 모든 자연 중 가장 약한 존재이
다. 그러나 그것은 생각하는 갈대이다. 그를 무찌르기 위하여 전 우주가 무장할
필요는 없다. 한 줄기의 증기, 한 방울 물만으로도 그를 죽이기에 충분하다. 그러

나 우주가 그를 무찌른다 해도 인간은 자기를 죽이는 자보다 더 고귀하다. 왜냐하면 인간은 자기가 반드시 죽어야만 한다는 사실과 우주가 자기보다 강하다는 사실을 알지만, 우주는 그것을 전혀 모르고 있기 때문이다.

4, 잭 웰치(전, 제너럴일렉트릭 최고경영자)

최고의 인재를 뽑을 수 있고 최고의 인재를 키울 수 있다면 그 기업은 성공할 것이다.

경영자는 한 손에는 물뿌리개를, 한 손에는 비료를 들고 꽃밭에서 꽃을 가꾸는 사람과 같다.

인적 자원이 중시되는 미래 지식기반 경제에서 경영자의 가장 중요한 역할이란 바로 인적 자원 개발이다. 나는 업무시간의 70%를 꽃밭에서 보내고 있다.

5. 마쓰시타 고노스케(전, 마쓰시타전기산업 회장)

단골손님이 "당신네 회사는 무엇을 만들고 있느냐"라고 질문할 때마다 "마스시타(송하) 전기는 사람을 만들고 있다. 전기 제품도 만들고 있지만 이에 앞서서 사람을 만들고 있다"라고 대답한다.

6. 빌게이츠(마이크로 소프트 창업자)

"만일 어느 날 아침에 깨어 보니 마이크로소프트가 화재로 모두 타 잿더미가 되었다 하더라도 내게 20명의 최우수 직원만 준다면 빠른 시일 내에 모든 것을 다시 시작할 수 있다."

## 7. 김승호(보령 회장)

기업은 곧 사람이다. 사람을 가장 우선으로 생각하는 정신이 없으면 그 기업은 이미 기업으로서의 생명을 잃은 것이다. 기업의 생명력은 바로 사람을 존중하고 귀하게 여기는 마음에서 비롯된다. 바로 이러한 인간존중 정신이 보령제약의 창업 철학이자 존재이유다.

## 8. 이건희(삼성 회장)

우수인력 한 사람이 10만 명을 먹여 살린다. 바둑 1급 10명이 힘을 모아도 바둑 1단 한 명을 이길 수 없다.

성공하는 경영자는 본능적으로 사람 욕심이 있어야 한다., 우수 인재를 확보하고 양성하는 것이 기본 책무다.

## 9. Steven Scott(포춘지 500대 기업 중 8번째 부자 CEO)

훌륭한 선생님이나 코치는 학생의 능력을 25%에서 50% 정도, 기껏해야 100% 상승시킬 수 있을 뿐이지만 훌륭한 멘토는 그 수준을 1,000%에서 5,000%, 때로는 1만 %까지 높여 줄 수 있다.

예를 들어, 비즈니스 멘토는 내 수입을 5만 600% 이상 높여 주었다. 대인관계 멘토는 내가 아내의 마음을 돌려서 우리가 경험해 보지 못했던 가장 행복하고 완벽한 관계를 형성할 수 있도록 도와주었다.

## 10. 제프리 페퍼(스탠퍼드대 교수)

기술이나 가격은 경쟁기업이 쉽게 모방할 수 있지만 사람의 의욕과 창의성을 극대화시키는 인재개발 정책은 쉽게 모방할 수 없는 장기적인 기업경쟁우위의 원천이다.

## 11. 아인슈타인(물리학자)

인간이 경험할 수 있는 최고의 아름다움은 생명의 신비로움이다. 진정한 예술과 과학은 바로 이 신비로움 안에 있다.

과학과 예술은 이성과 감성에서 각각 흘러나오지만, 그 처음을 찾아가면 생명의 노래가 넘치는 인간의 근원에 도달하게 된다. 그러나 인간은 잠재능력의 10%밖에 사용하지 않는다.

## 12. 솔로몬(이스라엘 왕국 제3대 왕)

두 사람이 한 사람보다 나음은 저희가 수고함으로 좋은 상을 얻을 것임이라. 혹시 저희가 넘어지면 하나가 그 동무를 붙들어 일으키려니와 홀로 있어 넘어지고 붙들어 일으킬 자가 없는 자에게는 화가 있으리라.

두 사람이 함께 누우면 따뜻하거니와 한 사람이면 어찌 따뜻하랴. 한 사람이면 패하겠거니와 두 사람이면 능히 당하나니 삼 겹의 줄은 쉽게 끊어지지 아니하느니라.

## 13. 피터 드러커(경영학자, 작가)

경제적 발전에서 최대의 자원이 되는 것은 인간이다. 경제를 발전시키는 것은 인간이며 자본이나 원료가 아니다. 미개발국에서도 가장 필요로 하는 것은 새로운 조직을 만드는 일—그것은 바른 판단력을 구사하여 책임 있는 결정을 내리는 유능한 사람들을 적절하게 조직화하는—을 할 수 있는 사람이다.

## 14. 마더 테레사(수녀)

나는 결코 대중을 구원하려고 하지 않는다. 난 한 번에 단지 한 사람을 사랑할 수 있다. 한 번에 단지 한 사람만을 껴안을 수 있다. 단지 한 사람, 한 사람, 한 사람씩만⋯⋯.

따라서 당신도 시작하고 나도 시작하는 것이다.

난 한 사람을 붙잡는다. 만일 내가 그 사람을 붙잡지 않았다면 난 4만 2천 명을 붙잡지 못했을 것이다. 모든 노력은 단지 바다에 붓는 한 방울 물과 같다.

하지만 만일 내가 한 방울의 물을 붓지 않는다면 바다는 그 한 방울만큼 줄어들 것이다.

당신에게도 마찬가지다.

당신의 가족에게도 당신이 다니는 직장에서도 마찬가지다.

단지 시작하는 것이다.


## 15. 예수님 한 사람의 발자취

바다도 푸르고 하늘도 푸른 맑은 날에, 주님과 성도는 해변가에 두 발자국을 남기면서 거닐었다. 얼마 후 폭풍과 비바람이 몰아치는 시련의 시기가 찾아왔다. 성도는 있는 힘을 다해 그 시련기를 겨우 통과하게 되었다. 그리고 뒤를 돌아보니, 그 시기엔 하나의 발자국만 있음을 보았다. 성도는 주님께 말했다. "주님! 그 어려운 시기에 어디로 가 버렸습니까? 저를 버리셨습니까?" 주님이 대답했다. "그건 내 발자국이란다. 그때 내가 널 업고 걸었지."

 * 멘토 예수님께 얼마나 업혀서 살고 있나요?

## 2-1. 멘토링 관점에서 중요성

### 1. 인격(Personality Plan)

오늘날 사회 각 조직에서 첨단기술(Hightech)과 성과경영(High Performance) 위주의 부작용으로 인간상실이라는 심각한 상태에 직면하고 있으면서도 제도권 교육과 기업을 비롯한 각 조직에서조차 좁은 인격 프로그램의 틀에서 교실붕괴, 쓸 만한 인재 찾기에 인재전쟁이라는 단어까지 거론이 되고 있는 현실이다

멘토링 프로그램은 한 인간(A Person)을 주제(Theme)로, 인격(Personality)을 내용으로, 그리고 리더개발(Leadering)을 목적(Purpose)으로 하고 있다.

금번 멘토링 인격(Personality Plan)은 넓은 인격 프로그램을 염두에 두고 먼저 인격개발용 도서를 출간하여 체계적으로 상실된 인간성을 회복하고 사회 각 계층 지도자들이 윤리 리더십을 회복하여 인격적으로 존중받고 더 나아가 대한민국의 국격을 높이는 데 보탬이 되어 선진국 문턱을 넘는 계기가 마련될 것으로 기대한다.

### 2. 한마음 동행(Partner Plan)

멘토링의 1차 관심은 타인의 배려다. 멘토는 멘제를 신뢰하고 멘제는 멘토를 존경하여 한마음동행을 이루게 된다. 한마음 동행 프로그램은 각 조직에서 상하 직 간 대화 활성화와 조직 간 업무 협조 활성화와 그리고 구성원 중 슬럼프(Slump) 사원을 회복하는 멘토링 컨설팅 과정이다.

특히 갈수록 지적이나 업무중심의 살벌한 조직 분위기를 정서적인 프로그램으로 따뜻한 분위기를 조성하고 노사 간 인간 벨트(Human Belt)를 통하여 한마음 동행으로 신규직원 한마음, 슬럼프 회복 마음관리 한마음, 그리고 노사 간의 화합한 마음 프로그램을 제공한다.

멘토링 경영은 인간성과 생산성의 균형 경영에서 얻어지는 개인만족감과 조직의 효율성으로 구성원과 조직과 고객의 Win Win을 지향하는 한마음 공동체로 행복한 개인과 희망찬 조직을 구축하는 프로그램이다.

## 3. 행복(Happy Plan)

이 세상에서 가장 행복한 조직은 가정이다. 특히 기독교에서는 가정을 하나님이 주신 천국의 모델이라고 중요시한다. 가정이 행복한 것은 엄한 아버지와 따뜻한 어머니의 균형 있는 역할분담 때문인 것이다.

멘토링 직원행복 Plan은 이러한 가정의 원리를 조직에 적용하여 조직에서 상급자가 현재대로 생산성(Productivity)을 강하게 추진하고, 멘토는 인간성(Humanity)을 따뜻하게 추진함으로 균형 있는 인간중심 경영이 이루어져 결과적으로 개인의 행복김과 조직의 효율싱을 동시에 추구할 수 있는 것이다.

## 4. 희망(Hope Plan)

멘토링 희망 프로그램은 둘이서 하나 되어 희망이야기를 만들고, 각 사회 조직은 개인만족감과 조직의 효율성으로 행복한 직장을 만드는 프로젝트다. 오늘날 사회는 경제위기, 지도자의 리더십 위기, 그리고 청소년의 위기라는 3대 위기에 처해 있다.

후배는 멘토를 찾고 선배는 멘토가 되어 주고 청소년은 멘토를 찾고 어른들은 멘토가 되어 주고 이와 같이 아름다운 동행으로 개인과 조직의 부흥 발전은 물론 거시적으로는 사회적인 위기를 극복하는 데 도움을 보태고자 하는 것이다.

지금까지 우리 경영자들은 하이테크(Hightech) 방법으로 지적 역량을 통하여 구성원들을 교육 프로그램으로 조직의 지도자를 개발하는 역할을 성공적으로 잘하여 왔다.

그러나 오늘날 21세기는 정보화 시대로 새로운 경영 패러다임을 강하게 요구받고 있다. 여기에 대응하는 경영자는 아쉽게도 그렇게 많지 않은 것 같다. 여기에서 경영자 개인위기, 조직의 위기, 나아가서 국가의 위기로 연결되는 것이다.

이제는 바로 하이터치(Hightouch) 방법으로 감성역량을 통하여 현장에서 멘토링의 삶의 프로그램으로 소통이 원활한 자녀와 같은 현장 지도자 멘토를 양성하여 그 멘토를 작은(Small) 경영자로 하여 위임(Delegation)공동 멘토제도를 도입하는 것이 오늘날 경영자에게 희망찬 직장 만드는 프로젝트가 될 것이다.

## 2-2. 개인 관점에서 중요성

오늘날 멘토링이 각 개인에게 그토록 중요하게 된 네 가지 주요 원인으로는 다음과 같다.

1. 유동성(流動性), 2. 남성다움/여성다움, 3. 모범, 4. 작은 집단,
5. 자녀와 후손 등이다.

### 1. 유동성(流動性)

우리 사회의 유동성은 불안정한 심리를 널리 유포시키고 인간관계의 단절을 가져온다. 가까이 사는 친척이라고 해야 수십 혹은 수백 리 떨어진 곳에 살고 있다. 사람들은 과거에 자연스럽게 멘토가 되었던 이모나 삼촌과 멀리 떨어져 살게 되었다. 우리는 자연스럽게 가르침을 받는 멘토링 관계를 발전시키기 위하여 특

별한 노력을 기울여야만 한다.

## 2. 남성다움/여성다움

내가 조사한 남성 중에서 30%가량이 자신의 남성다움에 관한 문제로 고심하고 있었다. 그들은 다음과 같은 질문을 하였다. "남자란 무엇인가? 어떻게 완전한 남자로 성장하는가? 남자는 자신이 남자라는 것을 언제 알게 되는가?" 멘토링은 남성다움의 문제가 드러나고, 논의되고, 정의될 수 있는 기회를 제공해 줄 수 있다. 또한 멘토링 과정에서가 아니면 불가능한, 확신의 단계로 들어갈 수 있도록 도와준다. 여성들도 마찬가지로 성인이 되고 성인다운 생각을 갖기 위해 애를 쓴다. 성숙한 여성 멘토는 가정에서 어머니가 가르쳐 줄 수 없는 수준의 여성다움을 갖도록 도와주고 모범을 보여 줄 수 있다.

## 3. 모범

멘토링이 오늘날 중요한 또 다른 이유는 어른으로서의 역할과 관계에 대한 건전한 모범의 필요성이 절박해졌기 때문이다. 당신은 '하이테크'나 '하이터치'라는 말을 들어 보았을 것이다. 이런 말들은 과학 기술이 날로 정밀해짐에 따라 삶의 균형을 유지하기 위해 따뜻한 인간관계의 필요성이 더욱 증가하고 있다는 것을 보여 준다. 우리는 첨단기술 사회에 접어들면서 더욱 깊은 인간관계를 필요로 한다. 우리는 사람들과 이전에 경험하지 못했던 차원의 관계를 유지할 필요가 있다.

엘빈 토플러(Alvin Toffler)는 미래쇼크(Future Shock)에서 변화가 빠른 속도로 일어나면 모든 의미가 흐려지기 시작한다는 점을 지적했다. 첨단기술시대에 걸맞게 변화가 급속도로 진행되면, 우리가 깊은 진리와 밀접한 멘토링 관계를 유지하는 일이 더욱 중요해진다. 멘토링은 기술이나 가치나 사회가 얼마나 발전하는가에 상관없이, 혹은 우리의 주변 생활환경이 얼마나 변화되는가에 상관없이 변치 않는 일관성을 제공해 준다. 우리는 성인으로서 수행해야 할 역할과 관계에 대한 건전한 모범을 필요로 한다. 첨단 기술세계를 살아가는 우리는 종종 기계나 컴퓨터에 주로 관련된 사람을 모범으로 삼는다. 우리는 기계와 기술뿐만 아니라 인간의 삶에도 관심을 가질 수 있는 사람을 모범으로 삼을 필요가 있다.

## 4. 작은 집단

집단이 작아질수록 각 집단의 지도자를 돌보고 멘토링하고 세우는 일은 더욱 중요해진다. 만일 어떤 회사에 2만 명의 직원이 있다면, 그 회사의 몇몇 지도급 인물이 나가더라도 회사는 큰 타격을 입지 않을 것이다. 하지만 네 명, 사십 명, 사백 명의 사원을 거느린 회사는 단 한 명의 지도자도 쉽게 내보내진 못한다. 따라서 멘토링은 지금 시대에 더욱 절박하게 요구된다.

## 5. 자녀와 후손

얼마 전, 우리 자녀와 후손이 태어난 후 어른이 될 때까지 성장해야 할 세계와 환경을 깊이 생각해 본 기회가 있었는데 그려진 세계의 모습은 그리 밝지도 유쾌하지도 않았다.

우리 자녀의 후손이 직면하게 될 온갖 고난과 유혹과 위험들을 기록해 보았다. 상당히 긴 목록이었다. 아마 당신도 이러한 목록을 만들 수 있으리라 생각한다. 내가 작성한 목록에 수록된 대부분의 항목은 지금 시대에는 상상하지도 못할 것들이었다. 하지만 우리 자녀와 후손은 거의 다 고등학교에 입학하기 전까지 실제 상황이나 TV와 비디오 등을 통해 갖가지 유해한 것이 묘사되고 조장까지 되는 것을 볼 터이다. 일부 아이들은 초등하교에 들어가기 전부터 이런 유해 상황에 노출될 것이다.

당신도 다음의 결론에 동감하리라 확신한다. 우리 자녀와 후손이 성장해서 살아가게 될 세상은 우리가 지내 온 세상보다 살아가기가 힘들 것이다. 우리 아이가 앞으로 건실한 인간으로 성장하려면, 어떤 의미에서 '용사'로 교육받아야 한다.

총칼로 무장해야 한다는 뜻이 아니고, 비양심적이고 폭력에 물든 악의적인 음모에 대항하여 당당하게 자신을 지켜 내야 한다는 것이다. 우리 자녀와 후손이 살아갈 세상을 생각하면서, 많은 멘토들이 후손들을 악한 세파로부터 올바로 살아가는 데 힘을 주리라고 기대하였다. 우리 자녀와 후손이 자기들을 이끌어 줄 멘토 없이 보호와 인도를 받지 못하고 성장하는 것은 상상하기도 두려운 일이다. 아이가 중학교, 고등학교, 대학교 혹은 사회에 발을 들여놓으면서 자기 스스로의 힘으로만 올바른 내성을 갖출 수 있는가? 그럴 수는 없다. 또한 그렇게 홀로 내버려 두어서도 안 된다. 이런 사실 때문에 멘토링은 고귀한 우선권을 지닌 사역이고, 최선의 열정을 기울여야 할 일이다.

## 2-3. 직장 관점에서 중요성

우선 아래의 질문을 읽고 답해 보라.

1) **만일 당신이 상당히 존경하는** 사람이 한 명 혹은 여러 명 있고, 그 사람의 경력이 앞으로 몇 년 동안 당신이 이루어야 할 목표에 도움이 된다면 그와의 멘토링 관계가 당신의 성장을 가속시킬 것이라고 생각하는가?

2) **직장 내에 정기적으로 당신을** 멘토링해 주는 사람이 한 명 이상 있고 당신이 멘토링하는 사람이 1~3명 정도 된다면, 당신은 그 회사를 그만두기 전에 한 번 더 생각하지 않겠는가?

3) **당신에게 멘토가 있다면** 위기에 닥쳤을 때 주저하겠는가? 아니면 평정을 찾고 조언을 구하겠는가?
당신에게 멘토와 멘제가 있음으로 해서 큰 유익을 얻는다면, 다른 사람들도 마찬가지로 그렇게 느낄 것이다. 그러한 유익은 멘토링 유대관계가 수년간 발전될수록 상당히 실제적이고 특별해진다. 멘토링 관계는 회사의 이직률을 감소시키며, 회사의 견고성을 유지해 준다. 직업인 사이의 멘토링은 멘제에게 상당한 발전과 성장을 이룰 이득을 얻게 한다. 멘제가, 멘토가 전혀 없이 시행착오를 거듭하는 상황에서 벗어나 멘토의 경력을 발판 삼아 빠른 성장을 얻을 수 있기 때문이다. 멘제는 난잡하게 돌출하는 시행착오를 피하여, 멘토가 그간 다듬어 낸 기술을 받을 수 있다. 멘제는 교본에는 나와 있지 않으나 매우 중요하다고 할 정보들을 멘토로부터 얻을 수 있다.

**4) 직장에서 멘토가 있으면** 주어진 할당량을 빨리 끝내고, 승진이 빨라지고, 급여가 는다. '갈 지(之)' 자로가 아닌, 곧게 성과를 이룰 수 있다. 멘토링은 어떤 사람이 주어진 할당량을 성공적으로 끝낼 수 있는가를 평가하는 게 아니라, 어떤 사람이 가고자 하는 목표에 빨리 이르도록 가속시키는 것이다.

- 당신은 멘토가 보여 준 객관성을 토대로 당신이 판단한 방향이 맞음을 확인한다.
- 당신은 멘토가 그간 다듬어 낸 지식을 토대로 당신이 그 방향으로 가고 있는 이유를 더욱 분명히 알게 된다.
- 당신은 멘토와의 인간관계를 통해 멘토 주위의 사람들로부터 목표달성에 필요한 도움을 얻는다.

멘토링은 사람과 사람 사이에, 서로에게 집중적으로 도움을 주고받게 하는 일을 한다. 세상이 더욱 첨단기술(hightech)에 의존할수록 긴밀한 인간 사이(hightouch)의 교류는 더욱 절실해진다. 멘토링으로써 인간성 실현과 목표달성을 함께 이루게 될 것이다.

## 2-4. 사회 관점에서 중요성

대량생산과 분업화를 풍미해 오던 20세기의 경제체제가 21세기에 진입하면서 다품종 소량생산과 특성화라는 새로운 패러다임의 경제체제를 예고하고 있다. 대량생산의 필수요소인 규격화와 표준화는 집단주의 사회인 우리 풍토에서 한때 사회적인 미덕으로까지 치부되었다. 교육현장 역시 이 같은 사회적인 패러다임 속에서 예외는 아니었다.

19세기까지만 해도 가정교육이나 서당교육 등 교육 현장에서는 관계와 관계 사이에서 이어져 내려오는 인격적 감화와 영향력이 사회적으로 일반화되어 있었다. 그러나 20세기 이후 학교라는 제도적인 교육은 공장에서 대량 생산되는 물품처럼 인격적인 영향력이 배제된 채 규격화되고 경쟁적인 모습으로 이어졌다. 산업화가 진전될수록 개인주의는 병세가 악화되었고 공동체가 해체되면서 개인과 개인 사이에 단절된 틈을 타고 부도성은 밀려 들어왔다.

범죄는 갈수록 흉포화·지능화되고 가정과 학교에서의 폭력과 불화도 세계적인 추세이다. 선진국일수록 개인주의가 극에 달하여 안으로부터 곪아 버려서 중병을 앓고 있다. 결국 관계중심의 리더십 유형인 멘토링이 대안으로 등장하면서 큰 호응을 받고 있다.

19세기까지만 해도 공기를 들이마시고 사는 것처럼 생활 그 자체였던 멘토링은 20세기를 거치면서 특정 분야로 이어져 자리하고 있다. 이제 다시 21세기의 패러다임은 다시 인간관계를 요구하고 있다. 19세기에 공기처럼 일반적이어서 그 중요성에 무감각했던 우리는 20세기 말에서야 공기가 희박한 고산지대에서 헐떡이는 것처럼 인간관계 회복을 목말라 하고 있다. 그래서 미래학자들은 21세기를 인간관계의 시대, 즉 멘토링의 시대(Mentoring Age)라고 부른다.

## 2-5. 오늘날 멘토의 필요성

멘토의 역할은 전인적인 삶의 조언자다. 여기서 전인적이라는 의미는 지정의(知情意) 인격을 밀하며 삶이라는 의미는 삶의 현장을 말히는 것으로 직장뿐만 아니라 가정, 사회생활까지 삶의 범위를 말하는 것이다. 조언자라는 의미는 일반적인 리더는 주관자이고 지시자인 반면 멘토는 멘제를 앞세워 어디까지나 조언을 해 주며 결정은 멘제에게 위임하는 것을 말한다. 한마디로 멘토는 멘제를 자신보다 더 훌륭하게 키우는 재생산(Reproducting), 즉 선순환의 인간경영을 말하는 것이다.

인간 발달을 연구하는 심리학자와 교육가들이 강조하는 중요한 진리 중 하나는 인간은, 특별히 어린이들은 성인들의 말이나 교훈, 강의 등을 통해서 자신의 가치관이나 행위의 기준을 배우는 것이 아니라, 성인들의 행동을 보고 직접 배우며 모방한다는 사실이다.

인생이 무엇인지, 어떻게 성인이 되어 가야 하는지, 인생을 어떻게 살아야 하는지를 구체적으로 가르쳐 주는 책은 세상에 없다. 그러나 우리의 삶이 중요하고 자신의 세상을 위하여 그 중요한 인생을 바르게 살아야 하며, 인생은 연습하고 실습할 만큼 여분의 시간이 없다는 것은 누구나 다 알고 있다. 이런 삶 속에서 멘토를 가진 사람은 멘토를 갖지 못한 사람에 비하여 엄청난 유익을 갖는다.

먼저 멘토링은 멘제에게 전인적인 교육을 가능케 한다. 멘토링을 통하여 멘토와 멘제 사이에 지식이나 기술 전달은 물론, 밀접한 인간관계를 통한 인격과 신앙 교류, 지혜로운 삶의 방식이 전승될 수 있기 때문이다. 멘토가 직장이나 직업상의 선배라면, 멘제는 선배인 멘토의 노하우를 통하여 불필요한 실패나 시간 낭비와 에너지, 자본을 줄이고 성장과 성공의 지름길로 갈 수 있다.

멘제는 또한 멘토를 통하여 정서적인 안정감을 얻게 된다. 인간의 감성은 안정된 삶의 원동력이 되며 건전한 자존감의 기초가 되기 때문에 인생 스승인 멘토의 유무는 멘제의 삶의 내용과 질에 중요한 역할을 한다.

인생에 필요한 많은 외적 요소를 다 갖추었다 할지라도 그 삶의 정서가 불안하고 감성에 문제점들이 있다면 그 인생은 사상누각이 될 가능성이 많다. 감성과 정서는 우리 인생의 초석이라고 할 수 있다. 인생의 기로에서 중요한 결정을 내려야 할 때에 인생의 선배인 멘토의 현명한 조언과 도움은 걱정과 불안 속에서 객관성을 잃고 잘못된 결정을 하기 쉬운 멘제에게 중요한 스승 역할을 해 줄 것이다.

이러한 역할로서 멘토는 우리 가정과 사회, 교회, 교계, 정치계 등 모든 분야에서 이루어져야 할 중요한 교육 과제이다.


### [멘토가 되어야 하는 당위성]

멘토링의 선진국인 유럽 및 북미지역에서는 멘토링이 오래전에 생활화되어 멘토 선정이 별로 어렵지 않다. 왜냐하면 대부분 멘제를 거쳤기 때문에 멘토링의 효과성을 잘 알고 또 자신이 멘제 시절 도움을 받았기에 자연스러운 일로 받아들인다. 그러나 멘토링을 처음 대하는 한국 등 동양권에서는 멘토링을 경험하지 못하고 새롭게 멘토를 선정할 때 호기심과 부담감으로 일차 당혹감을 나타낸다. 그러나 우리 동양권도 멘토링이라는 공식 용어를 사용하지 않았을 뿐이지 대부분 유사 멘토링은 경험한 게 사실이다. 아래 5가지 유사 멘토링과 멘토가 되어야 할 당위성을 소개한다.

  - 도움 1: 부모의 도움을 받고 탄생했다.
  - 도움 2: 친척의 도움을 받고 자랐다.
  - 도움 3: 선생님(교수님)의 도움을 받고 성장했다.
  - 도움 4: 친구의 도움을 받고 어려움을 해결했다.
  - 도움 5: 선배의 도움을 받고 직장생활을 하고 있다.

  그러므로 자신들이 빚진 부담감을 덜어 내는 입장에서라도 멘토제도에의 참여는 당연한 것이다.


**[가정 멘토]**

  먼저 가정은 어린이들에게 최초의 학교이며 그들의 인생이 시작되는 교육의 장이기 때문에 가정에서 부모가 생활하는 모범을 보이면서 그들을 말씀으로 양육할 의무와 책임을 지고 있다.

  그러나 오늘날 우리 가정 대부분의 부모들이 인격적, 신앙적, 정서적으로 미숙한 언행으로 자녀의 모범이 되지 못하고 있음은 물론, 그 반대의 부정적인 모델상을 보이고 있는 현실이다. 이런 환경 속에서 자라는 어린이들이 또한 그런 미성숙한 부모의 모습을 보면서 자신들도 그런 부모가 되고, 그런 가정들이 이어지는 악순환이 계속되고 있다. 자녀에 대한 멘토링이 잘 이루어진 가정이 많을수록 그 사회와 국가는 건전하고 안정된 나라가 되는 것은 자명한 일이다.

[사회 멘토]

사회적으로도 멘토링은 필요하다. 자신이 소속된 직장과 사회에서 신실한 멘토를 보고 멘토링 관계를 유지하면서 건전한 직장 풍토와 사회 윤리 속에서 살고 있는 멘제는 그 자신이 좋은 멘토가 되어 다른 멘제를 또 멘토링하게 된다.

[교회 멘토]

한국 교회와 교계에도 멘토는 절실하게 요구되고 있다. 인구의 25% 정도가 기독교이며 세계에서 가장 큰 대형 교회들이 몰려 있다고 자랑하는 한국 교회에 기독교인들의 생활의 열매가, 기독교인의 문화가 형성되어 있지 않다는 것은 자타가 공인하는 사실이다. 어느 논문에서 한국의 기독교인은 전체 인구의 25% 이상인데 해방 이후 정치, 경제, 사회 등 모든 분야에서 각종 대형 범죄 사건에 연루된 사람들 중 40%가 기독교인이라고 밝히고 있다.

[학교 멘토]

각급 학교에서 단순히 지식을 가르치는 이외에, 학생들의 삶에 중대한 영향을 미칠 멘토들이 필요하다. 입시 위주의 주입식, 경쟁적 교육이 교육의 주류(主流)를 이루고 있는 한국에서, 인격과 인격이 교류되는 인성 교육이 이루어져야 하는 멘토의 필요성이 그 어느 나라에서보다 절실히 요청되고 있다.

[재계 멘토]

사회와 재계(財界) 역시 멘토링이 필요한 곳이다. 서구의 재벌들이 자신들의 자산 중 많은 부분을 사회와 국가를 위해 헌납하는 것이 일반적인 관례인 데 반하여, 대부분의 한국 재벌이나 기업들은 기본적인 세금마저도 포탈하는 것이 기본인 것처럼 보인다. 그들에게 건전한 사업가나 기업인, 재벌로서의 바른 철학이나 인생관 정립에 영향을 미친 멘토들이 있었다면 구조조정 때문에 온 나라가 고통과 진통을 겪는 그런 불행은 없었을 것이다.

[**정치계 멘토**]

정치계 역시 멘토링의 절대적인 필요성에서 결코 예외일 수 없다. 어느 의미에서 가장 강도 높은 멘토링이 이루어져야 할 곳이 바로 정치계라고 할 수 있다. 국회 의사당에서 소위 국정을 수행한다는 국회의원들의 작태는 말할 것도 없고, 살아 있는 전직 대통령들의 대통령 재임 시의 행적과 퇴임 후의 언행들은 국민들에게 분노와 절망감은 물론, "우리에게는 이런 부류의 지도자들밖에 없는가"라는 허탈감에 삶의 의욕과 용기를 잃게 한다.

이렇게 우리의 삶의 현장 곳곳에서 멘토링은 절실히 필요하다. 타락하고 부패한 시대일수록 경건하고 신실한 인격을 갖춘 지도자들을 더욱 필요로 하는데, 지식 전달이나 정보 교환이 그 중심이 되고 있는 현대의 교육 현장에서는 인격적 교류가 그 중심이 되어 이루어지고 준비되는 참지도자 배출이 제도적으로 힘들게 되어 있다. 기업, 대학, 교회, 학교, 정부기관 등 사회가 이 멘토링의 중요성과 멘토의 필요성을 인식하고 사람을 바로 기르고 양육하는 일에 지대한 관심을 기울여야 할 중요한 시대에 우리는 살고 있다.

# 제3장
# 오늘날 멘토링 효과성

멘토링을 활발하게 활용하고 있는 북미지역 4개 업체와 국내 설문조사 평가효과성과 명사들의 한마디를 다루었다.

## 3-1. 미국 전문업체 평가효과성

### 1. 맥킨지(Mckinsey) 컨설팅의 21세기 멘토링! 그 놀라운 힘

먼저 맥킨지 컨설팅 21세기 인재전략 리포트를 소개하면서 말문을 연다. 최근 저서 『인재전쟁』(세종서적 번역간)에서 "멘토링이 인재개발에서 놀라운 힘을 발휘하고 있다"고 극찬하고 있다. 어떤 이유에서일까? 다음과 같이 요약해서 소개한다.

이 책은 맥킨지 컨설턴트들이 5년에 걸쳐 77개 기업과 6,000명 이상의 관리자들을 대상으로 실증적 연구를 해 정성 들여 쓴 "인재전쟁(The War for Talent)"이 21세기 인재전략 리포트로서 HRD 분야에서 각광을 받고 있다고 말하고 있으며 오늘날 기업마다 유능한 인재확보를 위해서 치열한 전쟁에 돌입했다는 것과 '인재'라는 이슈의 전략적 중요성과 최고경영자들의 태도변화가 중요하다는 점을 강조하고 있다.

특히 멘토링을 다룬 5장(43p 분량) "조직에 인재개발을 정착시켜라"에서 멘토링 시스템을 조직에 제도화해야 한다는 점을 강조하면서 멘토링을 경험한 설문응답자의 말을 빌려 "멘토링이 인재개발에 놀라운 힘을 발휘하고 있다"고 말한다.

자료 1. 맥킨지의 멘토링 경험자의 놀라운 효과 설문 측정

맥킨지 저서『인재전쟁』에서 멘토링 경험자들은 아래와 같이 설문에 놀라운 답을 하고 있다.

1. 멘토링 활동에 자신이 최선을 다했다.················· 95%

2. 멘토링 후에 타사로 이직하지 않았다.················· 88%

3. 멘토링이 회사의 성공에 도움이 되었다.············· 97%

4. 멘토링 활동이 그들의 삶을 바꾸었다.················· 50%


자료 2. 맥킨지의 멘토링 프로그램의 성공요건

1. 한 사람을 소중히 여기고 깊은 애정을 전달한다.

2. 멘토링 시스템을 제도화해야 한다.

3. 신중하게 멘토를 선정해야 한다.

4. 각각 사업단위로 멘토링 프로그램을 갖고 있어야 한다.


## 2. ASTD(American Social Training & Development 美)의 평가

멘토링은 기업에서 두 마리 토끼—**지식경영, 학습조직**—를 잡는 데 성공한 프로그램이라고 2003보고서에서 평을 하고 있다.


### 1) Mentoring System – ASTD 2003 결과 보고서

HRD 분야에서 세계 최고의 권위를 인정받고 있는 미국 산업훈련협회(ASTD)는 2년을 주기로 HRD에 관한 세부적인 결과보고서를 내고 있다. Mentoring System 분야에 대한 금년 보고서를 아래 내용으로 소개한다. 다양한 인재개발 기법 중에서 타에 추종을 불허하는 Mentoring System은 북미지역에서 21세기 최적의 인재 개발 전략으로 자리매김을 하고 있다는 사실이다.

2) 결과 보고서 내용

(1) Knowledge Management(지식경영)에서 성공을 거둠

(2) Organizational Learning(학습조직)에서 성공을 거둠

(3) 회사가 구성원에게 배려해 준다는 의식이 들게 해 주어서 회사에 대한 효과로

　① 회사에 대한 충성도가 배가되었으며

　② 이직률 감소 효과가 현저히 나타났고

　③ 전사적인 안목으로 의식 전환이 성장했으며

　④ 사내 Networking이 활성화가 되었음

　⑤ 전략적 사고로 업무를 다루는 의식이 신장했음


## 3. 포춘지 설문 평은

- 포춘지 500대 기업 임원 설문결과
  - 96% "멘토링은 중요한 development tool이다."
  - 75% "자신의 직업적 성공에 핵심적 역할을 했다."
  - 71%의 포춘 500대 기업 및 비상장기업이 멘토링을 활용하고 있다.
  - 77%가 "멘토링이 직원 이직방지 및 성과향상에 도움이 되었다."
  - 60%의 대학/대학원 졸업생이 취업회사 선택에 고려 요소가 되었다.


## 4. CLC(Corporate Leadership Council 美)

- 포춘지 500대 기업 중 60개 기업 이직률 설문조사
  - 멘토링 미실시 기업 35%
  - 실시 기업 16%

# 3-2. 국내 설문 평가효과성

　* 회사에 멘토가 있으면 좋겠다. ……79.5%

　* 그러나 멘토링 제도가 있다. ………18.2%

　대부분 직장인들은 회사에서 멘토가 필요하다고 생각하지만 실제로 멘토링 제도가 실시되는 곳은 많지 않은 것으로 나타났다.

　17일 온라인 취업사이트 사람인에 따르면 리서치 전문기관인 폴에버와 함께 직장인 1,636명에게 "직장생활에서 멘토가 필요하다고 생각하는가"라고 설문한 결과 79.5%가 '그렇다'고 답했다.

　멘토란 그리스 신화에서 오디세우스가 트로이 전쟁을 떠나면서 자신의 아들을 친구인 멘토에게 맡긴 것에서 유래된 것으로, 회사나 업무에 대한 풍부한 경험과 전문 지식을 갖고 있는 사람을 뜻한다.

　■ 멘토가 필요한 이유에 대해(복수응답) 직장인들은 주로
　　－ "업무 스트레스를 줄일 수 있어서"(42.9%)나
　　－ "업무능력을 키울 수 있어서"(42.0%)라고 답했다.

　■ 멘토에게 받고 싶은 도움으로는(복수응답)
　　－ "업무 전문지식과 노하우"(62.8%)
　　－ "인간관세"(51.2%),
　　－ "자기 계발 노하우"(34.0%)
　　－ "인생상담"(26.8%) 등인 것으로 조사됐다.

　그러나 현재 다니는 회사에 멘토링 제도가 있는지를 묻는 질문에 직장인 18.2%만이 '있다'고 답해 멘토링 제도를 시행하는 기업이 많지 않은 것으로 나타났다.

**[멘토링 상호 이익]**

### 1) 멘제이익

멘토가 멘제에게 조직 분위기에 익숙하도록 하여 생활의 지혜를 주고, 경험과 그의 전문 지식으로 문제해결에 도움을 주며, 현장 활동에서 확실한 역할을 수행한다.

### 2) 멘토이익

업무나 학습에 대한 문제를 해결하는 과정에서 자신의 업무 처리에 도움을 주며, 멘제가 가지고 있는 정보 또는 외부로부터 취득한 정보를 상호 공유할 수도 있는 반면, 멘제의 충성심은 멘토가 명성과 명예를 얻는 데 도움을 주게도 된다.

### 3) 조직이익

조직관리가 성공적으로 이뤄지며, 차세대 지도자 육성, 조직의 활성화, 이직률 감소, 경력개발 학습능력 향상 및 분위기 활성화 등 프로젝트 목표 설정에 따라 효과적으로 달성하고 각 계층의 조직 이익에 공헌한다.

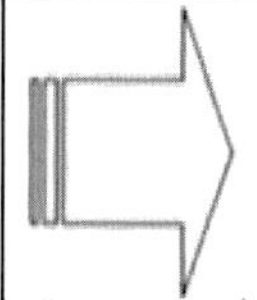

멘토와 멘제는, 자신들의 발전과 권한이 강화되어 창의성이 높아지고. 자유적인 조직으로 변화하여 조직의 유연성을 확보하고, 상호 끈끈한 인간관계를 통하여 학교가 튼튼해지고, 특히 멘토는 리더십을 인정받을 수 있는 기회 제공한다.

## 3-3. 멘토링에 관한 한마디

### 1. 피터 드러커(美 경영학 Guru)

미래조직에서 가장 강력한 인재육성의 틀은 멘토링이다.

## 2. 밥빌(美 멘토링컨설턴트, 박사)

멘토는 우리의 고통을 함께 나누고 우리의 성공을 진심으로 기뻐해 줄 수 있는 사람이다.

## 3. 잭 웰치(GE그룹 회장)

멘토는 멘제의 가치를 인정해 주어라. 그를 칭찬해 주어라. 그를 사랑해 주어라. 자주 포옹해 주어라. 키스해 주어라.

## 4. 샤론 베글리(GE그룹 플라스틱 여사장)

나는 GE그룹 임원 멘토링을 통하여 20년에 배울 업무를 멘토들을 만나 6년 만에 마스터했다.

## 5. 신유근(서울대학교 교수)

멘토의 역할은 선생님이나 코치로서의 역할, 보호자로서의 역할, 후원자로서의 역할, 지능개발자로서의 역할, 안내자로서의 역할 등 인재개발 및 육성을 위한 학습의 촉진자로서의 역힐이다.

## 6. 윤종용(전, 삼성그룹 부회장)

내가 멘토로서 멘제와 한 달에 한 번씩 만나는 약속은 하늘이 무너져도 지킨다.

## 7. 레빈슨(예일대학교 교수)

성인시기로 들어가는 청년에게 좋은 멘토가 없다는 것은 마치 어린아이에게 좋은 부모가 없는 것과 같다.

## 8. 로체(하버드대학교 교수)

사업계에서 임원 자리를 차지하고 있는 대부분의 사람들이 과거에 멘토가 있었다는 사실을 발견해 낸다.

## 9. 윌리엄 그레이(加 브리티시대 교수)

고전적이고 사전적인 의미의 멘토는 신망 있는 안내자, 지혜롭게 자문이나 충고를 주는 자, 절친한 친구이다. 인류역사의 전반을 통하여, 이러한 일들은 멘토링이 시행되는 중에 수행된다.

## 10. 마이클 제이(Michel Zey)(加 멘토링학자)

멘토링은 이제 그 뿌리를 내리게 되었다. 존슨 & 존슨, 벨코어, MCR, AT&T, 벨연구소, 메릴린치사社 등 수백 개의 회사가 멘토링 프로그램을 채택하고 있다. 멘토링이 생산성을 높이며 불필요한 인사이동을 줄이고, 의사소통을 촉진했다.

# 제2부
# 멘토링 인격 오디세이

    Part 2에서는 인격의 개념정리와 본질을 다루었다. 인간의 인격은 세계 안에서 다른 실재, 즉 다른 존재와 관계를 맺게 되는 삶 속에서 지정의(知情意)로 형성되며 한 개인의 체험이 사회적으로 드러난 것이다. 특히 자수 거론되는 멘토링, 인간, 인격 등에 관한 상호 관계와 각기 정체성, 그리고 개념정리를 다루어 인격 멘토링 프로그램을 누구나 표준화와 체계화로 다룰 수 있도록 기술했다. 멘토링, 인간, 그리고 인격을 연관한다면 "멘토링 프로그램으로 보통사람 한 사람(a Person)에게 멘토들(Mentors)이 인격 프로그램(Personality Program)을 적용하여 인격을 갖춘 리더(a Leader)로 세우는 일이다"라고 연관 지을 수 있다.

    특히 이 파트에서 인격개발 멘토링의 5가지 핵심주제인 개념, 정의, 진단, 평가, 개발을 다루어 멘토링이 인격개발을 핵심 내용으로 하는 정체성을 분명이 밝혔다.

# 제1장
# 인격개념(Concept)

 멘토링 인격개념은 한 사람 인간(A Person)을 여러 사람 멘토(Mentors)가 각기 전인적인 방법으로 인격적인 리더로 세우는 한 사람 중심 인격개발 개념이다.

 최초 멘토는 어린 왕자 텔레마코스를 20년 동안 인격의 3요소인 지정의(知情意)를 상징하는 수학, 철학, 논리학의 3권의 교재로 지혜롭고 현명한 왕으로 성장시켰다.

 멘토링 활동을 주관하는 최초 멘토의 3가지 멘토링 성공 요건을 이 과정에서 다루어 보고자 한다.


## 1-1. 멘토 인격자질(Quality)

### 1. 인격자질 의미

 멘토(Mentor)는 자신의 역량을 발휘하여 전인적인 삶의 조언으로 멘제를 자신과 같은 리더로 재생산하는 역할을 담당하는 사람이다. 그러므로 멘토는 먼저 자신이 인격적인 자질을 갖추는 것이 우선적이다.

 한편으로 멘토는 인간을 기술자로 만드는 것이 아니고 기술자를 인간으로 만드는 멘토 프로그램 주관자다. 그러므로 코치라고 해서, 교수라고 해서, 상담자라고 해서, 전문가라고 해서 다 멘토가 될 수 있는 것은 아니다. 바로 멘토는 기술자나 전문가 등 어느 분야에 편중되어 있는 것보다는 포괄적인 역량을 소유한 자라고 말할 수 있다. 텔레마코스 왕자를 지혜롭고 현명한 왕으로 성장시킨 아래에 기술한 최초 멘토의 자질을 인격적인 차원에서 살펴보고 벤치마킹 자료로 활용해 보도록 하자.

최초 멘토:
B.C. 1250년 트로이 전쟁 당시 최초 멘토(호머의 그리스 신화에 등장인물)는 전인적인 삶의 조언자로서 아래 내용의 인격을 주제로 한 자질을 갖춘 사람이었다.

| 인격 | | 자질(당시 멘토/텔레마코스 관계에서) | 비고 |
|---|---|---|---|
| 知 | 스승 | 가르치기를 좋아하는 스승 | |
| | 전문 | 수학, 철학, 논리학(知情意 인격상징)의 전공자 | |
| 情 | 관계 | 왕 등 타인과 관계가 원활한 사람 | |
| | 정서 | 타인과 상담이 잘 이루어지는 사람 | |
| 意 | 존경 | 당대 온 국민의 존경 대상인 사람 | |
| | 리더 | 당대 최고 지도자로 인정받은 사람 | |

## 2. (인격자질 모델로서) 유대인 왕자 멘토링 이야기

<참고도서: [성경 그리고 멘토링](류재석 저)>

### 1. 인격모델 모세의 지도자 선발방법(출 18:21, 신 1:13)

모세는 어릴 적부터 장성하기까지 4명의 멘토의 도움을 받고 이스라엘의 지도자로 성장했다. 그러면서 자신도 말년에 여호수아의 멘토가 되어 성공적으로 후계구도를 이어 갔다. 모세의 인격적인 지도자 선발 방법을 알아보기로 하자.

멘토인 장인 이드로의 자문(Consulting)을 받고 1,000부장, 100부장, 50부장, 10부장 등 지도자를 선발방법으로 재덕(才德)을 겸전한 자로서 아래 3가지 기준을 삼았고 그 이후 쉽고 작은 일은 부장들에게 위임(Deligation)하고 어렵고 큰일은 자기가 처리하였다.

**[리더 선발기준]**

1) 하나님을 두려워하는 자

2) 진실한 자

3) 불의한 이익을 미워하는 자

오늘 우리 사회가 겪고 있는 가치관의 혼돈과 무질서는 사회의 기본 단위인 가정의 뿌리를 크게 흔들리는 데서 비롯된다고 해도 과언이 아니다. 그럼에도 세계 역사상 최악의 조건에도 불구하고 가장 우수한 민족으로 지탱해 온 유대인-그 배후에는 부모들의 토라와 탈무드, 그리고 구약 성경을 교재로 한 1:1멘토링 방식의 교육이 깊숙이 자리 잡고 있음을 알 수 있다.

유대인의 지도자로서 탁월한 모세의 리더십은 그 배후에 멘토링이 깊숙이 자리 잡고 있음을 엿볼 수 있다. 모세가 4사람의 멘토를 통해 이스라엘 지도자로 성장한 것과 그리고 그 후 자신이 멘토가 되어 여호수아를 자기를 대신하여 지도자로 세웠던 멘토링의 기록을 요약해서 살펴보기로 하자.

## 2. 모세 인격 멘토링

### 1) 모세의 유년 시절 멘토 - 어머니 요게벳

첫째는 유아시절에 어머니 요게벳과의 멘토링을 들 수 있다(출 2:1~10, 히 11:23). 요게벳은 당대 애굽의 법률을 어기면서 어린 모세를 3개월 동안이나 몰래 길렀고 갈대상자에 넣어 나일 강에다 띄우면서도 소망을 잃지 않고 미리암을 보내 망을 볼 수 있도록 지혜롭게 행동했음을 볼 수 있다. 어린 모세를 품에 안고 요게벳의 무언의 모성애는 부모와 자녀관계 속에서 1:1멘토링 관계가 지속되었음을 알 수 있다.

### 2) 모세의 소년 시절 멘토 - 애굽의 바로왕궁 바로 공주

둘째는 청소년 시절에 바로 공주와의 멘토링 관계다(출 2:10, 행 7:22). 나일 강에서 갈대상자에 띄운 아기 모세를 발견한 바로 공주는 참으로 큰 용단을 내린 것을 볼 수 있다. 히브리 아이임에도 양자로 삼아 바로 궁궐에서 왕자교육을 제대로 시킴으로써 "모세는 애굽 사람의 학술을 다 배워 그 말과 행사가 능하더라(행 7:22)"는 말씀이 기적적으로 바로 공주와 40여 년간의 멘토링 관계를 읽을 수가 있다.

### 3) 모세의 청년 시절 멘토 - 장인 이드로

셋째는 장성한 모세가 이스라엘의 지도자 역할을 수행할 때 이드로와의 멘토링 관계다(출 2:11, 18:2~6, 18:13~27). 출애굽기 18장에서 모세는 국정의 중대사인 재판을 혼자 담당하여 많은 시간과 힘을 쏟고 있었다. 그 일이 모세에게 너무나 힘들어 앞으로 문제가 될 것으로 판단한 모세의 장인 이드로는 한 가지 제안을 했다. 즉 모든 재판을 혼자 다 담당하지 말고 온 백성 가운데서 재덕이 겸전한 자들로 천부장과 백부장과 오십부장과 십부장을 삼아 웬만한 재판들은 스스로 하도록 위임함으로써 모세의 큰 짐을 덜어 주었다.

이드로는 모세의 상황을 듣고 시기적절한 충고를 줌으로써 상담자로서의 멘토의 역할(멘토는 그 강도와 정도의 크기에 따라 제자 훈련자, 영적 지도자, 코치, 상담자, 교사, 후원자, 현세적 모델, 역사적 모델로서의 멘토 등 여덟 가지로 나눌 수 있다)을 잘 수행하였다.

### 4) 모세의 장년 시절 멘토 - 형님 아론

넷째는 멘토인 아론과의 멘토링 관계이다(출 4:10, 14, 28). 아론은 이스라엘 최초의 제사장이며 모세의 세 살 연장 형이었다. 입이 둔한 모세를 도와 대언하고(출 4:10) 지팡이로 모세의 명을 따라 바로 앞에서 이적을 행하였다(출 7:19).

### 5) 모세의 노년 시절 자신이 멘토 - 여호수아 후계자

다섯째는 모세 노년에 후계자 여호수아와의 멘토링 관계이다(출 17:8~16, 신 34:9). 모세와 여호수아는 멘토링의 좋은 모델이다. 하나님께서는 이스라엘의 차기 지도자를 위해 모세를 멘토로 삼아 여호수아를 오랫동안 준비시키셨다. 모세는 여호수아를 회막, 지성소, 시내산 등으로 데리고 갔고(출 24:9~18, 33:7~11), 하나님의 말씀을 직접 가르치고 전했으며(출 17:14, 수 1:18), 때때로 개인적으로 지도하였다(민 11:28~30). 또한 여호수아는 지도자로서의 모세를 사역의 모델로 삼아 그의 행동 하나하나를 눈여겨보면서 배웠다(출 32:15~35). 그 결과 여호수아와 모세는 유사점이 많았다. 이러한 유사점은 여호수아에게 끼친 모세의 멘토링의 영향이다.

# 1-2. 멘토 인격학습(Study)

## 1. 인격학습 의미

멘토링은 전인교육 방법이다. 아니 교육이라기보다는 둘이서 삶을 나누는 것이 정답이다. 멘토링에서는 교육자나 경영자나 목회자이기 이전에 먼저 인격자로서 성숙을 원하는 것이다.

참고로 멘토(Mentor)가 텔레마코스 왕자를 위해 특이한 1:1 Tutorial System 상담 학습 방법을 아래와 같이 열거한다.

| NO | 방식 | 내용 |
|---|---|---|
| 1 | 대화식 | 멘토는 왕자와 대화식으로 교육을 하였다. |
| 2 | 토론식 | 멘토는 왕자와 열렬한 토론을 벌였다. |
| 3 | 문답식 | 멘토는 질문자이고 왕자는 대답하였다. |
| 4 | 동료식 | 멘토는 왕자와 동료처럼 거리를 좁혔다. |
| 5 | 예화식 | 멘토는 왕자에게 사물을 예로 들어 설명했다. |
| 6 | 정서식 | 멘토는 왕자에게 아버지처럼 정답게 지냈다. |

멘토는 왕자가 완전한 인간, 즉 인격자, 용사, 지혜자, 왕으로서 성장하도록 그에게 맡겨진 임무를 완수하기 위해 온몸을 던져 완벽하게 수행했으며, 자신의 임무가 완료되었을 때에 미련 없이 떠나가는 아름다운 이야기에서 멘토링을 발견하게 되고 1:1 Tutorial System에 대한 상담학습 유래와 인재개발 방법론, 그리고 한 사람을 고품격 인재로 성장시키는 최적의 시스템임을 알 수 있다.

Mentoring Tutorial System은 오늘날 1:1 상담 학습이 가능한 교육부분에 아름다운 사례를 갖고 있다. 교수와 학생과 관계에서 초중고교 선생님과 학생과 관계에서 감동적인 사례가 매스컴이나 잡지에 실리기도 하여 많은 사람에게 감동을 주기도 한다.

왜냐하면 학교의 평준화 교육이나 기업의 집단 교육에서는 이러한 사례가 제도적으로 발생할 확률이 거의 불가능하기 때문이다.

## 2. (인격학습 모델로서) 프랑스 왕자 멘토링 이야기

<참고도서: [텔레마코스 모험 12권](페넬롱 저)>

멘토링 이론을 역사 속에 처음 정착시킨 사람은 17세기 프랑스의 성직자 페넬롱이다. 그는 직접 루이 14세 장손(長孫)의 멘토가 되어 8년 동안 성공적으로 멘토링을 완수함으로써 역사 속에 존재하는 최초의 멘토가 되었다.

B.C. 1250년을 무대로 한 호머의 그리스 신화에 나오는 멘토(Mentor)에 관한 기록만 가지고는 현재 우리가 알고 있는 멘토링을 프로그램화하기에는 너무나 추상적인 논리 전개라고 볼 수 있다. 이에 페넬롱(Fenelon)의 저서 『텔레마쿠스의 모험』을 통하여 프랑스를 비롯한 유럽 전역에 멘토링을 꽃피우게 한 사례들이 오늘날 우리에게 멘토링을 현장 적용하는 데 더욱 흥미롭고 효과적으로 활용할 수 있는 자료들이다.

오디세우스나 율리시스 신화는 서구 문학에 훨씬 더 잘 알려져 있다. 그러나 멘토의 신화를 유일하게 역사 속에서 다룬 작품은 프랑수아 페넬롱(Francois Fenelon, 1651~1715)이 1699년에 쓴 소설 『텔레마쿠스의 모험』(Les Aventures de Telemaque)이다. 이것은 교육적인 목적으로 쓴 일련의 수필로서, 고도의 도덕적 진지함을 갖춘 이야기다.

페넬롱은 프랑스 가스코뉴(Gascon) 귀족의 작은 아들이었다. 페넬롱은 장 자크 올리에르(Jean Jacques Olier, 1608~1657)와 그의 제자 트롱송(Tronson)의 멘토링을 받으면서 자라게 되는데, 이를 통해 페넬롱은 사회적인 지위나 외형적인 명성을 두고 다투는 것보다는 무명인으로 사는 삶이 더 가치 있는 인생임을 배우게 된다.

이렇게 하여 페넬롱은 그리스도의 임재 안에서 그 자신의 내면적인 확신과 스스로의 존재 근거를 세워 나갔다. 그 결과 페넬롱은 궁중 생활이라는 외부적인 존재 근거에 대해 무관심할 수 있었으며 따라서 진심으로 그로부터 자유로울 수 있었다.

그럼에도 불구하고 페넬롱은, 루이 14세의 장손으로서 프랑스 왕위를 계승할 인물인 부르고뉴(Burgundy)의 공작의 멘토가 되어서, 그가 여섯 살 되던 해부터 열네 살이 될 때(1689~1697년)까지 그를 맡게 된다.

이리하여 페넬롱은 곤란하고 위험스러운 과업을 수행하게 되었다. 이 공작은 그야말로 '천방지축'이었다. 시몽(Saint-Simon)이 관찰한 바로는, "그는 너무나 충동적인 성격인 나머지, 자신이 하고 싶지 않은 뭔가를 해야 할 시간을 알려 준다는 이유로 시계(時計) 자체를 부수려고 했으며, 비가 와서 자신이 하고 싶은 것을 못 하게 되자, 비를 향하여 더 이상 격렬할 수 없는 분노를 터트렸다. 그리고 이를 못 하게 하면 할수록 분노는 더욱 격양되었다. 한마디로 그는 어린 독재자로서, 오디세우스 유형의 할아버지 루이 14세를 그대로 닮았다. 그러나 페넬롱이 8년간의 멘토링을 마쳤을 즈음, 이 공작은 열네 살답지 않게 **온유하고, 인내심이 있고, 지혜로운 청년으로 자랐으며,** 그 후 일생 동안 페넬롱의 친구가 되었다."

## 1-3. 멘토 인격정신(Spirit)

### 1. 인격정신 의미

멘토링 선진국에서는 이미 멘제로서 그전에 멘토링 활동을 경험한 사람이 대부분이기에 멘토 선발에 큰 어려움 없이 진행된다. 그러나 한국은 멘토 자체가 생소하고 초창기이기 때문에 멘토 선발에 많은 어려움이 뒤따르게 된다. 그러므로 멘토가 되어야 할 당위성을 설득력 있게 설명해 주어야 한다. 특히 오늘날 현재의 자신의 가치를 누리고 있다는 것이 나 이외 많은 사람으로부터 빚진 사람 입장에서 누구나 선배는 후배의 멘토가 되어 주어야 하고 어른은 청소년의 멘토가 되어 주어야 하는 것을 타당하게 받아들일 수 있도록 해야 한다.

멘토의 인격정신은 먼저 타인을 배려하는 차원에서 인간가치관이 올바로 정립된 상태에서 멘토로서 역할을 수행해야 한다.

**[멘토링의 인간 가치관]**
1) 인간은 최고의 가치를 가지고 있다. - 이 세상 만물의 영장이다.

2) 인간은 보석이다.─탄생할 때 부, 모, 하나님의 삼위일체 보석과 같은 작품이다.

3) 인간은 승리할 수 있다.─보통사람은 자기 잠재능력 개발이 보통 5%이나 멘제가 멘토에 의하여 더 개발이 가능하다.

**[오늘날 멘토의 정신]**

전인적인 삶의 조언자로서 먼저 인격적인 역량, 전반적인 삶의 활동 그리고 조언자의 역할을 해 주는 사람이다.

1) 전인(인격)적인 기능
① 경력개발을 통한─전문적인 역량을 전수해 주는 사람이다.
② 심리적인 면을 통한─정서적인 역량을 전수해 주는 사람이다.
③ 리더 모델로서─윤리적이며 의지적인 역량을 전수해 주는 사람이다.

2) 삶의 전반적인 면에서 동행해 주는 사람이다
① 가정에서 삶의 내용을 나눈다.
② 직장에서 삶의 내용을 나눈다.
③ 사회생활에서 삶의 내용을 나눈다.

3) 멘제를 위하여 조언자의 역할을 한다
① 멘토는 조언자이고 멘제는 결정자이다.
② 멘제가 먼저 질문하고 멘토는 답변자가 된다.
③ 멘토가 멘제를 자기보다 더 훌륭한 사람으로 키운다.

## 2. (인격정신 모델로서) 이씨조선 왕자 멘토링 이야기

<참고도서: [이시조선 왕세지 교육](김정호·김눈식 저)>

이씨조선은 세계에서 드물게 단일 성씨로 500년의 역사를 주관해 왔다. 저자는 멘토링식 왕자 교육에서 그 이유를 찾고자 한다.

3정승을 비롯한 고위관리 20명의 1:1개인지도, 하급관리 39명의 학습시중, 전문사서 13명에 의한 서책관리, 단 한 명의 왕세자 교육을 위해 유례없이 많은 인력과 재정을 투입했던 조선시대의 왕세자 교육은『조선 왕조실폭』을 비롯한『보양청일기』,『강학청일기』,『육전조례』등 20여 종의 고서들에 수록되었다.

### [왕세자 교육의 실상]

"난잡한 놀이를 즐기지 말고 아침에 일찍 일어날 것. 환관들의 말을 듣지 말고 뜻을 고상하고 원대하게 가질 것." 단일 성씨 왕조로는 세계에서 가장 길었다는 조선왕조. 당파싸움이나 쇄국 정책 등 부정적인 인상으로 남았지만 단일 성씨로 500년을 버틴 조선에는 분명 이유가 있었다. 그중 하나가 왕세자에 대한 철저한 교육과 훈련 시스템이었다.

원자가 태어나면 교육과 양육을 보양청이라는 기관에서 담당했다. 원자는 3살 정도가 되면 한문 단자(單字)를 배우는 것으로 공부를 시작했다. '천자문'이나 '유합'을 가지고 한 글자씩 배웠다. 더 중요시한 것은 예절이었다. 어린 나이에도 불구하고 늘 정장을 했고 스승 앞에서는 자세도 흐트릴 수 없었다. 6살이 되면 성균관 대제학 등 석학에게 특강을 듣기 시작했고 원자가 책을 한 권 떼면 왕과 왕비 앞에서 배강(背講)을 했다. 배강은 일종의 빌표회다.

재미있는 건 학습에 들어가기 전 원자에게 꼭 조청(물엿) 두 숟갈을 먹였다는 사실이다. 흡수가 빠른 당분을 섭취시켜 수업에 들어가기 전 머리를 맑게 해 주려는 의도였다. 학습이 끝나는 밤이 되면 옻칠을 한 목욕통에 따뜻한 소금물을 받아 목욕을 시켰다. 후계자 교육은 왕세자에 책봉되면 본격적으로 시작됐다. 거처를 동궁(東宮)으로 옮기고 시강원 소속의 개인교사 20명, 13명의 사서를 두고 교육을 받았다. 성균관에도 입학해야 했다.

성균관 안에서는 아무리 세자라고 해도 스승에게 먼저 고개를 숙여야 했고 격이 낮은 계단과 통로를 이용해야 했다. 수업을 받을 때는 서당에서 공부하는 백성들처럼 책상을 사용하지 못하고 바닥에 책을 놓고 수업을 들어야 했다. 왕세자의 하루는 고달팠다. 아침에 일어나 반드시 윗사람들에게 문안 인사를 해야 했고 문안에서 돌아오면 조강(朝講)에 들어갔다. 낮에는 주강, 저녁에는 석강이 있었다.

간혹 이 같은 교육을 못 견디는 세자들도 있었다. 그럴 경우 왕에게 호되게 혼이 났고 세자 자리를 박탈당하는 경우도 있었다. 교육을 제대로 받지 못하는 사례는 선왕이 갑자기 죽어서 운 좋게 국왕자리에 올랐다 하더라도 성군이 되는 경우에는 드물다. 유교를 바탕에 둔 왕도정치를 이상으로 삼았던 조선은 이처럼 군주의 교육에 심혈을 기울였다. 조선이 500년이라는 풍상을 이겨 낸 이면에는 이 같은 멘토링식 영재 교육 시스템이 존재했던 것이다.


**[왕세자 교육의 멘토링 방식 사례]**

특별히 멘토링 사례로 들자면 멘토 변계량과 왕자 양녕대군, 멘토 이수와 세종대왕, 멘토 두 명의 강호산인과 문종, 멘토 허침, 조지서와 연산대군을 들 수 있겠다. 구체적으로 왕세자 교육 방법을 아래 내용으로 소개한다.

왕세자 - 아무개가 지금 선생님에게 수업하기를 요청합니다.

멘토박사 - 아무개는 덕이 없습니다. 청컨대 왕세자는 욕됨이 없게 하소서.

왕세자 - (다시 청한다.)

멘토박사 - 아무개는 덕이 없습니다만 왕세자께서 자리에 나가시면 아무개가 감히 뵙겠습니다.

왕세자 - 아무개가 감히 빈객(賓客)을 대하는 예로 볼 수가 없습니다. 뵙도록 하여 주실 것을 요청합니다.

멘토박사 - 아무개가 사양하여도 허락하지 않으므로, 명을 따르겠습니다.

대화가 끝나면 왕세자는 무릎을 꿇고 예물을 드렸으며, 멘토박사도 무릎을 꿇고 예물을 받았다.

# 제2장
# 인격정의(Definition)

　　인간의 인격은 세계 안에서 다른 실재, 즉 다른 존재와 관계를 맺게 되는 삶 속에서 지정의(知情意)로 형성된다. 그러므로 인간은 모든 실재와 올바른 관계를 맺을 때만이 자기 자신의 바른 인격을 제대로 성취할 수 있다. 이 인격은 '너와 나'로 이어지는 멘토링 공동체 안에서 최적의 상태로 기반을 둔다. 그러므로 인격적 주요 관건이 되는 것은 '인간적인 진실한 사랑의 만남'이다

### 1) 지금까지 인격실행 최적의 프로그램인 멘토링이 부진한 이유
정치적인 혼란 − 좌우대립 타인배려 못 하고 적으로 간주 − 인간은 후 순위
물적 자원 빈약 − 헝그리 정신으로 호구지책에 전념 − 인간은 후 순위
경제성장 우선 − 소품종 대량생산 등 고도성장으로 − 인간은 후 순위

### 2) 인격실행 멘토링의 기본 조건
관계 1 − 1:1이나 소그룹으로 만난다.
관계 2 − 인격 평등의식을 가지고 만난다.
관계 3 − 상호 간 신뢰와 존경관계를 유지한다.


2−1. 인격의 활동영역

2−2. 인격에 관한 정의

2−3. 인격해설 도서소개

## 2-1. 인격의 활동영역

　　인간은 개인적으로 조직적으로, 사회 모든 영역에서 전인적인 인격활동을 하게
된다. 그러나 어떤 경우에서는 만남의 성격에 따라 기술, 업무, 학업 등에만 편향
되는 불균형 인격활동도 이루어진다.

　　그러한 이유로 멘토링의 인격활동은 인간을 기술자로 만드는 것이 아니고 기
술자를 인간으로 만드는 전인적인 인격활동의 모델 프로그램이 되는 것이다.

　　아래 일반적인 인격활동과 멘토링 활동에 관한 조건과 차별성을 다루어 보기
로 하자.

　　개인적용 멘토링: 전통적 멘토링(Typical Mentoring)

　　조직적용 멘토링: 제도적 멘토링(Systematic Mentoring)

| 일반적 인격활동 조건 | 구분 | 멘토링 인격활동 조건 |
|---|---|---|
| 개인과 조직 전 분야 | 영역 | 개인과 조직 전 분야 |
| 관계없음 | 연결 | 한 사람을 멘토 1명이나 멘토가 다수 |
| 전인적(인격 3요소 등) | 내용 | 전인적(인격 3요소 등) |
| 인격평등의식과 관계 | 관계 | 인격평등의식과 관계 |
| 배려 조언 지도 등 | 목적 | 조언으로 인간성장 – 리더양성 |

1. 기술, 업무, 학업에 편향은 인격활동보다는 코치활동이다.
2. 멘토링은 반드시 전인적인 인격활동을 원칙으로 한다.


　　1. 개인적인 인격활동 영역

　　1) 학문 영역

　　2) 청소년 영역

　　3) 예체능 영역

　　4) 저명인사 영역


　　2. 조직적인 인격활동 영역

　　1) 가정 영역

　　2) 학교 영역

3) 직장 영역

4) 교회 영역


## 1. 개인적인 인격활동 영역


### 1) 학문 영역

학문의 영역은 스승과 제자 간의 인격활동이다.

학문영역의 인격 멘토링 사례로는 철학의 원조인 소크라테스와 제자 플라톤, 플라톤과 아리스토텔레스, 그리고 아리스토텔레스와 알렉산더 장군으로 이어지는 전형적인 멘토링이다.

두 사람 간의 아름다운 삶의 동행이 전인적인 지원의 인격적인 생활로 이어지고 학문계승의 큰 족적을 이루게 된 것이다.

특이하게도 플라톤은 형이상학의 원조인데 그의 제자 아리스토텔레스는 형이하학의 원조가 되었다. 이와 같이 인격적인 멘토링은 통솔이나 주입식이 아니라 인격의 평등 속에서 자기의 적성을 그대로 발휘하는 인간성장 프로그램으로-된 사람-든 사람-난 사람이라는 선순환의 과정으로 리더개발이 이루어지는 것이다.

| 철학 | 1대 | 2대 | 3대 | 비고 |
|---|---|---|---|---|
| 멘토 | 소크라테스 | 플라톤 | 아리스토텔레스 | |
| 멘제 | 플라톤 | 아리스토텔레스 | 알렉산더 대왕 | |

소크라테스는 제자인 플라톤에게 이렇게 말했단다. "나는 내가 아는 것이 없다는 것을 알고 있어. 진정한 지혜란 바로 자신의 무지(無知: 아는 것이 없음)를 인정하는 거야! 무엇이든 물어보는 사람은 모든 것을 아는 처하는 사람보다 지혜로운 사람이다."
그는 '너 자신을 알라'라는 말을 했지. 물론 그가 한 말이 아니고 델포이 신전에 있던 말인데 소크라테스가 한 말로 유명해졌어. 아이들에게 "이 말의 뜻이 무엇일까"라고 물었더니 어떤 아이는 "'너나 잘하세요'라는 뜻"이라고 말하고, 또 어떤 아이는 "'네 분수를 알라'라는 의미"라고 말하더라고.

## 2) 청소년 영역

청소년 영역은 청소년과 어른 간의 인격활동이다.

청소년 멘토링이 활발하게 발전한 것은 1904년 미국에서 청소년 멘토링(BBS)시스템을 도입한 이후부터다.

특히 청소년은 감수성이 가장 예민한 때이기에 멘토가 절실히 필요한 시기로 평생교육학자 레빈슨 교수는 멘토가 없는 사람은 부모가 없는 고아와 같다고 말했다. 우리가 익히 잘 알고 있는 설리번 선생과 헬렌 켈러는 장애우에게 적절한 우수한 인격멘토링 모델이다.

국내에서도 보건복지부, 교과부 등 청소년 멘토링 Human Net－Work 프로젝트를 가동하여 다문화가정, 저소득가정, 소년소녀가장, 소외된 청소년 등에 집중적으로 멘토제도를 활용할 것으로 기대한다.

---

사랑과 꿈과 용기

**헬렌 켈러와 설리번 선생 멘토링**

6살이 되도록 손으로 음식을 집어 먹고 마음에 들지 않으면 닥치는 대로 주위 물건을 집어던지는 야수 같은 아이가 있었다. 태어난 지 19개월 되던 때 열병을 앓으며 눈이 멀고 귀가 먹어 벙어리가 됐기 때문이다.

이 아이는 앤 설리번 선생을 만나 교육을 받은 끝에 하버드대에 입학해 우등으로 졸업했다. 결국 전 세계 장애인들에게 희망을 주며 사회복지사업을 펼친 '빛의 천사'가 됐다. 그가 바로 '삼중고(三重苦)의 성녀'로 유명한 헬렌 켈러다. 설리번 선생은 장애를 극복하려는 헬렌 켈러의 의지와 가능성을 발견하고 그를 진실하게 가르쳤으며 헬렌 켈러는 끝없이 노력해 희망의 빛을 찾을 수 있었다. 헬렌 켈러는 이렇게 말했다.

"항상 사랑과 희망과 용기를 불어넣어 준 설리번 선생님이 없었으면 저도 없었을 것입니다. 만약 제가 볼 수 있다면 가장 먼저 설리번 선생님을 보고 싶어요." 이처럼 훌륭한 멘토와 만나 도움과 사랑을 받은 사람은 위대하고 아름다운 결실을 맺는다.

---

## 3) 예체능 영역

예체능 영역은 사부와 제자 간에 이루어지는 인격활동이다.

멘토링 활동 중에서 가장 빈번히 이루어지는 활동으로 옛날에는 사부라는 호칭으로 침식을 같이하면서 자연스럽게 전인적인 인격활동이 이루어졌다. 그러나 오늘날 대부분 기술지도에 국한하여 기술 분야만 치중하기 때문에 대부분 코치에 머물고 있는 수준이다.

코치: 기술이나 업무나 학업 등 전문적인 특정 부문을 지도한다.

멘토: 코치의 역량을 포함하여 전인적인 역량을 발휘하여 인간성장을 돕는다.

오늘날 국내 예체능 성공 모델로 김연아, 박지성, 박태환 선수가 멘토를 잘 만나 성공적인 모델이 되었고, 골프에서는 박세리, 신지애 등이 성공 모델, 바둑에서 이창호는 어릴 때 멘토 조훈현과 침식을 하면서 지도받아 대성하였고, 연예계에서 가수 정지훈(예명: 비)은 박진영 멘토를 만나 세계스타가 되었고, 음악계에서 장한나, 조수미, 신현수 등도 어릴 때부터 멘토를 만나 현재 성공적인 활동을 하고 있다.

기술스타: 피겨나 수영, 축구 등과 같이 기술로만 뛰어난 선수가 있는 반면

인간스타: 기술도 뛰어나고 인간성도 뛰어나서 인간스타로 존경받는 선수가 있다.

희망과 꿈과 행복

**바둑 이창호와 조훈현 선배와 침식동행 멘토링**
**이창호**(李昌鎬) 선수는 대한민국의 프로 바둑 기사다. 그는 조훈현 문하생으로 견고한 기풍과 대국 중에 흔들리지 않는 표정으로 바둑인들에게서 돌부처라는 별명을 얻게 되었다. 멘토 조훈현 사범은 감각과 취향이 전혀 다른 이창호 기사를 어릴 때 가정숙식 內弟子(내제자)로 받아들였다. 세계 정상의 프로가 절정을 달리는 나이에 제자를 받아들이는 일은 프로세계의 '禁忌(금기)'다. 그것도 넓지 않은 집에 부모를 모시는 형편에 집 안으로 제자를 받아들여 가르치는 것은, 보통사람의 상상을 뛰어넘는 모험이었다. 조훈현 사범은 많은 멘토 중에서 가장 인격적인 멘토로 인정받고 있다.

## 4) 저명인사 영역

저명인사 영역은 후배와 저명인사를 멘토로 연결하는 인격활동이다.

저명인사 멘토링은 국내외 역사 속에서 유명한 인물로 가끔 드라마의 주인공으로 등장하기도 한다.

특히 무명의 멘제가 저명한 인사를 멘토로 맞이하여 멘토보다 나중에 더 훌륭

한 리더로 성장하는 것이 특징이다. 멘토링의 선순환 인재개발의 정석코스라고 볼 수 있다.

국내 드라마 중에서 이순신 장군은 류성룡을 만나, 동의보감 명의 허준은 유의태를 만나, 의주거부 임상옥은 홍득주를 만나, 민속화가 신윤복은 김홍도를 만나 이들의 공통점은 탁월한 멘토를 만나 당대 최고의 인간스타인 저명인사로 명성을 날렸다.

링컨 대통령이 멘토로 초고교사 그레이엄을 만나, 삼성그룹 이건희 회장이 고바야시 멘토를 만나, 나눔의 천사인 빌게이츠는 워런 버핏을 만나 유익한 멘토링 활동에서 삶의 가치를 더욱 높이는 계기를 만들었다.

아름다운 경영 동반자

**이건희 회장과 고바야시 회장 멘토링**

이건희 삼성 회장은 2004. 6. 2. 서울 한남동 소재 삼성 영빈관 승지원에서 고바야시 요타로(小林 陽太郞) 일본 후지 제록스 회장과 만찬 접견을 갖고, 최근 한일 경제현황과 두 회사 간 협력 증진방안 등 상호 관심사에 대해 논의했다. 특히 양 사가 세계적 강점을 갖고 있는 레이저프린터 · 복합기 관련 분야의 기술과 인력, 경영노하우 등의 교류를 확대해 돈독한 협력 관계를 발전시켜 나가기로 했다.

이날 접견에서 이건희 회장과 고바야시 요타로 회장은 "경제가 잘되도록 구상하는 것이 기업가의 의무"라는 데 공감하고, 두 회사가 경제 활성화를 위해 협력을 강화해 나가기로 했다.

## 2. 조직적인 인격활동 영역

### 1) 가정 영역

가정영역은 자녀와 부모 간의 전인적인 인격활동이다.

가정은 이 세상에서 가장 행복한 조직이다. 이곳은 엄한 아버지와 따뜻한 어머니가 수위 조절을 하면서 자녀와 아름다운 동행으로 삶의 터전을 이루었기 때문이다.

명필가 한석봉을 길러 낸 떡장수 멘토 어머니, 대학자 이율곡을 길러 낸 멘토 신사임당 어머니, 그 유명한 맹자를 길러 낸 지혜로운 맹모삼천지교, 과학자 뉴턴을 재개발한 어머니, 아인슈타인의 가치를 재개발한 어머니 등 자녀를 위한 인격 멘토로 이루 헤아릴 수 없이 많다.

대화와 토론의 장으로 구축된 유대인의 가정교육과 어머니의 자녀사랑 멘토링 프로그램을 보면서 오늘날 한국 가정의 심각한 문제는 자녀들을 아예 인격은 제쳐 놓고 사랑이 아닌 돈으로 키우려는 위험천만한 발상이다.

> **GE그룹 잭 웰치 전 회장은** 자신의 위대한 스승으로 어머니를 꼽아 공감을 얻기도 했다. 어릴 적 말을 더듬는 습관이 있었던 웰치에게 어머니는 늘 "네가 말을 빨리 못 하는 이유는 너무 똑똑하기 때문이란다. 다른 사람보다 두뇌 회전이 빨라서 말이 네 생각을 못 쫓아가는 거야"라고 말해 주었다.

## 2) 학교 영역

학교영역은 학생과 스승 간의 인격활동이다.

멘토링 목적은 학교교육 목적인 '전인＝인격'교육과 공통점으로 멘토링 프로그램이 가장 필요한 곳이기도 하다. 그러나 오늘날 제도권 학교는 평준화라는 현실 속에서 이미 그 교육목적을 상실했기에 교실의 붕괴라는 치명적인 하자를 안고 있는 것이다.

탈무드에서 학교 입학생에게 스승이 "자네는 왜 우리학교를 지원했는가?"라고 물었다. 입학생이 "전통이 있고 분위기 좋아서 열심히 공부하려고 지원했습니다." 라고 대답했다. 스승이 "그렇다면 자네는 도서관으로 가게"라고 하자 학생이 "왜 입니까?"라고 물었다. 그러자 스승이 "학교는 공부하는 곳이 아니라 스승 앞에 올바로 서는 것일세."라고 말했다.

학교의 올바른 방향은 스승의 인격 앞에 서서 그 스승의 인격을 닮아 미래 국가사회에서 인격적으로 존경받는 리더가 되어야 할 사람을 길러야 하는 것이다.

**세계의 명문 옥스퍼드대학 Tutorial 멘토링**

세계적인 명문 옥스퍼드대학(英)의 차별화 교육은 1:1멘토링 프로그램을 활용한 튜터제도(Tutor System)이다.

튜터제도를 간단하게 설명하면 담당교수를 멘토로 하고, 학생을 멘제로 하여 1:1로 대면하는 학습 방법이다. 일주일에 한 번씩 특정 요일에 교수와 학생이 1:1로 4시간씩 주제 리포트 작성제출, 학습토론, 질의응답 등으로 진행되는 수업은 자연히 교수와 학생 간에 내외적(內外的)인 접촉이 이뤄지게 되므로 학생 입장에서는 준비기간인 일주일 내내 한국의 고3 학생과 같은 학습준비에 몰입하게 된다. 담당 교수 입장에서는 일주일에 한 번씩 4시간 동안 독대함으로써 학생의 "니즈(Needs)와 핵심역량"을 정확히 파악하게 됨으로써 학생의 실정에 맞는 교육을 진행할 수 있는 것이다. 그러므로 학생은 대학 4년 동안 시간을 허비하지 않고 담당교수로부터 1:1 고품질의 인격교육 서비스를 받게 됨으로써 그렇지 못한 타 대학 학생들과의 경쟁력을 월등히 확보할 수 있게 된다. 그러한 튜터제도는 국내뿐만 아니라 전 세계적으로 옥스퍼드대학의 경쟁력을 높이고 명문으로 만드는 데 큰 몫을 담당하고 있으며 우수한 학생들을 선발하는 데도 결정적인 요인으로 작용하고 있다.

### 3) 직장 영역

직장영역은 선배와 후배 간의 인격적인 활동이다.

직장생활 멘토링은 구성원들의 중장기적으로 직업과 연결됨으로써 인격적인 멘토를 잘 만나는 것은 행운이다. 특별히 가정에서처럼 직장에서도 엄격한 상사는 생산성으로, 따뜻한 멘토는 인간성으로 균형 경영이 이뤄진다면 개인의 만족감으로 행복한 직원과 직장의 효율성으로 희망찬 조직건설에 계기가 될 것이다.

미국에서 포춘지 조사에서 제일 존경받는 기업 1순위인 SAS Institute 짐 굳나잇 회장은 "행복한 젖소가 우유를 많이 생산하는 것처럼 행복한 직원이 생산성을 높인다"고 말했다.

**박세리/박혜은(노동부 부천지청)**

노동부 혁신관리단의 지원으로 부천지청에서 멘토링 시범 활동에 참여하고 있는 멘토 박세리 님과 멘제 박혜은 님의 어느 미팅에서 활동했던 사례 발표다.

[미팅일에 생긴 일]
이번 개별활동 시간에는 센터의 김은아 쌤, 윤주이 커플과 함께 영화 캐리비안해적－망자의 함을 보러 갔어요. 비록 1탄의 내용이 기억이 안 나 답답한 면도 있었지만 좋은 사람들과 함께해서 그런지 영화가 참 잼 났습니다.
첨엔 약간 부담스럽던 멘토링 데이가 이젠 기다려지기도 하고……
멘제 혜은이와 함께하는 시간이 즐겁기고 하고……
그동안의 스트레스가 확 풀리는 듯한 느낌이었어요. ^ ^
이번 주엔 은아 쌤－주이 커플과 함께해서 더욱 유쾌했고요.
영화 끝나고 활동 일지용으로 꼭 찍어야 된다고 우겨서 겨우 찍은 사진~
(안 찍어 오면 은경 쌤한테 혼나요ㅋ)
멘토링 덕분에 힘든 것도 많지만 그만큼 추억도 많아지는 것 같아요.
벌써부터 멘토링 프로젝트가 끝나면 아쉬울 것 같단 생각이 듭니다. ~~~~^_^

## 4) 교회 영역

교회영역은 평신도들과 교육자 간의 인격활동이다.

교회 멘토링 활동은 기타 조직보다도 '영혼에 관한 깊은 통찰력'으로 전인적인 차원에서 가장 밀도 있는 멘토링 활동이 이루어질 수 있는 영역이다.

교회 멘토링은 성경에서 그 모범적인 사례로 모세와 여호수아, 다윗과 요나단, 엘리야와 엘리사, 룻과 나오미, 에스더와 모르드개로 이어지며 신약에서 대표적인 바울과 바나바로 멘토링 인격활능이 이어진다.


## [성경에서 3대 인격활동 지침]

1) 하나님 인격활동 지침(창 1:27~28)
하나님의 형상대로 창조한 사람이 인격적인 활동으로 모든 생물을 다스리라.
2) 모세의 인격활동 지침(출 18:21, 신 1:13)
재덕(才德)이 겸전한 자, 즉 인격적으로 활동하는 사람을 리더로 뽑아라.

3) 예수님 인격활동 지침(마 10:16)

너희는 뱀같이 지혜롭고 비둘기같이 순결하여 인격적인 사회생활을 하라.

**여성대표 행복 Plan:**
**룻과 나오미 멘토링 모델**

괴테는 "룻기는 가장 사랑스럽고 완전한 작품이다"라고 평했다.
1. 멘토 나오미는 며느리 룻에게 유대백성으로, 또한 하나님에 관한 모범을 보여 주어 이방인 모압여인 룻이 나오미를 선택하게 된 동기이다.
2. 고부관계 그리고 이방여인 관계에서 멘토 나오미의 모범적인 삶의 본보기와 이방인으로 룻의 선택―이스라엘 백성과 하나님―은 여성 멘토링의 최고의 모범을 보여 주고 있다.
3. 두 사람은 고부간이라기보다는 친딸과 같은 고품질의 멘토링을 유지했다고 볼 수 있다.
4. 보아스와 결혼한 룻은 오벳을 낳았고 오벳은 이새를 낳았고 이새는 다윗을 낳았더라. 결국 다윗과 예수님의 조상이라는 축복을 안았다.

# 2-2. 인격에 관한 정의

## 1. 인격이란 무엇인가

인간의 인격은 세계 안에서 다른 실재, 즉 다른 존재와 관계를 맺게 되는 삶 속에서 지정의(知情意)로 형성되며 한 개인의 체험이 사회적으로 드러난 것이다. 다시 말해 인격의 지층을 한 층씩 파고 들어가면 그 사람의 개인적 체험의 총화가 드러난다. '개인적 체험'과 그것의 '사회적 드러남' 사이에 아무런 왜곡(또는 발전)이 없는 경우가 '정직'에 해당한다면, '개인적 체험'이 '사회적 드러남'으로 나타나기 전의 부단한 지양(또는 각오)은 '성실'에 해당한다. 인간은 정직해서만 되는 게 아니라 성실해야 한다.

### 1) 인격의 어원

인격의 어원(語源)은 연극의 가면(假面＝Mask), 역할, 등장인물 등을 뜻하는 라틴어의 페르조나(persona)이며, 독일어로는 Persönlichkeit, 프랑스어로는 personalité이다. 원래 한자의 '人'은 사람의 형상으로, 자기 부족에만 쓰이고 타 부족을 지칭하는 말로는 쓰이지 않았는데 공자(孔子)에 의하여 이 개념이 확대되어 모든 사람을 가리키게 되었다. 또 '格'은 고정(固定) 또는 고정된 중심의 뜻으로서, 자기 자신을 유일한 지속적(持續的) 자아라고 생각하는 개체로 설명된다. 요컨대 인격은 의식의 현재 단면에서 통일성, 시간상의 변화를 통하여서도 유지되는 통일성을 요건으로 한다. 한편 인격이라는 특성을 구체적인 인격과 구별할 때는 인격성 또는 인간성이라는 말이 쓰이며, 일반적으로 인격에 최고의 가치를 두는 입장을 철학에서는 인격주의라고 한다.

### 2) 인격의 뜻

인격은 법률적이고 도덕적인 개념이다. 인격은 의식적이고 이상적인 주체인 인간을 가리킨다. 즉, 인격으로서의 인간은 선과 악, 참과 거짓을 구분할 줄 알아야 하며, 자신의 행위나 선택에 대해 설명할 수 있어야 한다. 인격 개념은 오늘날 매우 친숙한 것이 되었다. 인격 존중은 보편적으로 인정되는 덕목이며, 원리적인 측면에서 계속 다듬어져 온 개념이다. 그러나 현대 윤리학자들의 논쟁에서 볼 수 있듯이 인격 개념은 복잡하다. 인격이란 종교적, 법률적, 철학적 원천들로부터 점점 다양하게 발전해 온 개념이다.

### 3) 가치로서의 인격

인간이 권리를 가진 주체, 즉 자기 자신에 대한 결정을 내릴 수 있는 주체인 것은 인간이 하나의 인격이기 때문이다. 이 같은 법률적 지위가 모든 사람에게 인식된 것은 1789년 인권선언을 통해서였다. 인간이 권리상 평등하다면, 그것은 인간들이 모두 동일한 가치를 지니고 있기 때문이다. 인권선언은 법률적인 의미만이 아니라 도덕적인 의미도 가진다. 인격이 도덕적인 범주가 된 것은 칸트 이후이다. 인격은 결국 권리의 주체일 뿐만 아니라 의무의 대상이기도 하다. 칸트에 따르면 인격은 절대적인 가치를 가지며 그 자체가 목적이다. 다시 말해 인격은 상대적인 가치를 가지고 단순한 수단으로 사용되는 사물과는 다르다. 인격을 절대적으로 존중해야 한다는 원리는 타인을 단순한 수단이 아니라 목적으로 대하라는 정언 명령을 통해서 표현된다.

### 4) 영역별로 인격

#### (1) 심리학에서 말하는 인격

개인이 자신의 심신 변화에도 불구하고 동일한 지속(持續)을 하고 있는 자아라고 의식할 경우의 개체(個體)를 말한다.

#### (2) 윤리학에서 말하는 인격

선악을 판단, 자유롭게 의지를 결정하고 그것을 바탕으로 행위를 하는 바로 그 주체다. 칸트는 인간이 이성을 지니고 도덕 법칙에 따르는 곳에 인간의 본질적인 성격이 있다고 했으며, 이 성격을 인격이라고 불렀다. 인격은 그것만으로도 찬란히 빛나는 절대적 가치이다. 때문에 인격만이 존경을 받는다고 했다.

#### (3) 신학에서 말하는 인격

토마스 아퀴나스는 성령, 신격(神格)과 함께 이성적 성질을 가진 불가분의 실체로서의 인격을 신학적으로 체계화하였다. 신학상의 인격주의는 신격, 즉 신과의 주체적인 연결 위에 근원하는 실체를 인격주의로 다룬다. 또 인격을 억압하는 물질, 사회, 체제, 전쟁 등에 대하여 이것으로부터 해방되려는 방향으로 인간성이 작용하는 것을 휴머니즘이라 한다.

#### (4) 철학에서 말하는 인격

그리스 철학자 아리스토텔레스는 훌륭한 인격이란 바르게 행동하고, 다른 사람들과의 관계에서 그리고 자신과의 관계에서 옳은 행동을 하며 살아가는 것으로 정의했다. 물론 한눈에 봐도 이것이 훌륭한 인격의 정의라는 생각이 든다. 그런데 무엇이 옳은 행동인가에 대한 정의는 구체적으로 정의 내리기 힘든 철학적인 요소이다. 자기 통제와 중용이라는 아리스토텔레스의 미덕은 인간이 얼마나 자신 내면의 통제를 하기 힘든 생물인지를 보여 준다. 그리고 주관을 가지고 있기 때문에 한쪽으로 치우치지 않는 중용을 갖는 것은, 이 둘을 모두 내면화했을 때 인간은 성인군자라 이를 정도로 완벽한 모습을 하고 있을 것이다.

(5) 성경에서 말하는 인격

성서의 하나님은 역사 속에서 움직이시는 하나님이시다. 하나님은 역사하신다. 하나님은 바로 이 역사하심으로 자신의 존재를 나타내시고, 이것으로 우리에게 자신을 계시하신다. 구약성서는 이스라엘의 하나님을 잘 표현하고 있다. 그 이스라엘은 곧 하나님께서 역사하시는 장(場)을 제공하고 있다. 성서가 하나님을 이스라엘의 하나님으로 소개하는 것은 행동하시는 하나님, 살아 계신 하나님을 말하기 위함이다. 하나님 앞에선 이스라엘은 언제나 하나님과의 인격적인 관계를 요구받는다. 흔히 하나님을 인격적인 분이라고 부른다. 그러나 이 인격이라는 개념을 의인론적으로 이해해서는 안 된다. 인격(Person)이란 말이 라틴어의 Persona(가면, 탈)에서 왔다면, 하나님의 인격성이란 역사 속에 나타나는 하나님의 여러 가지 활동의 모습을 의미한다. 하나님의 그 인격성은 살아 있음에 그 특징이 있다. 인격적인 하나님은 곧 살아 계신 하나님이다.

- **■ 하남님과 인격성이란?**
  - 하나님과 올바른 관계유지
  - 사람과의 올바른 관세유지
  - 자연 환경과 올바른 관계유지를 의미한다.

## 2. [교육기본법]에서 인격 접근

[일부개정 2008. 3. 21. 법률 제8915호]

제2조(교육이념)

교육은 홍익인간(弘益人間)의 이념 아래 모든 국민으로 하여금 인격을 도야(陶冶)하고 자주적 생활능력과 민주시민으로서 필요한 자질을 갖추게 함으로써 인간다운 삶을 영위하게 하고 민주국가의 발전과 인류공영(人類共營)의 이상을 실현하는 데에 이바지하게 함을 목적으로 한다[전문개정 2007. 12. 21.].

제9조(학교교육)

③ 학교교육은 학생의 창의력 계발 및 인성(人性) 함양을 포함한 전인적(전인적) 교육을 중시하여 이루어져야 한다[전문개정 2007. 12. 21.].

제12조(학습자)

② 교육내용, 교육방법, 교재 및 교육시설은 학습자의 인격을 존중하고 개성을 중시하여 학습자의 능력이 최대한으로 발휘될 수 있도록 마련되어야 한다.

제13조(보호자)

① 부모 등 보호자는 보호하는 자녀 또는 아동이 바른 인성을 가지고 건강하게 성장하도록 교육할 권리와 책임을 가진다.

제14조(교원)

③ 교원은 교육자로서의 윤리의식을 확립하고, 이를 바탕으로 학생에게 학습윤리를 지도하고 지식을 습득하게 하며, 학생 개개인의 적성을 계발할 수 있도록 노력하여야 한다.

## 3. 인격교육의 개념(교사용)

인격교육이 무엇인가를 한마디로 정의하기는 어렵다. 인격교육은 체계적인 이론에 의한 일관된 교육 실천이라기보다는 도덕적 교육 전반과 관련된 광범위한 문제들을 포괄하고 있기 때문이다. 또 인격교육을 주장하는 학자에 따라 보다 교화적인 입장을 취하기도 하고, 보다 온건한 입장을 취하기도 하기 때문에 이들을 모두 아울러 하나로 개념화한다는 것은 매우 어려운 일이다. 여기서 라이언이 제시한 '인격교육이 아닌 것'과 '인격교육인 것'을 살펴본다.

**[케빈 라이언(보스턴대학 교수)]**

라이언은 인격교육에 임하는 교사의 역할과 관련하여 '다섯 가지 E(Five E)'를 제시하였다.

① 모범(example): 역할 모델이 되어야 함과 동시에 역사나 이야기 속에 나오는 모범 사례들을 학생들에게 자주 접하도록 해야 한다.

② 설명(explanation): 학생들을 도덕적으로 교육시킬 때, 규제와 규칙을 제시하기보다는 합리적 설명을 통해 인류의 위대한 도덕적 대화 속에 학생들을 참여시켜야 한다.

③ 고무(exhortation): 학생들이 도덕적 행동을 할 수 있도록 끊임없이 격려하고 고무해 주어야 한다.

④ 평가(evaluation): 교사는 학생 스스로 자신들을 평가할 수 있는 기회를 제공해 주어야 한다.

⑤ 봉사경험(experience): 학생들이 타인을 위해 봉사할 수 있는 기회를 제공해야 한다.

### 1) 인격교육이 아닌 것

첫째, 인격교육은 미해결의 사회적 정치적 문제들에 대하여 현재 미국사회에서 옳다고 여겨지고 있는 어떤 판짐들을 가르치고 있는 것이 아니다. 즉 인격교육은 낙태문제, 환경문제, 도덕적 쟁점들에 대해 학생들에게 가르치는 것이 아니다.

둘째, 인격교육은 인지적 도덕 발달 단계에 특별하게 관련되어 있는 것이 아니다. 발달이론들은 학생들이 마치 씨앗처럼 하나의 발달적 프로그램을 가지고 태어나므로, 교육자들은 그들이 필요로 하는 것, 곧 올바른 환경을 제공해 주면 된

다고 가정하고 있다. 그러나 이러한 발달이론은 문화, 전통, 도덕적 행동 등과 같
은 다른 요인들의 중요성을 간과하고 있다.

셋째, 인격교육은 도덕적 추론이 아니다. 도덕적 질문을 통하여 아동들로 하여
금 체계적인 방식 속에서 사고하도록 교육하는 것은 인격교육의 중요한 부분이
다. 그러나 도덕적 추론 그 자체만으로는 인간의 도덕적 성숙을 기할 수 없다.

넷째, 인격교육은 민주적 학교 운동과 동일한 것이 아니다. 학생들이 학교의 주
요한 정책 결정에 책임을 지고 있는 것처럼 상정하는 것은 오히려 아동들을 기만
하는 것이다. 학교는 지역사회의 아동들을 위하여 특수한 서비스를 제공하도록
지역사회로부터 신뢰받고 있는 하나의 법적인 실체이며, 성인들인 교사들이 바로
그러한 서비스를 제공하도록 법에 의해 명시되어 있는 것이다

다섯째, 인격교육은 어느 특정 과목이나 수업의 주제가 되어서는 안 된다. 학교
의 모든 활동들을 통하여 인격교육이 실행되어야 한다.


## 2) 인격교육인 것

인격교육은 시공을 초월해 중요한 것으로 여겨져 왔던 도(道)를 가르치는 것이
다. 인격교육은 선을 알고, 사랑하고, 실천하려는 인간을 만드는 데 중점을 두고
있으며, 친절, 사랑, 충성, 책임, 정직, 협동, 권리존중 등과 같은 삶의 사실들과 도
덕적 관념들을 가르치는 것이다. 기존의 도덕교육은 선을 알게 하는 것에만 치중
하는 중대한 잘못을 범해 왔으므로 인격교육을 통하여 지속적인 도덕적 습관과
덕성을 개발시켜 주어야 한다.

둘째, 인격교육은 덕에 대해 관심을 갖는다는 점에서 다른 도덕교육 이론들과
차이가 있다. 덕은 두 가지 의미가 있는바 신중하거나 용기 있는 것과 같이 특정
한 반응 형식, 행동패턴, 습관을 의미하기도 한다. 도덕적 탁월성, 즉 도를 알고
도에 따라 삶을 영위하는 것을 의미하기도 한다. 인격교육은 이 두 가지 의미의
덕에 모두 관계하고 있는 것이다. 즉 선하고 고상한 생활에 대한 인식, 그리고 그
러한 삶을 사는 데 도움을 주는 구성 요인이나 습관들 모두를 강조하고 있는 것
이다. 또한 인격교육은 덕뿐만 아니라, 악덕을 제대로 인식할 수 있도록 해 주는

것이다.

셋째, 인격교육은 교화를 포용하고 있다. 학교의 기본적인 사명은 공동체의 최상의 가치들을 통해 아동들을 교화시키는 것이다. 지역사회 혹은 공동체가 부모나 교사들을 통하여 그 지역사회나 공동체의 핵심관념, 이론, 도덕적 가치들을 학생들에게 가르치지 않는 것은 사회적 자살행위와 다를 바 없는 것이다.

넷째, 인격교육은 논쟁적인 이슈들에 대한 특정한 입장들을 가르치는 것이 아니라 기본적인 도덕적 덕과 악에 초점을 두고 있다. 모든 공동체는 그 구성원 대다수가 합의에 이를 수 있는 공통적이고 핵심적인 가치들을 지니고 있다. 학교는 그러한 공동체의 핵심가치들과 가장 중요한 지식들을 보존해 나가는 데 기여하는 하나의 사회 통합적인 것이다. 따라서 인격교육은 공동체를 하나로 묶어 주는 기본적인 도덕적 가치들, 즉 공동체의 도에 초점을 두고 있다.

다섯째, 인격교육은 인격을 발달시키기 위한 다양한 접근들을 포괄하고 있다. 영웅들의 이야기, 교사나 성인들의 모범, 덕에 대한 직접적인 학습, 다른 사람 및 지역사회를 위한 봉사활동의 실행, 사고 방법의 학습, 공동체로서 학급이나 학교 속에서의 삶 등을 포함하고 있다.

인격교육은 학생들이 훌륭한 인격을 구성하고 있는 덕목들에 대한 지속적인 습관을 기르도록 학교경험의 총체성을 적극으로 활용하는 것이다. 그러므로 인격교육은 학생들 스스로 그들의 인격을 함양하도록 지속적으로 고무해 준다.

끝으로 인격교육은 낭만적인 인간 개념을 거부하고 있다. 인격교육은 고전적인 인간 개념, 즉 인간은 선과 악에 대한 짐재력을 지니고 있고, 자신의 내적 생활과 사회적 환경 양자에 의해 영향을 받는나는 인간 개념을 기부한다. 그러므로 인격교육은 부정직함, 게으름, 비겁함 등과 같은 악덕의 파괴적 힘을 학생들이 깨닫게 만들고 학생들이 자신의 부도딕함을 말끔히 도와주는 것이다.

인격교육은 여러 가지 다양한 입장들이 표출되고 있는 현대 사회의 도덕적 쟁점들이 아니라 도와 덕, 그리고 공동체의 핵심적이고 기본적인 가치들을 가르치려는 것이다. 인격교육은 도덕적 문제에 대한 개인적 선택 능력과 도덕적 추론이 아니라 가치와 덕목을 적극적으로 주입하는 교화를 포함한다. 특정 과목이나 시간을 통해 인지 발달적 자극을 제시해 주는 것이 아니라 전통적인 도덕교육에서 활용해 온 다양한 모든 방법들을 동원해서 가르치고, 또 학교생활의 총체성을 인격교육의 장으로 활용한다. 인격교육은 인지발달적 접근에 의한 도덕적 추론 중심의 자율론적 도덕교육을 전통적인 덕목 교육에로 환원시킨 것이라고 볼 수 있다. 이 인격교육 운동에서는 일상적이고 전통적인 도덕교육의 내용과 방법들이 다시금 부활하고 있는 것이다.

### 3) 인격교육의 접근 방법

앞에서 이미 인격교육에서는 다양한 모든 도덕교육의 접근 방법들을 활용하였다. 교실에서 구체적으로 인격교육의 포괄적인 접근을 취하려면 각 교사들은 다음과 같은 일들에 유념해야 한다.

첫째, 교사는 온정으로 돌보고 모범을 보여 주며, 훌륭한 지도자로서 행동해야 한다. 즉 교사는 사랑과 존경으로 학생을 대하고 좋은 모범을 보여 주며 교사와 학생 사이의 1 대 1 개별지도 및 학급 전체 토론 등을 통해 긍정적인 사회적 행동을 장려하는 동시에 잘못된 행동을 바로잡아 주어야 한다.

둘째, 학급을 도덕적 공동체로 만들어야 한다. 학생들이 서로를 하나의 귀중한 인격체로 인식하고 존중하며, 온정적으로 배려하고 그 집단에서 가치 있는 구성원이라고 느끼고, 책임감을 갖도록 하는 것이다.

셋째, 도덕적 훈련을 실행하여야 한다. 도덕적 추론 능력을 증진하고 자발적으로 규칙에 순응하며 타인에 대한 존중심을 키울 기회를 제공하기 위해 교사는 규칙을 제정하고 이를 지속적으로 시행하는 일을 도모해야 할 필요가 있다.

넷째, 민주적인 교실 환경을 만들어야 한다. 즉 학생들을 의사결정에 참여시키고, 교실을 생활하고 공부하기가 좋은 곳으로 만들기 위해 책임감을 갖도록 이끌어야 한다.

다섯째, 교과 교육 활동을 통해 가치들을 가르치고 도덕적 문제들을 탐구해 보도록 장려하는 일이 또한 중요하다.

여섯째, 협동학습을 활용하는 일이 중요하다. 즉 학생들이 타인의 존재를 인식하고 올바른 관점을 취하며, 공동의 목표를 위해 다른 사람과 함께 일할 수 있는 능력을 기를 수 있도록 협동 학습을 적극 실행하여야 한다.

일곱째, 직무와 관련된 양심을 발달시켜야 한다. 즉 학생들이 공부에 관한 올바른 인식을 갖고 열심히 일하는 능력을 기르며, 타고난 자질을 개발하고 자기의 일이 타인의 삶에 미치는 영향에 대해 감수성을 갖도록 도와주어야 한다.

여덟째, 도덕적으로 숙고하고 성찰하는 능력을 길러 주어야 한다. 이를 위해서는 독서, 조사, 연구, 논문작성, 정기 간행물의 지속적인 접촉과 검토, 토론과 논쟁 등의 참여시키는 일이 중요하다.

아홉째, 갈등 해결의 능력을 길러 주어야 한다. 그렇게 함으로써 도덕적 문제를 공정하게 그리고 물리적 힘을 사용하지 않고 해결하는 데 필요한 도덕적 능력을 획득하게 될 것이다.

그리고 교실 밖의 인격교육 활동으로는 봉사활동 기회 제공, 학교의 긍정적인 도덕적 문화와 풍토 조성, 부모와 지역사회 인사들을 인격교육의 동반자로 활용하는 방안 등을 제안한다.

인격교육에는 도덕적 지식, 정서, 태도와 행동을 함께 가르치는 취지에서 다양한 접근들을 동시에 활용하는 통합적인 접근 방법을 적용하고 있다.


## 4. 도덕에서 인격(학생용)


### 1) 존경받는 사람

큰 나무도 가느다란 가지에서 시작되는 것이다. 9층 탑도 작은 벽돌을 하나씩 쌓아 올리는 데에서 시작되는 것이다. 마지막까지 처음과 마찬가지로 주의를 기울이면 어떤 일노 해낼 수 있을 깃이디.—노자

(1) 우리가 존경하는 사람은 인격을 갖춘 사람이다.

(2) 개성은 평가할 수 없지만, 인격은 어떤 사람에 대해 "그 사람은 훌륭하다, 또는 훌륭하지 않다"라고 평가할 때에 고려하는 내용과 관련이 있다.

(3) 인격자: 다른 사람으로부터 진심에서 우러나오는 존경을 받는 사람이다.

2) 인격의 의미

(1) 인격의 의미

① 사람을 사람이게끔 해 주는 사람으로서의 공통점이 있어야 한다.

② 사람을 다른 존재와 구분 짓고, 사람이라면 누구나 기본적으로 꼭 갖추어
야 할 조건이 있어야 한다.


(2) 인격의 구성 3요소

① 감정

ⓐ 기쁨, 슬픔, 사랑, 미움, 분노 등

ⓑ 위대한 예술 세계

ⓒ 높은 문화생활

ⓓ 좋은 인간관계

ⓔ 다른 사람과 멀어짐


② 이성

ⓐ 사물의 이치를 따져서 생각하며, 옳고 그름을 분별

ⓑ 감정을 조절

ⓒ 도덕적인 삶을 살게 한다.


③ 의지

ⓐ 자기가 판단하고 선택한 것을 실천하게 한다.

ⓑ 이성을 빛나게 하고, 가치 있는 삶을 살게 한다.


(3) 인격의 결정

인격의 3요소인 ① 감정, ② 이성, ③ 의지가 조화를 이룰 때 인격이 결정된다.

3) 개성과 인격의 차이

(1) 개성은 다른 사람과 구별되는 것이고, 인격은 사람됨이 공통된 것이다.

(2) 개성은 평가를 할 수 없지만, 인격은 평가를 할 수 있다.

다음 중에서 훌륭한 인격의 구성요소라고 생각하는 것에 ○표를 해 보자.

| 앎 | | 욕심 | | 교만 | | 성취 | |
|---|---|---|---|---|---|---|---|
| 미움 | | 즐거움 | | 관용 | | 타락 | |
| 사랑 | | 고집 | | 구속 | | 신념 | |

**함께하기 1.**

1. 사람을 평가하는 기준으로서의 인격

2. 기준:

옛날 중국 전국 시대에는 왕이 인재를 고를 때, 다음 세 가지 사항을 고려하였다.

1) 평소에 어떤 사람과 친하게 지내는지 살필 것.

2) 부유하게 살 때 그가 다른 사람에게 어떤 은혜를 베풀었는지 살필 것.

3) 가난할 때에도 남의 도움을 받으려고 하지 않았는지 살필 것.

여기에는 '훌륭한 인격'을 기준으로 하여 사람을 고르라는 뜻이 담겨 있다. 우리도 살다 보면 다른 사람에게 평가를 받을 때가 있다. 30년 뒤, 다른 사람이 나를 어떻게 평가할 것인지를 생각하여 써 보자.


3. 인격자를 본받는 자세


1) 인격자의 모습

(1) 가장 높은 경지에 이른 인격자: 공자, 석가모니, 예수, 마호메트

(2) 큰 스승의 경지에 오른 인격자: 원효, 이황 등

(3) 기타: 부모님, 또는 우리 주위에서 묵묵히 자기 일을 열심히 하는 사람들

2) 존경하는 인물의 필요성: 존경하는 사람이 있으면 언제, 어디서나 자신을 다듬어
   나갈 수 있다.


   ■ 훌륭한 인격을 갈고 닦기 위한 방법
   1. 분수에 맞는 목표를 세우자.
   2. 특기와 취미를 계발하자.
   3. 인내심을 키우자.
   4. 예의범절을 지키자.
   5. 관용을 베풀자.
   6. 자신의 역할과 책임을 다하자.


## 함께하기 2.

| 함께하기 | 우리 반의 인격자 | |
|---|---|---|
| ● 우리 반의 인격자는 누구일까? 다음 물음에 답해 보자. | | |
| 우리 반에서 예의가 가장 바른 사람은? | | |
| 우리 반에서 부모님 말씀을 가장 잘 따르는 사람은? | | 그래서 나는 우리 반에서 ○○○가 인격을 가장 잘 갈고 닦은 학생이라고 생각한다. 왜냐하면: |
| 우리 반에서 어려운 친구를 가장 잘 도와주는 사람은? | | |
| 우리 반에서 친구를 가장 잘 이해해 주는 사람은? | | |
| 우리 반에서 공부를 가장 성실히 한다고 생각되는 사람은? | | |
| 우리 반에서 수업 태도가 가장 좋은 사람은? | | |
| 우리 반에서 청소를 가장 잘하는 사람은? | | |


## 함께하기 3.

| 함께하기 | 인격자로부터 본받을 점 |
|---|---|
| ● 훌륭한 인격자라고 존경할 만한 위인이나 우리 주변 사람을 찾아보고, 본받을 점을 간략하게 써 보자. | |
| 본받을 점 | |

# 2-3. 인격해설 도서소개

도서 1: 인격론

도서 2: 인격교육론

도서 3: S. 인격이론


도서 1: 인격론

저자: 사무엘 스마일즈

**[개요]**

이 책『인격론』은 이 '4대 복음' 중『자조론』에 이은 두 번째 책으로, 인격의 힘을 다각도에서 살펴보고 있다. 스마일즈는 이 책에서 인격의 힘을 통해 성공의 길을 걸어간 수많은 인물들의 삶을 소개하면서, 결국 승리는 인격적인 삶에 있다는 것을 밝히고 있다. 즉 지금까지 세상을 움직여 온 것은 지성이나 육체적 강함이 아닌 양심의 힘에서 나오는 인격의 힘이었다는 것을 저자는 강력하게 주장하고 있다.

## 1. 저자 Profile

지은이 새무얼 스마일즈(Samuel Smiles, 1812~1904)는 작가, 정치개혁가, 저널리스트, 의사, 도덕주의자이다. 스마일즈는 1812년 12월 23일 11명 중의 장남으로 스코틀랜드 해딩턴에서 태어났다. 그는 열네 살 때 의사 로버트 루이스의 겨습생으로 들어갔다가 1829년, 이학을 공부하기 위해 에든버러 대학교 의학부에 들어간다. 에든버러에 있는 동안 의회개혁 운동에 관여하게 되었고, 진보 성향 매체인 <에든버러 위클리 크로니클(Edinburgh Weekly Chronicle)>에 의회개혁에 관한 글들을 기고하게 된다. 1832년에 의대를 졸업한 스마일즈는 해딩턴에서 병원을 열고, 가난한 지역민들을 위해 의료봉사활동을 시작했다. 계속적으로 정치에 관심을 가졌던 그는, 1837년 <리즈 타임즈(Leeds Times)>에 의회개혁에 관한 기사를 기고하기 시작했고, 그다음 해에 <리즈 타임즈>의 편집장이 된다. 의사를 포기하고 온전히 정치 개혁에 전력하기로 결심한 그는 <리즈 타임즈>에서 귀족 계급에 대한 강한 불만을 표현했고, 노동자들과 중산층 개혁자들을 연합하기 위해 노력했다.


## 2. INDEX


제1장 자신의 일을 완수하라

1. 인간의 재능은 일을 통해서 완성된다

2. 열심히 일하는 것이 무엇보다 중요하다

3. 인생을 살기 위해 예비능력을 습득하라

4. 즐겁게 일을 한다


제2장 개성을 갈고 닦으라

1. 인격은 사람을 움직인다

2. 진심은 신뢰를 의미한다

3. 위대한 지도자들은 모두 사람을 끌어당기는 힘이 있다


제3장 추진력을 길러야 한다

1. 가정이 사람을 만든다

2. 모성애는 신의 섭리이다

3. 어머니는 묵묵히 최고의 걸작을 만들어 낸다

4. 지적인 가정관리


제4장 사람을 사귄다

1. 친구를 사귐에 따라 인격도 새로운 형태로 변모해 간다

2. 훌륭한 사람의 삶은 강한 설득력을 지닌다

## 3. 해설: 공병호 박사

현재: 경영전문가

출생: 1960년 5월 10일(경상남도 통영)
소속: 공병호경영연구소(소장)
학력: 라이스대학교대학원 경제학 박사
고려대학교 경제학 학사

## [해설 내용]

### 1. 인격의 힘

천재성은 항상 감탄의 대상이 된다. 하지만 존경심을 불러일으키는 것은 인격이다. 사람들은 천재는 찬미할 뿐이지만, 인격적인 사람은 신봉한다. "강한 의지를 지닌 사람과 폭포가 길을 만든다." 고결한 정신을 소유한 리더는 자신이 지나가기 위해 새로운 길을 개척하는 것이 아니라, 자신이 개척한 길로 다른 이들까지 인도한다.

### 2. 일

노동은 우리의 인생이다. 따라서 당신이 무엇을 할 수 있는지 내게 보여 준다면 나는 당신이 어떤 사람인지 말해 줄 수 있다. 일에 대한 사랑은 천해지고 악해지는 것을 막는 최선의 방책이며, 나아가 그것은 지나친 자아 사랑에서 발생할 수 있는 사소한 근심 걱정과 괴로움을 예방하는 최선의 방책이다.

### 3. 용기

우리에게 필요한 용기는 영웅적인 것이 아니다. 일상생활에서의 용기다. 솔직할 용기, 유혹에 저항할 용기, 사실을 말할 용기, 가식 없이 있는 그대로를 보여 줄 용기, 다른 사람의 부에 부도덕하게 의존하지 않고 자신이 갖고 있는 것 내에서 정직하게 살아갈 용기 말이다.

### 4. 자제

성공은 성격을 통제하고 신중히 자신을 규제할 수 있느냐 없느냐에 달려 있다. 현명한 이들은 규칙과 시스템을 통해 자신뿐 아니라 다른 사람도 통제할 수 있는 힘을 얻는다. 참을성과 자제심은 험난한 인생길을 평평하게 고르며 닫혀 있던 길들을 열어 주는 역할을 한다.

### 5. 의무와 진실함

"지금 내게 필요한 것은 로마로 가는 것이지, 목숨을 부지하는 것이 아니라네." 변함없는 의무감은 인격에서 가장 중요한 요소이다. 그것은 인간의 고결한 태도를 뒷받침하고 있는 원칙이다. 의무감이 없으면 시련이나 유혹이 닥치는 순간 사람들은 흔들리게 되고 결국에는 쓰러지게 된다. 반면 의무감으로 무장하고 있으면 나약한 사람도 강해질 수 있는 용기를 발휘한다.

### 6. 밝은 성격

모든 이들로부터 사랑받는 한 소녀가 있었다. 어떤 이가 소녀에게 물었다. "모든 이가 당신을 그토록 사랑하는 이유가 무엇인가요?" 그러자 그녀는 이렇게 대답했다. "내가 모두를 너무 사랑하기 때문이죠."

### 7. 경험의 기쁨

"두려움이 갖추고 있는 것은 어둠이 아니라, 생명수이다." 경험은 종종 괴롭지만 유익하다. 우리는 경험의 가르침을 통해 고통을 배우고 강해지는 법을 익힌다. 시련을 통해 인격이 훌륭하게 다듬어진다. 인격은 고통을 통해 완벽해진다. 참을성 있고 사려 깊은 사람들은 기쁨보다 깊은 슬픔으로부터 보다 풍부한 지혜를 얻는다.

### 8. 바른 태도

무례하고 거친 태도는 문의 빗장을 걸고 마음의 문을 닫게 하는 반면 친절하고 예의 바른 행동은 모든 곳에서 "열려라, 참깨!" 역할을 한다. 친절하고 예의 바른 행동 앞에서는 빗장이 걸려 있던 모든 문들이 열린다. 그것은 남녀노소를 막론하고 모든 이의 마음으로 들어갈 수 있는 출입증이다.

## 9. 책과의 사귐

좋은 책은 참을성 있고 기분 좋은 친구이다. 좋은 책은 어렵고 힘들 때도 등을 돌리지 않는다. 좋은 책은 항상 친절하게 반긴다. 젊어서는 즐거움과 가르침을 주고, 늙어서는 위로와 위안을 준다. 에라스무스는 의복은 사치품이고 책은 필수품이라고 생각했다. 그는 책을 구입할 때까지 의복 구입을 미루는 일이 비일비재했다.

## 10. 가정의 힘

캉팡 부인과 이야기하던 도중, 나폴레옹 보나파르트는 이렇게 말했다. "낡은 교육 제도는 아무런 가치도 없는 듯하오. 사람들에게 적절한 교육을 하기에는 아직 무엇인가가 부족한 듯하오. 그것이 무엇인지 아시오?" 그러자 캉팡 부인은 이렇게 대답했다. "어머니입니다."

## 11. 인간관계와 본보기

친구를 많이 사귈 수 있는 가장 좋은 방법은 다른 사람의 장점을 진심으로 칭찬하는 것이다. 그러한 칭찬은 그가 관대하고 솔직하며 따뜻하고 다른 사람의 장점을 기분 좋게 인정할 줄 아는 사람이라는 것을 말해 준다.

## 12. 결혼 생활

결혼 생활에 있어 황금률은 "참고 또 참아라"이다. 정치와 마찬가지로 결혼은 협상의 연속이다. 결혼 생활은 주고받아야 하는 것이고, 삼가고 억제해야 하는 것이며, 참고 견뎌야 하는 것이다. 상대방의 결점을 보고도 너그러이 눈감아 주어야 한다. 모든 자질들 중 고운 마음씨가 결혼 생활에서 무엇보다 중요하다.


**도서 2: 인격교육론**

**저자: 토머스 리코나**


> **[개요]**
>
> 이 책『인격교육론』은 아이들에게 존중과 책임을 어떻게 가르칠 수 있을까? 그 구체적 실천 방법을 제시한 교육서다. 가치와 인격을 위한 교육, 존중과 책임을 가르치기 위한 교실에서의 전략들, 존중과 책임을 가르치기 위한 학교 차원의 전략들 등 크게 3부로 나눠 기술했다.

## 1. 저자 Profile

　　뉴욕주립대학교(SUNY at Albany)에서 도덕심리학을 전공하여 박사학위를 받았으며, 1970년 이후로 코틀랜드에 있는 뉴욕주립대학교 교육학과 교수로 재직하고 있다. 주요 저서로는 『인격교육론(Educating for Character)』(1991) 등이 있으며, 미국 도덕교육협회 회장을 역임하였다. 현재는 인격교육을 위한 연구소(Center for the 4thand 5th Rs)를 운영하면서 미국 인격교육협회(CEP)의 집행위원으로 활동하고 있다.

## 2. INDEX

1. 가치교육을 위한 현실
2. 인격을 위한 교육: 학교는 왜 가정으로부터의 도움을 필요로 하는가?
3. 학교는 어떤 가치들을 가르쳐야 하는가?
4. 훌륭한 인격이란 어떤 것인가?
5. 배려의 제공자, 본보기, 윤리적 스승으로서의 교사
6. 교실을 도덕공동체로 만들기
7. 도덕적 규율
8. 민주적 교실 환경 조성하기: 학급회의
9. 교육과정을 통해서 가치를 가르치기
10. 협동학습
11. 장인 정신
12. 도덕적 사유를 장려하기
13. 도덕적 토론 수준을 높이는 방법
14. 논쟁적 문제들을 가르치기
15. 갈등을 해결하는 방법 가르치기
16. 보살핌을 교실 밖으로 확대하기
17. 학교에 긍정적인 도덕문화를 창조하기

18. 성교육

19. 약물과 음주

20. 학교, 학부모, 지역사회의 협력

21. 부록: 가치교육의 실행 방법


## 3. 해설: 박장호 교수


경성대학교 윤리교육과 교수

http://www.kyungsung.ac.kr/~jhpark

jhpark@star.ks.ac.kr



**[해설 내용]**

**주제: 훌륭한 인격이란 어떤 것인가?**

**〈인격의 구성 요소〉**

살아가면서 부딪히는 많은 도덕적 문제들을 다루는 데 있어서 원용해야 될 많고 다양한 도덕적 인지가 있다. 다음 4개는 인격교육의 바람직한 목적으로 대표될 수 있는 것들이다.


## 1. 도덕적 앎

### 1) 도덕적 인식

통상 모든 연령층의 사람들이 공통적으로 갖는 도덕적 패착은 도덕적 무지이다. 우리는 문제의 상황이 도덕적 쟁점과 관련이 있고 그래서 도덕적 판단을 요하는 상황인지를 잘 알지 못한다. 젊은이들은 특히 이러한 과오를 빚기 쉽다. 젊은 사람들은 '이게 옳은 일인가'라는 생각도 없이 어떤 일에 대드는 경향이 있다.

'무엇이 옳은 것인가'라는 큰 의문을 품고는 있다 할지라도, 한 상황에서 구체적인 도덕적 쟁점을 간파하지 못하는 경우가 있다. 다음 이야기는 15살 난 자기

아들과 그 일행이 벌인 일을 아버지가 털어놓은 것이다.

똑똑하고 큰 흠 없이 믿을 만한 소년인 존은 퀘백으로의 학교 프랑스클럽의 여행 기간 중 네 명의 급우와 디너 산책에 나섰다. 이 학생들은 평소 책임감 있다는 소리를 들었기 때문에, 교사는 그들에게만 특별히 허가한 것이었다. 식사 중 학생들은 와인 한 병을 주문해 마셨다. 그런 행동은 모든 학생들이 잘 숙지하고 있는 '학교 여행 중 음주 금지'라는 학교 정책을 위반한 것이다.

나중에 이 일을 전해 들은 그 여교사는 개인적으로 학생들의 행동에 깊은 배신감을 느꼈다. 학교로 귀환하자마자, 교장은 5일간의 유기정학을 주었다. 존의 아버지가 그 일을 알게 되었을 때, 그는 몹시 화가 나서 아들을 앉혀서 논쟁을 벌였다. 존은 말하기를, "나는 솔직히 말해서 그게 잘못된 것이라고 보지 않았어요. 저는 우리가 정말 술에 취하고 싶어서 그런 것도 아니었어요." 아버지는 존이 그와 그의 친구들이 잘못했다는 점을 몇 가지 이유를 들어 깨우치게 하고자 했다. 그것은 교사의 개인적 믿음을 저버렸다. 그것은 학교의 음주 규칙을 위반했다. 이미 학생들에게 주지된 것이며 여행에 참여한 것은 결과적으로 그것에 동의한 것이다. 그리고 그것은 앞으로의 학교 여행을 어렵게 만들었다는 것이다.

"나는 너와 너의 친구들이 와인을 주문하기로 결정했을 때 이런 것들에 대해서 아무것도 몰랐다는 것에 참으로 놀라울 뿐이다"라고 아버지는 말했다.

젊은이들은 그들이 가장 우선적인 도덕적 책임은 그들의 지성을 활용해서 도덕적 판단을 요하는 상황이 언제인가를 알아야 하는 것이다. 그다음 무엇이 옳은 행동 노선(路線)인지를 주의 깊게 생각해야 하는 것이다.

도덕적 인지의 두 번째 측면은 알고자 하는 노력과 수고를 하는 것이다. 아주 흔하게 우리는 도덕적 결정을 내리는 데 있어서 우리가 무엇이 참인지를 알게 될 때까지 무엇이 옳은지를 결정할 수가 없는 경우가 있다. 만일 우리가 국제적으로 어떤 일들이 벌어지고 있는가에 대해 아무런 정보도 가지고 있지 못하다면, 우리는 우리 국가의 외교정책에 관해서 어떤 확고한 도덕적 판단을 내릴 수 없음은 분명하다. 만일 우리가 우리 중에서도 빈곤이 있고 많은 나라에는 고문사례가 있거나 세계의 대부분 나라에 기아가 존재한다는 사실을 인지하지 못하면, 우리는 그런 문제들을 해소시키는 데 도움이 되는 사회정책이나 집단을 지지할 수 없는 것이다.

책임 있는 시민정신은 알고자 하는 이런 노력들을 필요로 한다. 가치교육은 학생들이 도덕적 결정을 내리기 전에 사실을 판정할 수 있는 힘든 작업 과정을 겪도록 함으로써 이 교훈을 가르칠 수 있는 것이다.

### 2) 도덕적 가치 지식

생명과 자유에 대한 존중, 타인에 대한 책임, 정직, 공정, 관용, 예의, 자기규율, 성실, 친절, 동정, 용기와 같은 도덕적 가치들은 좋은 사람이 되는 많은 방법을 말해 준다.

그것들은 한 세대가 다음 세대에게 넘겨 준 도덕적 유산들이다. 윤리적 계몽은 이런 가치들에 대한 인식을 필요로 한다.

가치를 안다는 것은 또한 그것을 다양한 상황에서 어떻게 응용하는 법을 안다는 것을 뜻한다. 누군가가 학교기물을 파손하거나 남의 소유물을 가져가려는 것을 보았을 때, '책임'은 무엇을 의미하는가? 누군가가 다른 어떤 사람의 명성에 해를 끼치는 정보를 퍼뜨린다고 할 때, '존중'은 당신에게 무엇을 하라고 일러 주는가? 남녀 학생 모두가 '어떤 남자가 어떤 여자에게 돈을 썼다고 해서 성교를 강요해도 괜찮다'라는 설문에 답할 때, 그것은 우리에게 도덕교육 활동의 상당 부분은 '해석'—학생들로 하여금 존중과 책임이라는 추상적 가치들을 그들의 사적인 관계의 구체적인 도덕적 행위들로 번역하는 것을 돕는 것—임을 말해 준다.

### 3) 관점 채택

관점 채택은 다른 사람들의 관점을 내가 취해 볼 수 있는 능력, 상황을 그들이 보는 바와 같이 보는 능력, 그들은 어떻게 생각하고, 반응하고, 느낄 것인가를 상상할 수 있는 능력이다. 이것은 도덕 판단의 전제조건이다. 우리는 어떤 사람들을 이해하지 못하고는 그들을 잘 존중하고 그들이 필요로 하는 것에 맞게 행동하기가 쉽지 않다. 도덕교육의 근본적인 목적의 하나는 학생들로 하여금 다른 사람들, 특히 자신들과는 상이한 사람들의 관점에서 세상을 경험할 수 있게끔 돕는 것이다.

## 4) 도덕적 추론

도덕적 추론(*이유를 찾는 것)은 도덕적인 것이 무엇이며 우리는 왜 도덕적이어야 하는가를 깨닫는 것을 포함한다. 약속을 지키는 것이 왜 중요한가? 왜 최선을 다해야 하는가? 내가 가진 것을 어려움에 빠진 사람들과 왜 나누어야 하는가? 도덕적 추론은 장 피아제의 『아동의 도덕발달』(1932)로부터 시작해서 로렌스 콜버그, 캐롤 길리건, 윌리암 데몬, 낸시 아이젠버그, 제임스 레스트, 메리 브라벡 등으로 이어지는 금세기의 도덕발달에 관한 심리학적 연구들의 대다수가 관심을 집중했던 주제이다.

아동이 도덕적 추론을 발전시킴에 따라서—그리고 성장은 점차적인 것으로 보고되어 있다— 그들은 어떤 일을 하는 데 있어서 무엇이 훌륭한 도덕적 이유가 되고 무엇이 그런 것이 아닌지를 배우게 된다. 보다 높은 수준의 도덕적 추론은 또한 고전적인 도덕 원리들을 이해하는 것을 포함한다. "모든 개인의 내재적 가치를 존중하라"(*모든 개인은 그 나름의 독특한 가치를 가지고 있기에 어느 개인에 대해서도 존중해야 한다), "최대 다수의 최대 선을 성취하도록 행동하라." "모든 다른 사람들이 유사한 상황에서 행위 할 수 있는 그런 행동을 하라." 이런 원리들은 많은 상이한 상황들에서 도덕적 행동을 이끌어 준다.


## 5) 의사결정

자신이 경험한 실제의 딜레마를 적어 보라는 요청에, 13세의 어린이는 다음과 같이 적었다. 대부분의 보통 아이보다도 뒤처지는 한 아이가 정규 수업을 받고 있었다. 그는 내가 더 어렸을 때는 친구로서 같이 다녔지만 점차 뒤지기 시작했다. 내 친구 중 어떤 아이들은 그 아이를 놀려 대지만, 그들에게 나는 뭐라고 한마디도 하지 않는다.

자기의 옛 친구에게 자기 또래의 아이들이 짓궂게 대하는 것이 마음 편치 않는 이 어린이는 도덕적 결정을 내릴 필요가 있다. 그는 '내가 선택해야 할 방향은 무엇인가?' '내 결정으로 말미암아 영향받게 될 사람들에게 여러 행동노선들이 가져올 결과들은 무엇인가?' '어떤 행동노선이 좋은 결과를 극대화시킬 것 같으며,

그리고 문제의 중요한 가치에 충실한 것이 될 것인가’와 같은 질문들을 던져 봄으로써 사려 깊은 결정을 내릴 수 있다.

도덕적 문제를 해결하는 자신의 방법을 이런 식으로 생각해 볼 수 있는 능력은 반성적 의사결정의 기술이다. 도덕적 결정을 내리는 데 있어서 ‘내 방식은 무엇이다.’ ‘그 결과는 무엇이다.’ 이런 식의 접근법은 취학 이전의 아동들에게도 충분히 가르칠 수 있는 것이다.

### 6) 자기에 대한 지식(self-knowledge)

자기 자신을 아는 것은 가장 얻기 힘든 도덕적 지식이나 인격 발달을 위해서는 필수불가결한 것이다. 도덕적인 사람이 되는 것은 우리 자신의 행동을 되돌아보고 비판적으로 평가할 수 있는 능력을 요구한다.

도덕적 자기 지식을 개발시키는 것은 우리 개인들마다의 인격의 장단점을 깨닫는 것이며 우리의 약점들, 그중에서도 사람은 항시 자기가 원하는 것을 하고자 하며 그것을 사실에 꿰맞추어 정당화하려는 거의 보편적이라 할 수 있는 인간적 경향을 어떻게 보완할 것인가를 아는 것을 포함한다. 어떤 교사들은 학생들로 하여금 ‘윤리 일기’—자기 생활에서 일어난 도덕적 사건과, 그것에 대해 자기가 어떻게 대응했으며 그 대응이 윤리적 책임에 부합될 것 같은지의 여부를 기록하는—를 쓰도록 함으로써 이러한 자기지식을 발전시키고자 애쓴다.

도덕적 주의, 도덕적 가치 지식, 관점 채택, 도덕적 추론, 결정, 그리고 자기 지식—이것들이 도덕적 인지를 구성하는 정신의 특실들이다. 이 모두가 인격의 인지적 측면에 중요한 기여를 한다.

## 2. 도덕적 감정

인격의 정서적 측면은 도덕교육에서 상당히 소홀히 여겨져 왔다. 하지만 그 중요성은 엄청난 것이다. 무엇이 옳은지를 안다는 것만으로 올바른 행동이 보장되지 않는다. 사람들은 옳고 그른 것을 따지는 데는 영악하지만 바른 행동을 하는 데는 그렇지 못하다.

워터게이트 추문에 연루되어 징역형이 선고된 뒤, 기자들은 그 장본인인 딘(John Dean)에게 다음과 같이 물었다. "법대에서 직업 책무 문제에 대해 보다 많은 강조가 있었다면 오늘과 같은 경력의 오점을 남기지 않았을 것으로 보는가?" 그의 대답은 이러했다. "아니요. 그렇게 보지 않습니다. 제가 꼭 하고 싶은 말은 내가 행하는 일이 그른 것임을 알고 있었다는 것입니다. 사람들은 법대에 들어가기 오래전에 이미 옳고 그른 것을 배우지요. 법 윤리학 강의가 어떤 영향을 주지는 못할 것입니다."

몇 년 전, [뉴욕타임지]는 아는 것과 행하는 것은 다르다는 것을 일러 주는 일화를 하나 실었다. [타임지] 보도에 따르면, 랜덤 하우스 출판사는 일상생활에 응용된 도덕철학을 논하는 '옳고 그름을 가르기'라는 제목의 책을 발간할 계획을 추진하지 않겠다는 발표를 했다. 랜덤 하우스 편집자는 깊은 유감을 표시했는데, 왜냐하면 그 책은 정말 '너무도 훌륭한' 윤리학서이며 '지극히 중요한' 작품이었기 때문이었다.

출간을 중지한 이유는 다음과 같다. 윤리학에 관한 이 통찰력 있는 책의 저자는 랜덤 하우스에 하버드대학교 철학과 학과장인 로버트 노직 교수 명으로 자신의 책을 높이 평가하는 편지를 보냈었다. 사실은 그 칭찬의 편지는 저자 자신이 날조한 것이었다. 저자의 기만행위가 드러났을 때, 그는 한마디의 사과도 하지 않았다. 오히려 그는 자신의 날조된 편지를 '적극적인 홍보책'으로 방어했다.

정직, 공정, 다른 사람에 대한 예절에 관해서 우리가 '염려하는' 정도가 우리의 도덕적 지식이 도덕적 행동으로 귀결되는 정도를 정확하게 반영한다. 지적인 측면과 같이, 이 정서적 측면은 학교와 가정을 통해서 충분히 발달될 수 있다. 다음의 정서적 측면들은 좋은 인격을 위한 교육을 시도할 때 관심을 두어야 할 것들이다.

## 1) 양심

양심은 두 가지 측면을 갖고 있다. 인지적 측면—무엇이 옳은지를 아는 것—과 정서적 측면—옳은 것을 행해야 된다고 느끼는 것—이 그것이다. 많은 사람들이 옳은 것이 무엇인지 알고는 있지만 그에 따라 행동해야 할 당위를 느끼지 못하고 있다.

필자와 동료 셋이서 최근 양심의 인지적 측면과 정서적 측면을 부각시켜 주는 우리 대학에서의 커닝 연구를 마친 바 있다. 우리는 본교 전 학과를 통해서 300명의 학부생과 졸업생을 무작위로 추출하여 그들에게 수 페이지에 달하는 '학문적 태도와 행동에 관한 설문지'를 배포했다. 그 설문지에 "다음 행위는 그른가?"라고 적고, 시험 중 커닝 페이퍼를 보는 것, 다른 학생의 숙제물을 베끼는 것, 다른 학생의 보고서나 논문을 자기 이름으로 제출하는 것, 저자 인용 없이 책을 그대로 베끼는 것 등과 같은 7개의 행위들을 열거했다. 학생들의 응답은 '그렇다', '아니다', '상황에 따라서'였다.

우리가 놀란 것은 '상황에 따라서'라는 응답이 비교적 적었다는 것이다(응답자의 10% 미만). 대신, 압도적으로 많은 대다수의 학생들이 학문적 부정직에 해당하는 다양한 행위를 그른 것으로 판단했다. 그런 행위 중 여러 개에 대해서는 '그르다'는 응답이 90%를 상회했다.

그다음 우리는 똑같은 행위들을 열거하고 다른 형태의 질문을 물었다. "학생은 당신이 들키지 않을 것을 확신한다면 다음의 것들을 계속할 것인가?" 이에 대한 응답의 백분율은 전과 달랐고 어떤 것은 극적으로 달랐다. 반 이상의 응답이 '그렇다', 즉, 점수만 딸 수 있다면 시험에 부정을 저지를 것이다. 반 이상의 응답이 다른 학생의 숙제물을 베낄 것이다. 거의 반에 가까운 응답은 '감독자가 금하는 방식이라도 시험에서 다른 학생들을 도와주겠다'였다.

이 결과들의 의미는 분명하다. 거의 모든 학생들이 다양한 부정행위들이 옳지 않다고 판단하면서도, 그들이 빠져나갈 수만 있다면 부정을 금하는 학문적 정직의 가치에 대해서 온전하게 인정하고 존중하려는 의미 있는 학생 숫자는 극히 적다는 것이다. 대개의 학생들은 그들이 그릇된 것이라고 판단하는 행동을 피해야 한다는 당위의 느낌을 갖고 있지 않다는 점에서 제대로 성숙된 양심을 갖지 못하고 있는 것이다.

성숙된 양심은 도덕적 당위의식 외에도 건전한 죄의식을 포함한다. 만일 당신이 양심상 어떤 방식으로 해야만 된다고 느끼면, 만일 당신이 그렇지 않게 행동할 경우 죄의식을 갖게 될 것이다. 이것은 '자신은 나쁜 인간이다'라는 생각을 유발시키는 파괴적인 죄의식과 다르다. 건설적 죄의식은 '나는 내 자신의 기준에 못 미치게 살고 있다. 유감스럽다. 하지만 나는 더 잘되도록 노력하고 있다'와 같은 것이다. 건설적 죄의식은 또한 우리가 유혹을 견딜 수 있는 힘을 준다.

양심적인 사람들에게 도덕은 중요하다. 그런 사람들은 도덕적 가치가 도덕적 자아에 깊이 뿌리내렸기 때문에 그들의 도덕적 가치들을 잃지 않으려 노력한다. 그런 사람들은 거짓되거나 부정하게 살지 않는다. 왜냐하면 그들은 도덕적 행동과 일체화된 사람들이기 때문이다. 즉, 그들은 자신이 가치에 반하는 방향으로 나아가는 것은 곧 '인격'과 괴리되는 것을 느낀다. 도덕적 가치에 헌신하게 되는 것은 발달의 과정이며, 그 과정에서 학생들을 돕는 일은 도덕교육자로서 해야 할 가장 중요한 과제의 하나이다.

### 2) 자긍심

우리가 건강한 자긍심을 가지고 있을 때, 우리는 우리 자신을 가치롭게 여긴다. 우리가 우리 자신을 가치 있게 여길 때, 우리는 우리 자신을 존중한다. 우리는 우리의 몸이나 마음을 덜 함부로 할 것이며 다른 사람들이 우리를 함부로 대하는 것을 허락지 않을 것이다. 우리가 자긍심을 가지고 있을 때, 우리는 다른 사람들의 평가에 덜 매달릴 것이다. 높은 자긍심을 가진 어린이들이 낮은 자긍심을 가진 어린이들보다 동년배 압력에 더 저항적이며 자신의 판단을 더 잘 따른다는 것이 연구 결과이다.

우리가 자신에 대해 긍정적인 관심을 가질 때, 우리는 더 잘 다른 사람들을 긍정적으로 대우하려 한다. 만일 자기를 존중하는 마음이 없는 경우, 다른 사람들을 존중하는 마음이 생기기 어렵다.

교사들은 자긍심의 중요성을 알고 있다. "나는 빈약한 자아 개념을 가진 학생들이 점점 더 늘어가고 있는 것을 봅니다"라고 3학년 담임교사는 말한다. "이러한 경향은 자신감이 없는 아이들의 경우도 마찬가지입니다."

높은 자긍심만 가지고는 좋은 인격이라 말할 수 없다. 좋은 인격이 밑바탕이

되지 않은 자긍심을 갖는 일도 분명이 있다.—이를테면, 가진 것, 외모, 인기 혹은
힘에 대한 자긍심, 교육자로서 우리가 헤쳐 가야 할 도전 중의 하나는 어린 학생
들이 책임, 정직, 친절 그리고 선에 대한 자기 능력에 대한 확신 등과 같은 그런
가치들에 기초한 긍정적인 자기— 경의를 개발할 수 있게끔 도와주는 일이다.


## 3) 감정이입

감정이입은 다른 사람의 상태와의 동일시, 혹은 대리 경험을 말한다. 감정이입
은 자신만의 감각을 뛰어넘어 다른 사람의 감각을 느낄 수 있게 한다. 감정이입은
관점채택의 정서적 측면이다.

감정이입의 발달 차는 아주 어린 나이에 나타난다. 한 연구에 의하면, 한 살과
두 살 사이 걸음마를 하는 아이들이 다른 아이의 울음에 대해 아주 상이하게 반
응한다는 것이다. 어떤 아이들은 관심을 보이고 위로나 도움을 주려 하지만, 다른
아이들은 단지 호기심만 가질 뿐이다. 그런가 하면 또 다른 아이들은 다른 아이의
슬픔에 대해 반응을 보이다가 이내 그만두는가 하면, 어떤 아이들은 공격적인 반
응을 보이기조차 하는데, 찡찡 우는 아이를 꾸짖거나 때리거나 한다. 감정이입을
하는 타고난 경향성이 차이가 난다는 사실은 부모와 교사들은 어떤 아동의 경우
다른 사람들의 감정을 이해하고 공감하게끔 도와주는 데 보다 많은 노력을 해야
한다는 것을 시사한다.

오늘날 우리 사회에서 감정이입의 정도는 점점 약화되고 있는 것이 아닌가 한
다. 젊은이들의 범죄에서는 희생자의 고통을 완전히 외면하는 잔인한 행동이 증
가하고 있다. 가정과 이웃에서 '좋은 아이'라고 이야기되던 청소년들이 가해자로
판명되는 일이 적지 않다.

아마도 그런 젊은이들은 그들이 알고 관심을 보이는 사람들에 대해서는 감정
이입을 할 수 있는 능력을 가질지는 모르나, 그들이 폭력에 희생되는 피해자들에
대해서는 동정적 기미가 전혀 없었음을 보여 준다. 도덕교육자로서 우리가 해야
할 과업의 하나는 일반화된(*모든 사람에게 적용시키려 하는) 감정이입, 사람을
구별하지 않고 우리의 공통된 인간애에 부응하려는 그런 종류의 감정이입을 발달

시키는 것이다.

### 4) 선을 사랑하기

최고의 인격 형태는 선에 대해 진정으로 애착을 느끼는 것이다.

보스턴 대학의 윤리와 인격 향상 연구소(Center for the Advancement of Ethics and Character) 소장인 라이언(Kevin Ryan)은, "부모의 한 사람으로서 나는 내 자녀들이 훌륭한 사람이 된다는 것에 대해 정서적인 애착심을 개발하기를 바란다. 내가 그들이 배우는 학교에서의 도덕교육에 대해 생각할 때, 다음과 같은 의문이 든다. 즉, 학교에는 우리 학생들이 선에 대해 사랑을 느낄 수 있게끔 만드는 그 어떤 일들이 있는가"라고 말한다. 보스턴 칼리지의 심리학자인 길패트릭(Kirk Kilpatrick)은 "덕성을 위한 교육에서는 사고뿐만 아니라 심정이 훈련된다. 덕스러운 사람은 선과 악을 구별하는 법을 배울 뿐만 아니라 어떤 사람을 사랑하고 어떤 사람을 미워하는 법을 배운다." 교사들이 전통적으로 옳고 그름에 대한 느껴지는 감각을 주입하는 한 방법으로서 문학에 주의를 기울였던 것은 바로 이와 같은 이유에서였다. 어린이들이 이야기책에서 악한과 영웅들을 대할 때, 그들은 악에 대해서는 반발심을 갖고 선에 대해서는 자기도 모르게 이끌리게 된다.

사람들이 선한 것을 사랑할 때, 그들은 선행에서 즐거움을 맛본다. 그들은 의무의 도덕성(morality of duty)이 아니라 열망의 도덕성(morality of desire)을 가지고 있는 것이다. 봉사 속에서 자신의 충만을 찾는 이 능력은 성인에 국한되는 것이 아니다. 그것은 일반 사람들, 심지어 어린이조차도 가지는 도덕적 잠재력의 일부인 것이다. 그 잠재력은 또래 지도(peer tutoring)와 지역사회 봉사와 같은 프로그램을 통해서 전국의 학교에서 개발되고 있는 중이다.

### 5) 자기 통제

1978년 트로브리지(Ronald Trowbridge)는 한 큰 대학의 영문학 교수였는데 그해 그의 연구소는 2주간의 파업을 경험한 바 있었다. 그가 시위대 앞을 지나칠 때, 그는 자기가 아주 가까운 동료와 친구로 여겨 온 사람들이 그를 '어용'으로 보며 심한 욕을 하는 것을 알게 되었다. 그는 의아했다. '모차르트 음악을 듣고, 오스틴(Jane Austen: *빅토리아조(1860~1890년대), 영국의 여류 소설가로서 격조 있는 생활과 사랑을 주제로 작품 활동을 했다. 주 작품으로는『오만과 편견』이 있다)의 소설을 읽고, 불어를 쓰며, 차 모임을 가지던 사람들이 어떻게 폭도로 전락할 수가 있을까?'

감정은 이성을 압도할 수 있다. 바로 이 점이 자기 통제가 필수적인 도덕적 미덕인 이유인 것이다.

4학년을 맡고 있는 한 교사는 윤리 시간에 서로 욕을 하고 있던 두 여자아이들을 질책했다. "우리가 항상 윤리적일 수 없다는 것을 당신은 모르신단 말이에요! 우리는 언제나 윤리적이기를 원치 않아요. 우리는 때때로 다른 애에게 상처 주고 싶을 때 욕을 한단 말이에요"라고 한 아이가 대들었다. 그 아이의 말은 물론 맞다. 우리는 언제나 윤리적이기를 원치 않는다. 자기 통제는 우리가 윤리적이기를 원치 않을 때조차도 우리가 윤리적일 수 있게 도와준다.

자기 통제는 자기 탐닉에 재갈을 물리는 데도 필수적이다. 만일 작금의 도덕적 혼란의 그 근원을 찾는다면, "바로 자기 탐닉, 즉 그리도 많은 사람들을 재정적 이득을 좇는 데 제정신을 잃어버리게 만드는 쾌락 추구에서 찾을 수 있을 것이다. 고귀한 이상들은 이것 앞에서 굴복하고 만다"고 노트르담 대학교 교양학부 교수인 닉고르스키(Walter Nicgorski)는 말한다. 그리고 자기 통제가 젊은이들의 인격에 보다 큰 부분으로 자리하지 않는다면, 십대 약물 남용과 성적 불장난과 같은 그런 문제들은 줄어들기 어려울 것이다.

## 6) 겸양

겸양은 잘 다뤄지지 않고 있는 도덕적 미덕이지만 좋은 인격을 구성하는 필수적 요소이다. 겸양은 자기 지시이 정의적 측면이다. 그것은 진리에 대한 진정한 개방성이며 동시에 우리의 과오를 기꺼이 교정하고자 하는 자세이다.

겸양은 또한 우리가 오만을 극복하게 도와준다. 위대한 기독교 작가인 루이스(C. S. Lewis)는 오만을 "가장 나쁜 악덕, 영혼의 암"이라고 부른다. 오만은 거만, 편견, 남에 대한 천시의 원천이다. 남으로부터 오만이 상처받게 되면 분노를 불러오고 용서를 가로막는다.

또 겸양은 악행을 막아 주는 가장 훌륭한 안전판이다. 프랑스 과학자이며 철학자인 파스칼(Blaise Pascal)은 "좋은 양심과 더불어 있을 때, 사악은 제 힘조차 발휘하지 못한다"라고 말한다. 오만이 짓는 궁극적인 죄는 자기 기만, 악행을 하면서도 그것을 선행이라 칭하는 일이다. 정신치료학자인 펙(Scott Peck)은 그의 '선동적인' 저서인 『거짓말하는 사람들: 인간적 사악을 치유할 수 있는 희망』에서 자칭 정의로운 사람들은 자기비판을 할 능력을 가지고 있지 않기 때문에 큰 죄악을 저지를 수 있다고 주장한다. 그들은 스스로 자신들은 나쁜 짓을 할 수 없는 사람들이라는 거짓말을 한다. 그렇게 믿고 있는 그들은 무슨 죄악, 심지어 동족살인조차도 저지를 수 있는 사람들이다.

양심, 자긍심, 감정이입, 선에 대한 사랑, 자기 통제, 그리고 겸양들은 우리 도덕적 자아의 정서적 측면을 구성한다. 자신, 다른 사람들, 그리고 선함 자체에 대한 이 감정들은 도덕적 인지와 함께 우리의 도덕적 동기화의 원천을 이룬다. 즉, 그것들은 우리로 하여금 옳은 것을 아는 것에서부터 그것을 행동하는 데까지 놓인 다리를 건너게 해 준다. 이 도덕적 감정들의 존재 유무가 왜 어떤 이들은 자신의 도덕 원리들을 실천으로 옮기는 데 비해 다른 이들은 그렇지 못한가를 설명하는 데 관건이 된다. 이런 근거에서, 단지 지적인 면만 강조하는—가슴이 아니라 머리만 강조하는— 가치교육은 인격의 결정적 측면을 놓치고 있는 것이다.

## 3. 도덕적 행동

도덕적 행동은 인격의 다른 두 부분의 결과가 크게 작용한다. 만일 사람들이 우리가 방금 검토한 지력과 정서라는 도덕적 특질을 가지고 있다면, 그들은 자신들이 옳다고 알고 느끼고 있는 것을 행동하려 한다.

하지만, 우리가 무엇을 행해야 되는지를 알고 느끼면서도 생각과 감정을 행동으로 전환시키지 못하는 때가 있는 것이다. 무엇이 사람을 도덕적으로 행동하게끔 움직이는지를 충분히 이해하기 위해서는 인격의 다음 세 측면을 부가적으로

살펴볼 필요가 있다: 수행능력, 의지와 습관.

### 1) 수행능력

도덕적 수행능력은 도덕 판단과 감정을 효과적인 도덕적 행동으로 전환시킬 수 있는 능력을 가지는 것이다. 예를 들면, 갈등을 공정하게 해소시키기 위해서는 실제적인 기능(skills)들이 요구된다. 경청하기, 다른 사람을 모욕하지 않으면서 서로의 관점을 주고받는 것, 서로가 받아들일 수 있는 해결책을 만들어 내는 것 등이다. 필자가 결혼과 가정 상담자로서 있을 때, 필자가 만나게 되는 사람들 그 대부분이 이런 기능들을 가지고 있지 않았다.

수행능력은 다른 도덕적 상황에서도 그 역할을 한다. 곤경에 처한 사람을 돕기 위해서는 어떤 행동계획을 짜 내고 집행해 낼 수 있어야 한다. 낯선 상황에서 남을 도와준 경험이 있었다면 보다 그 일은 쉬울 것이다. 예를 들면, 심리학자 스톱(Ervin Staub)은 한 아이가 다른 아이를 도와주는 일련의 어려운 상황들을 놓고 역할놀이를 하는데 주도적 경험을 가졌던 아이는 가까운 방에서 어린이가 울고 있는 소리를 보다 잘 찾아낸다는 것을 발견했다. 유대인들을 나치로부터 피할 수 있게 도움을 주었던 400명에 대한 최근의 연구는 이들이 동정적 가치를 갖고 있는 것 이외에도 개인 자신의 강한 수행능력 의식을 가지고 있던 사람이라는 것을 밝혀냈다.

### 2) 의지

도덕적 상황에서의 올바른 선택은 언제나 힘든 것이다. 좋은 사람이 되는 일은 의지가 실제적으로 작동할 것을 요구하는 일이 흔하다. 다시 말해서, 우리 생각에 우리가 마땅히 해야 것을 행할 수 있는 도덕적 에너지를 가동시키는 일이 필요한 것이다.

감정을 이성의 통제하에 놓이게 하는 일은 의지를 요한다. 한 상황의 모든 도덕적 차원들을 보고 깊이 생각하는 일도 의지를 요한다. 눈앞의 쾌락을 두고 의무를 이행하는 일도 의지를 요한다. 유혹을 견디며 또래 압력 앞에서 버티며, 흐름에 휩쓸리지 않는 일도 의지를 요한다. 의지는 도덕적 용기의 중심에 자리한다.

3) 습관

상당수의 상황에서의 도덕적 행위는 습관의 덕을 입는다. 베넷(Willaim Bennett)이 지적했듯이 좋은 인격의 소유자는 "그 반대의 경향에 크게 유혹되지 않고서 진실하고, 전심으로, 대담하게, 친절하게 그리고 공정하게 행동한다." 그들의 경우, '올바른 선택'이란 것에 대해 의식적으로 생각조차 하지 않는 일이 흔하다. 그들은 그렇게 할 수 있는 것은 바로 습관의 힘이다.

이런 이유에서, 어린이들에게는 좋은 습관을 개발할 수 있는 많은 기회, 연습과 실천 상황이 주어져야 한다. 그것은 남을 돕는 일, 정직하고 예절 바르고 공정한 자세를 행하는 데 있어서 반복되는 경험을 가져야 한다는 말이다. 그렇게 해서 형성된 좋은 습관은 상황이 어려울 때조차도 잘 기능하게 될 것이다.

좋은 인격을 지닌 사람의 경우, 도덕적 인지, 감정, 행동들은 일반적으로 함께 작용하며 서로를 지원해 준다. 물론 언제나 그런 것은 아니다. 아주 훌륭한 사람들조차도 최상의 도덕적 자아를 구비하지 못한 경우가 종종 있다. 하지만 우리가 인격을 개발함에 따라서—평생에 걸쳐서— 우리가 영위하는 도덕적 삶은 점차적으로 판단, 감정 그리고 바른 행동 유형들을 통합시키게 된다.

## 4. 인격과 도덕적 환경

아무것도 존재하지 않는 곳에 인격이 기능하는 것은 아니다. 인격은 주어진 사회 환경에서 기능한다. 종종 그 환경이 도덕적 관심을 억압하는 경우가 생긴다. 이를테면 '도덕적인 것'을 행하는 것이 바보스럽다고 많은 사람들 혹은 대다수 사람들이 느끼는 때가 있는 것이다. 일례를 들어 보자. IQ 테스트 일환으로서, "만일 가게에서 지갑을 주었다면 당신은 어떻게 할 것이라고 생각하는가"라는 물음에 브롱크스 출신의 10살 소녀의 대답이 있다.

나는 '당신이 어떻게 해야 된다는 것'—경찰서에 갖다 주는 일—을 알고 있다. 하지만 뉴욕에서는 그렇게 하지 않는다. 돈만 빼고 나머지는 버린다. 당신은 그것이 누구의 것인지를 알 수 있을 것이지만, 뉴욕에서는 그렇게 하는 마음을 버려야 한다.

대기업을 위해 마련된 가치 관련 세미나를 주최했던 심리학자인 모크(Paul Mok) 박사는 겉치레 윤리를 용인하는 회사 환경의 부패상을 다음과 같이 적고 있다.

만일 직원들이 금액을 부풀리거나 제조일자를 바꿈으로써 허위 요금을 소비자에게 청구하게 되는 흔한 수법을 알게 되면, 그들은 자기 자신이 소중히 여기는 가치들에 대해서 무감각해지게 되고 실제로 돌아가는 세상을 그대로 받아들이게 된다. 만일 당신들이 회사 내에서 직업윤리에 대한 강연을 전혀 받아들이지 않는다면, 윤리는 사람들의 의식에서 아주 멀어져 갈 것이다.

사람들이 어떻게 해서 도덕적으로 무관심해지는지, 그리고 그런 사람들을 어떻게 하면 선하게 되게끔 도움을 줄 수 있을까를 이해하기 위해서는 인격의 심리학은 환경의 영향에 관해서 보다 깊은 관심을 가져야 할 것이다. 학교 당국 또한 아동의 인격을 개발하기 위해서는 마찬가지이다. 학교는 좋은 가치들을 강조하고 그것들이 아동의 의식에서 떠나지 않게 만드는 도덕적 환경을 제공해야만 한다. 가치가 덕성으로 자리하게 되는데―단순한 지적인 인지로부터 그것이 실제적인 우선순위로 생각하고, 느끼고, 행하는 개인의 습관들로 정착되는 데―에는 오랜 시간이 걸린다. 전반적인 학교 환경, 학교의 도덕 문화가 그 성장을 지원해야 한다.

존중, 책임, 그리고 그 파생물들은 학교가 정당하게 가르칠 수 있는 가치들이다. 그 많은 형태들에 드러난 도덕적 인지, 감정, 행동들이 도덕적 가치를 생명을 가진 실재물로 만드는 인격의 특질들이다. 이제 다음의 물음은 떠오른다. 학교가 이러한 가치를 가르치고 인격의 특질들을 개발시킬 수 있는 갖은 방법들은 무엇인가?

도서 3: 인격 이론

저자: 지그문트 프로이트(Sigmund Freud)

## 1. 저자 프로필

지그문트 프로이트(Sigmund Freud, 1856~1930)는 1856년 5월 6일, 오스트리아ー헝가리 제국 모라비아의 작은 도시 프라이베르크에서 태어났다. 유대계 사업가인 그의 아버지는 40세 때 20세의 여성과 재혼해 7명의 자녀를 두었는데, 그중 맏이가 바로 '지기'였다. 얼마 후 프로이트 일가는 빈으로 이주했으며, 당시 다섯 살이었던 '지기'는 훗날 나치의 탄압으로 망명을 떠날 때까지 무려 70년 넘게 이 도시에 살았다. 비록 인종차별이 있긴 했지만 빈의 유대인은 다른 유럽 여러 지역에 비해서는 현지인과 잘 융화되어서, 당시 그곳의 의사나 변호사 같은 전문직 가운데 절반가량이 유대인이었다.

## 2. 이 논문의 개요

이 논문이 시도하는 바는 프로이트의 인격이론을 『자아와 그것(Das Ieb und das Es)』(1923)과 『새 정신분석학업문(Neue Folge der Vorlesungen zur Einfuebrung in die Psychonalyse)』(1933[1932])을 중심으로 '자아 이론', 혹은 '자의식 이론'이라는 철학적 관심에서 논의하는 것이다. 인격의 표출로서 성격의 구조는 이드, 에고, 슈퍼에고의 역동적인 관계로 이루어진다.

　1) 이드(Id): 잠재의식

　2) 자아(Ego): 현재의식

　3) 초자아(Superego): 초월의식

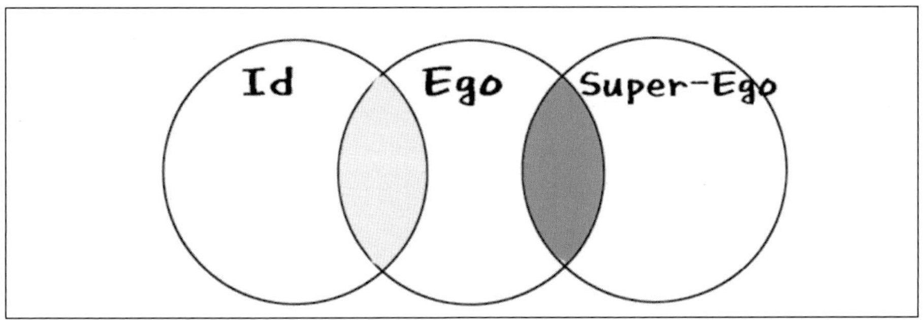


[프로이트 건전한 균형인격 모델]

1) 이드(Id): 잠재의식

- 원초적이고 학습되지 않은 힘

- 태어날 때부터 가지고 있는 추동

- 성적 본능과 공격적인 본능 두 가지가 있음

- 즐거움의 원칙에 따라 움직이게 함

자아, 초자아(超自我)와 함께 정신을 구성하는 하나의 요소, 또는 한 영역이다. 이드란 욕망이며, 가장 원시적인 부분이며, 정신에너지의 저장소이자 쾌락원리에 따라 행동하는 1차 과정을 말한다. 이드란 곧, 본능적인 에너지이며 리비도의 저장고이며 쾌감원리에만 따르는 것이다. 이드는 선악도 없으며 논리적인 사고도 작용하지 않는다. 프로이트의 이론으로 보면, 어린 아기의 정신은 거의 이드로 이루어졌다는 것이다.

배고픈 아기가 마구 울다가 젖을 먹으면 웃는 것처럼 충동들이 만들어 내는 긴장이 해소될 때 즐거움과 행복이 느껴진다. 1차 과정이란 욕구 충족의 방식이며 사고의 양식이 되는 것이다. 1차 과정적 사고양식은 비합리적이고 시각적 심상에 의존하며 시간의식이 없는 것이 특징이다. 꿈이 바로 이리한 대표적인 양식을 갖고 있다. 오줌이 마려울 때 꿈에 화장실에 가지만 결국 방광이 터지기 전에 일어난다. 또한 주로 시각적 심상들로 나타나며 과거와 현재가 뒤섞이는 꿈의 사고는 너무나 비합리적이어서 '사고'라고 하기에 어렵다. 1차 과정적 사고는 자아가 무너진 정신장애를 가진 사람들의 알아듣기 어려운 횡설수설에도 그 예를 볼 수 있다. 이드의 1차적인 본능이라면 식욕, 성욕, 수면욕, 생리적 욕구와 같은 것들이 있다. 이드의 기능이 제한되면 잔여의 에너지를 원동력으로 에고와 슈퍼에고가 형성된다.

프로이트는 원초자아에서 초자아로 가는 과정을 짧은 이야기로 나타내었다. 아주 오랜 옛날에 부모와 아들들로 이루어진 어떤 가족이 있었다. 아들들이 세상에서 처음 만난 여성은 어머니이기 때문에, 아들들은 어머니를 사랑한다. 그리고 아들들은 어머니와 동침하고 싶어 한다. 하지만 아버지는 아들들이 어머니와 동침하는 것을 허락하지 않는다. 그래서 아들들은 공모하여 아버지를 살해한다. 아들들은 아버지를 살해한 후 자신들이 얼마나 끔찍한 행동을 했는지 깨닫는다. 아들들은 아버지를 신격화한 후 자신들의 죄를 용서받고자 한다.

## 2) 자아(Ego): 현실의식

**－가능성의 원칙, 현실의 원칙에 따라 행동하도록 함**

자아의식을 가지고 있는 현실적인 자기이다. 자아는 그 구조와 기능을 이드로부터 획득하며, 이드로부터 진화된다. 이드로부터 얼마간의 에너지를 빌려서 환경의 요구에 반응하기 때문에 자아는 이드의 직접적인 파생물이라고 할 수 있다.

자아는 이드의 충동적인 요구와 외부 세계의 제약에 맞서 생존을 위한 투쟁을 해야 한다. 그때 자아는 마음속에 있는 대상과 외부 현실에 실재하는 대상을 끊임없이 구별해야만 한다. 만약 이드가 소망하는 대로 모든 것을 추구하려 하다가는 자기의 생존은 물론 종족 보존이라는 거대한 진화론적인 목표도 달성할 수 없을 것이다. 그래서 자아가 발달하는 것이며, 자아는 이드와 현실, 초자아와 이드를 구분하면서 현실적으로 이드의 욕구를 충족시켜야 한다. 이처럼 자아는 이드의 욕구를 충족시키면서 초자아의 도덕적 양심을 현실적으로 고려하기 때문에 쾌락 원리 대신에 현실 원리를 따른다.

## 3) 초자아(Superego): 초월의식

성격에서 맨 마지막으로 발달하는 체계로서, 사회 규범과 행동 기준이 내면화된 상태를 말한다. 프로이트는 사람들이 초자아를 가지고 태어나는 것이 아니라 부모나 교사, 사회와 상호 작용하면서 자기 내부에 내면화된 상태를 말한다. 프로이트는 사람들이 초자아를 가지고 태어나는 것이 아니라 부모나 교사, 사회와 상호 작용하면서 자기 내부에 내면화시키는 것이라고 보았다.

사회에 잘 적응하고 생존하기 위해서 사람들은 그 사회와 잘 부합하는 가치, 도덕, 윤리 체계를 습득해야만 한다. 이것들은 사회화 과정을 통해서 얻어지며, 프로이트에 따르면 초자아를 형성함으로써 가능해지는 것이다. 초자아는 처음에는 단지 부모의 옳고 그름에 대한 기대에 따라 이루어지지만, 사람들이 성장하고 그들이 만나는 사회적 세계가 넓어짐에 따라 사회가 인정하는 적절한 행동이 첨가되어 더욱 확장된다. 초자아는 이드의 원초적 욕구를 자아가 현실적으로 충족시킬 때 그 과정이 도덕과 양심에 어긋나지 않도록 하는 도덕 원리를 따른다.

## 3. 프로이트 사상

### 무의식의 발견과 그 작동 방식에 관한 연구

프로이트의 가장 큰 업적은 뭐니 뭐니 해도 '무의식'의 발견이다. 애초에 프로이트는 히스테리 연구를 통해서 심리적 원인이 신체적 질환으로 나타날 수 있음을 알아냈다.

이때 히스테리의 원인이란 보통 어린 시절의 충격적 경험(트라우마)인데, 대개는 성(性)과 연관된 내밀한 것들이었다. 히스테리 환자는 일찍이 머릿속에 각인되었다가 억압을 통해 무의식으로 가라앉아 버린 이 원인을 의사의 도움으로 기억해 내고 인지함으로써, 즉 일종의 카타르시스를 통해 증상이 치유되곤 했다.

이것이 프로이트가 처음으로 인간의 무의식에 접근하게 된 계기였다. 무의식의 작동 방식을 연구하던 프로이트는 이것이 단순히 정신질환 환자의 경우뿐만 아니라 일반인의 경우에도 마찬가지로 적용된다는 점을 눈치챘다.

나아가 히스테리 환자의 치료 과정에서 최면술, 압박술, 자유연상 등의 여러 가지 방법을 시도해 보는 과정을 통해, 인간의 꿈이나 실언 등의 무의식적 행위가 어떤 억압된 것의 표출이라는 점을 눈치채게 되었다. 이른바 Ego(자아)−Id(그것)−Super Ego(초자아)의 3박자 도식은 무의식의 작동 방식에 대한 프로이트의 최종적인 설명이다.

나아가 그는 성적 충동(리비도)이 유아부터 성인에 이르기까지 모든 인간의 중요한 본능 가운데 하나라고 주장했으며, 이러한 삶의 본능(에로스)과 반대되는 죽음의 본능(타나토스)의 존재를 설정했다. 프로이트의 이론은 흔히 만사를 성(性)으로 설명하려 든다는 비난을 받았는데, 이는 특히 인간의 발달 과정에 관한 설명에서 두드러졌다.

프로이트는 유아기와 유년기에 벌어진 사건이 사람의 평생을 좌우한다고 주장하며, 발달 단계에 따라 구강기(입으로부터 성적 쾌감을 얻는 시기)와 항문기(항문으로부터 성적 쾌감을 얻는 시기)와 남근기(남성의 성기에 관심을 갖는 시기) 등을 구분했다. 나아가 남자아이의 경우에는 어머니에게 성적 욕망을 느끼고 아버지에게 거세 공포를 느끼는 이른바 '오이디푸스 콤플렉스'의 시기가 있으며, 여자아이의 경우에는 '남근 선망'을 느낀다고 주장했다. 후자의 주장은 프로이트 활동 당시의 남성 중심주의를 반영한 발언으로 평가되며, 종종 페미니즘 진영으로부터 비난을 받는 원인이기도 하다.

# 4. 인격개발 형성 5단계 Step

| Freud 인격이론 | Step | 인격형성 진행과정 |
|---|---|---|
| | 1. 생각<br>Think | **잠재의식 Id**<br>임의로 주제를 선정하여 생각한다. |
| | 2. 언어<br>Talk | 생각한 주제를 관련 사람들이나 전문가와 말을 나눈다. |
| | 3. 행동<br>Action | **현실의식 Ego**<br>확신 시 현장에서 행동으로 옮긴다. |
| | 4. 습관<br>Custom | 성과가 있을 시 일정한 기간을 두고 습관적으로 실행한다. |
| | 5. 인격형성<br>Personality | **초자아 Super Ego**<br>1. 知적 부문에 적합한가<br>2. 情적 부문에 적합한가<br>3. 意적 부문에 적합한가 |

---

**[인격개발 5단계]**

Step 1: 생각단계 – 생각을 조심하라, 그것이 너의 말이 된다.

Step 2: 언어단계 – 말을 조심하라, 그것이 너의 행동이 된다.

Step 3: 행동단계 – 행동을 조심하라, 그것이 너의 습관이 된다.

Step 4: 습관단계 – 습관을 조심하라, 그것이 너의 인격이 된다.

Step 5: 인격단계 – 인격을 조심하라, 그것이 너의 미래가 된다.

# 제3장
# 인격진단(Test)

오늘날 제도권 교육이나 일반 조직에서 인격 프로그램에 관한 형식은 있으나 내용은 전혀 채택되지 못하고 있는 실정이다. 특히 학교 교사나 사회 각 조직 있는 지도자급에서 윤리적인 리더십을 상실함으로써 인력관리나 조직개발에 한계점을 노출하고 있는 상태다.

멘토링은 최초부터 인격을 멘토의 가장 우선적인 자질로 삼고 한 사람 인간을 인격적인 리더로 세울 수가 있는가에 초점을 맞추고 사전 인격의 3요소인 지정의의 균형인간으로 예비진단을 해 보는 도구—영유아, 청소년, 어른용 도구—를 이 장에서 다루도록 하였다.


### 3-1. 영유아 진단
참고도서: 탈무드(마빈 토카이어 저)

### 3-2. 청소년 진단
참고도서: 5차원 전인교육방법(원동연 저)

### 3-3. 어른용 진단: Star Game
참고도서: 인간 그리고 멘토링(류재석 저)

# 3-1. 영유아 진단

<참고도서: 탈무드(마빈 토카이어 저)>

오늘날 많은 사람들이 유대인은 머리가 우수하다고 믿고 있는데 그러나 본질적인 차원에서 주의 깊게 살펴보면 그렇지도 않은 것 같다. 유대인들의 자녀 교육에서 유대인 어머니(Jews Mother)라는 말이 있듯이 어머니와 어린 자녀와 1:1 침대 교육을 비롯해서 그 후 성장하면 아버지와 1:1로 자주 토론함으로써 지(知)적 교육뿐 아니라 정(情)적, 의(意)적 교육 사례는 현대교육에서 유대인만의 차별화된 교육 방법으로 널리 평가받고 있다.

다음의 어머니 멘토자격 게임은 인격 요소인 지정의를 주제로 한 유대인의 어린이 천재교육 방법(유대인 랍비 "마빈 토카이어"의 탈무드)을 멘토링코리아에서 영유아 멘제개발 게임 프로그램으로 개발한 것이다.

1. 지(知, Intelligence) -17 진단도구
2. 정(情, Emotional) -19 진단도구
3. 의(意, Will) -16 진단도구

## 1. 지성(知)에 대한 교육

1) 남보다 앞서기보다 남과 다르게 되라

① 유대인의 어머니들은 누구나 할 것 없이 모두 교육자들이다.

영어에서 <JEWISH MOTHER(유대의 어머니)>란 말은 여러 가지 뜻을 내포하고 있지만 한마디로 말해서 '어린이에게 귀찮을 정도로 학문의 필요성을 강조하는 어머니'란 뜻이다. 그러므로 유대인이 이 말을 들을 때는 그다지 좋은 기분이 아니겠으나 한편으로 그것은 어머니들이 마땅히 해야 할 의무라고 생각하는 것이다.

예를 들면 구약성서의 <출애굽기> 19장에 다음과 같은 말이 있다. "모세가 하

나님 앞에 올라가니 여호와께서 산에서 그를 불러 말씀하시기를, 너는 이같이 야곱 족속에게 이르고 이스라엘 자손에게 고하라.”

야곱은 유대인의 조상이며 하나님이 후에 유대인 생활의 기본이 되는 십계(十戒)를 유대인에게 가르치고 전하라고 모세에게 명했는데 여기서 주목할 일은 처음에는 하나님이 이것을 아주 부드러운 말씀으로 했다가 나중에는 매우 엄한 말씀으로 강조해서 말했다는 사실이다.

이 일로 인하여 십계의 구상(構想)은 여성에게 먼저 주어졌고 다음으로 남성에게 주어졌다고 랍비들은 생각했다. ‘야곱의 집’이라고 한 말이 히브리어로 온화하고 여성적인 뉘앙스를 풍기는 것으로도 그 말은 수긍이 갈 것이다.

하나님의 가르침을 먼저 맡은 여성은 그 가르침을 가족에게 전할 의무를 가지게 되었다. 여성이야말로 최초의 교육자이며 어린이를 가르치는 것은 오직 여성이라는 자부심과 긍지를 유대의 어머니들은 가지고 있다.

② 다른 아이와의 다른 점을 소중히 여긴다.

유대의 어머니들은 어린이가 다른 어린이와 어디가 다른가를 발견하여 그 점을 신장시켜 주도록 최선의 노력을 기울인다. 나에게는 13세가 되는 딸이 있는데 어학에 대한 재능이 있어 모국어인 히브리어는 물론 영어, 프랑스어, 일본어 이렇게 3개 국어를 자유롭게 구사하므로 자주 “너는 동시통역(同時通譯)이 되면 좋겠다”고 말해 준다. 그러나 나는 그녀에게 “너는 어학을 잘하나 수학도 더욱 잘하게 되면 틀림없이 일류대학에 들어갈 것이다”라는 말 따위는 결코 하지 않는다. 덧붙여 말한다면 헤브라이라는 말은 히브리어로는 ‘이브리’라고 하는데 원뜻은 “혼자서 다른 쪽에 선다”이다. 개성을 충분히 신장시킨다는 것은 유대인의 생활방식 전반에 걸쳐 공통적으로 통용될 수 있는 말인 것이다.


2) 배우기 위해서는 듣는 것보다 잘 말하는 것이 더 중요하다
① 내성적인 어린이는 배움에서 뒤떨어지기 쉽다.

유대인의 속담에 “수줍은 아이는 배우지 못한다”는 말이 있다. 그러나 이 말이 내향성(內向性)인 아이는 공부를 못한다는 뜻을 일컫는 말이 아니라 부끄러움을

잘 타고 남의 앞에서 자기 의사를 제대로 이야기하지 못하고 언제나 얌전하게만 하고 있어서는 진정한 학문을 숙달할 수가 없다는 뜻이다. 아이들에게 무엇이고 의심이 나면 서슴없이 질문하는 습관을 기르도록 하라는 뜻이다.

② 조용히 듣기만 하는 것은 앵무새가 될 뿐이다.

5천 년 전의 먼 옛날부터 유대인에게 전해 내려오는 성전 <탈무드>는 이렇게 가르치고 있다. "교사는 절대로 혼자 지껄여서는 안 된다. 만약 학생들이 말없이 듣고만 있다면 교사는 많은 앵무새를 길러 낼 뿐이다. 교사가 말을 하면 학생들은 그것에 대해 질문을 해야 하고 교사와 학생 간에 주고받는 대화가 잦으면 잦을수록 그와 비례하여 교육의 효과는 상승하게 된다."

③ 성전 <탈무드>가 말하는 두 가지 학습 태도

즉 유대의 어린이들은 아무리 어려운 일에 직면하게 되더라도 사다리의 한 계단 한 계단을 오르는 것처럼 질문을 거듭하여 하나씩 하나씩 문제해결에 접근할 수 있도록 가르친다. 그리하여 마침내는 진정한 지식에 도달하게 되는 것이다. 이런 태도야말로 학문의 참다운 모습이라고 생각된다.


3) 육체적 힘보다 머리를 쓰는 일을 강조한다

① 머리가 좋아지도록 만드는 교육환경

다만 다음과 같은 일은 생각해 볼 만한 일이다. 우리가 어려서부터 유대인답게 살아가는 데는 육체적 힘으로 살아가는 것이 아니고 머리를 써서, 즉 두뇌의 기능을 충분히 발휘하고 활용하는 것이라고 항상 배워 왔다. 또 우리가 어려서부터 받은 교육 시스템(system)도 우리가 늘 머리를 써서 일하게끔 만들어져 있으므로 그것이 우리에게는 아주 자연스런 일로 받아들여지고 있다.

② 초등학교 때부터 두 학교에 다닌 토케이어

마빈 토케이어 씨는 1939년 뉴욕 태생이었는데 초등학교 1학년 때부터 두 학교를 동시에 다녔다. 아침 8시부터 오후 5시까지는 미국의 어느 초등학교를 다녔고, 그것이 끝나면 버스로 40분이나 걸리는 다른 학교로 다녔다고 한다. 거기서 4시간에 걸쳐 히브리어를 사용하며 유대문화의 교육을 받은 것이다.

‘유대인은 머리가 좋다’고 흔히 말하지만 사실 선천적으로 머리가 좋다기보다는 오히려 머리를 활용하는 훈련을 평상시에 쌓아 온 결과라고 할 수 있다. 그것은 다시 말해서 유대인뿐 아니라 누구든지 이러한 환경에서 훈련되면 높은 지적 수준의 인간으로 성장할 수가 있다는 말이 된다고 하겠다.

③ 물고기 한 마리를 주기보다는 물고기 잡는 법을 가르쳐라

그런데 머리를 쓰는 방법에도 지식을 가르쳐 주는 것과 지식을 얻는 법을 가르치는 것과를 비교하면 후자의 편이 훨씬 낫다는 사실은 아무도 부인할 수 없다.

이것을 단적으로 표현하는 오랜 유대인의 속담이 있다. ‘물고기 한 마리를 주면 하루를 살지만 물고기 잡는 법을 가르쳐 주면 일생을 살 수 있다’는 말이 그것이다. ‘물고기’를 ‘지식’에 비유하면 이 속담의 뜻을 바로 이해할 수 있다. 아이들에게 단지 학문을 가르치는 것이 어른의 역할의 전부가 아니고 배우는 방법을 가르쳐 주는 것이 더욱 중요하다는 것이다.


4) 지혜에 뒤지는 자는 매사에 패배한다

① 위기에 처했을 때 의지할 수 있는 것은 지혜뿐이다.

인류 역사가 시작되면서부터 온갖 박해 속에 살아온 유대인들은 머릿속에 쌓아 둔 지식이 없었다면 아무것도 남지 않았으리라는 것을 상상해 본다.

② 지혜 있는 사람은 모든 것을 극복한다.

조셉은 졸업 후 17세의 나이로 도미(渡美)했다. 이때 그가 가진 것이라곤 어머니가 바지 속에 넣어 준 미국 지폐 100달러뿐이었다.

지혜를 가진 사람으로서는 신대륙 미국은 장래를 약속할 수 있는 땅이라고 모자는 함께 생각했을 것이다. 사실 그는 그 뒤 형제들을 모두 불러들여 뉴욕에서 ‘J&W(셀리그먼 컴파니)’라는 은행을 세워서 그가 가지고 있는 어학 실력을 충분히 발휘하여 국제 금융시장을 손아귀에 넣고 자기 마음대로 지배할 정도로 대성공을 했다. 지혜에 뒤지는 자는 매사에 패배한다는 말을 지혜 있는 자는 모든 것을 소유하고 있다는 말로 표현할 수 있다. 유대인은 그렇게 믿고 아이들을 교육시켰다.

<table>
<tr><td colspan="3" align="center">J&W    셀리그만</td></tr>
<tr><td align="center">자녀교육</td><td align="center">➡</td><td align="center">지혜</td></tr>
</table>

## 5) 배움의 즐거움은 꿀처럼 달다는 것을 반복하여 체험한다

### ① 딱딱하기만 한 동양의 의무교육

어린이들이 공부하기 싫어하는 대부분의 책임은 부모에게 있다고 생각한다. 이 점에 대해서 말하자면 동양에서는 공부를 '하지 않으면 안 되는 것'으로 유치원이나 학교를 '다니지 않으면 안 되는 곳'이라고 생각하고 있는 것 같다.

### ② 우리 유대인의 눈에는 이런 일들이 이상하게 보인다.

왜냐하면 원래 인간에게 있어 배운다는 것은 즐거운 일이라고 배워 왔고 그렇게 느껴지기 때문이다. 자기 스스로의 진로를 개척하고 지혜의 체계를 구축하는 것은 매우 즐겁다. 일본에서는 초등학교 6년간, 중학교 3년간을 '의무교육'이라고 부르는 모양인데 일본의 부모들은 이 '의무'란 참뜻을 착각하고 있는 것 같다.

### ③ 꿀로 글씨를 써서 핥으며 시작하는 신입생 공부

유대인 학교에서는 공부란 '달콤하고도 맛있는 것'이란 사실을 어린이들의 인상에 깊이 심어 주기 위해 노력하고 있다.

이스라엘의 초등학교에서는 신입생이 처음 등교하는 첫날은 공부의 '달콤함'을 어린이에게 가르치고 심어 주는 날로 되어 있다. 교사는 처음 등교한 1학년생 앞에 서서 히브리어의 알파벳 22자를 써 보인다 손가락을 꿀에 담가 꿀이 묻은 손가락으로 알파벳을 쓰는 것이다. 그리고 교사는 이렇게 말해 준다.

"지금부터 여러분들이 배우는 것들은 모두 이 22자에서 출발하게 되며 그것은 꿀처럼 달고 맛있는 것입니다."


## 6) 싫으면 하지 말고 할 테면 최선을 다하라

### ① 어린이의 장래에 관한 환상을 갖지 않는다.

우리 유대인들은 자녀의 장래에 대하여 아무런 환상도 갖지 않는다. '너는 자라서 훌륭한 의사가 되어라' 등의 말을 하지 않는다. 물론 학문을 한다든가 공부를 한다든가에 대해서는 우선 장려하지만 그 목적은 '의사가 되기 위하여'가 아니다. 학문 자체가 목적이지 수단이 될 수 없기 때문이다.

또 장래의 진로 선택은 어린이 자신의 행복과 관련되는 것이므로 부모인 우리로서는 관여할 문제가 아닌 것이다. 그러므로 공부 이외의 무슨 레슨이나 예능 등에 대해서는 전혀 관여하거나 강요하지 않는다. 이것은 무슨 일이 있어도 기어코 가르치고야 말겠다는 생각 따위는 하지 않는다.

② 어린이는 자신의 능력을 끝까지 추구한다.

우리는 어린이들의 장래에 지나친 기대를 가지거나 지나친 환상으로 인하여 어린이들의 진로에 장애가 되어서는 안 된다. 어린이 자신이 자신의 진로를 스스로 찾아내어 자기 능력을 최대한으로 발휘할 수 있도록 해 주는 것이 부모로서 최선의 길인 것이다.


## 7) 부친의 권위는 자녀들의 정신적 지주이다

### ① 부친의 권위가 강력히 작용하는 유대인의 가정

유대인 사회는 부계사회(父系社會)이다. <출애굽기>에서 부모의 이야기가 등장할 경우는 반드시 부친이 먼저 나오고, 모친이 먼저 나오는 이야기는 한 곳뿐이다. 이 성전에서는 부모가 동시에 물을 요구하면 반드시 부친에게 먼저 드리라는 이야기가 나온다. 이런 까닭에 고대로부터 부친의 권위는 매우 강하다. 지금도 유대인 가정에서는 어린이들에게 이 <탈무드>를 가르치는 것은 부친인데 부친이란 뜻의 히브리어에는 '교사'란 뜻도 있는 것이다.


## 8) 배움은 흉내로부터 시작한다

### ① 부친이 길러 낸 키신저 외교

부친의 흉내를 내며 공부하는 동안에 세계최고의 외교가로 성장한 사람이 있다. 이것은 유대인으로서 미국 국무장관의 지위에 오른 헨리키신저이다. 그는 자서전에서 어렸을 때 부친과 함께 공부하였다고 서술하고 있다. 그의 부친 루이는 지난날 독일에서 여고 교사였고 가족들이 생활했던 방 5개의 아파트는 온통 책으로 메워져 있었다고 한다.


### 9) 공부를 중단하면 20년 공부도 허사다

① 돈은 빌려 주지 않아도 되지만 책은 빌려 줘라.

<탈무드>에서 유대인은 예로부터 '책을 좋아하는 민족'이라고 불리고 있다. '돈은 빌려 주지 않아도 되지만 책은 빌려 줘야 한다'는 말이 그것을 증명하고 있다. 유대인이 다른 민족으로부터 심한 박해를 받은 것도 그들이 책으로 새로운 지혜를 얻고 정의를 강력히 주장하는 것을 무서워했기 때문이었다. <탈무드>의 율법에서와 같은 책은 만인의 공유물이며 만인은 배움의 의무를 가지고 있다.

② 한 권 독파하면 파티가 열리는 성전 <탈무드>

이 '책의 민족'의 전통은 유대인이 살고 있는 곳이면 어디서나 찾아볼 수 있는 독특한 전통이다. 아침 통근차 안에서도 <탈무드>를 배운다. 일생 동안 공부해도 다 못 읽을 <탈무드>이므로 한 권만 독파하고 나면 유대인으로서는 다시없는 기쁜 일이기 때문에 친척이나 친지들을 불러 파티를 연다.


### 10) 어린이가 이해할 수 없는 관념은 사실만을 이야기하라

① 인생은 죽으면 그것으로 끝장이다.

유대인은 내세라는 것을 생각하지 않기 때문에 그렇게 말하지만 죽은 뒤의 저승에서 일어나는 여러 가지 놀라운 이야기를 아이들에게 해 주지 않는다. 어린이의 상상력은 어린이 자신들이 자유롭게 날아다니게 맡겨 두면 되는 것이고 부모가 간섭할 필요가 없다고 생각하기 때문이다.

② 지나친 자극은 어린이들을 해친다

어린이의 상상력도 과도한 요구를 하지 않고 사실만을 말해 줌으로써 말을 마치는 것도 알맞은 자극을 주자는 데 그 의도가 있다. 어린이의 마음을 적당하게 계발하고 자연스럽게 뻗어 가게 하자는 배려가 있기 때문이다.

11) 하나님에 대한 상상력이 추상적 사고의 실마리가 된다

① 유대민족은 높은 추상적 사고력을 요구하는 학문이나 비즈니스 분야에 수많은 인물을 배출해 냈다.

이 같은 유대인이 추상적 사고력에 뛰어난 것은 그들이 어려서부터 '추상으로서의 신'에 대하여 생각하는 것이 습관화되어 있기 때문이다.

유대인은 우상숭배를 절대 거부한다. 가톨릭에서는 하나님을 그림이나 조각에 그리는 것을 당연한 것으로 생각하며 그리스도가 십자가에 걸린 그림은 흔히 보는 일로서 신이나 주님은 추상으로서가 아니라 구상으로서 언제나 눈에 보인다는 이야기이다.

그러나 유태교에서는 하나님을 인간과 같이 그린 예는 한 번도 없다. 하나님은 언제나 추상의 영역에 있으며 '구상화할 수 없는 신'이라고 생각하는 훈련을 계속하고 있는 것이다. 그리고 이 사고방식이 사물을 논리적, 추상적으로 생각할 수 있는 계기를 주고 있다고 생각한다. 특히 어린이들로서는 눈으로는 볼 수 없지만 존재하는 신에 대해서 생각하는 것은 큰 지적 자극이 된다는 사실을 우리는 간과할 수 없다.

② 동양의 어린이들은 왜 하나님에 대한 상상을 하지 않을까?

아브라함은 결국 아버지가 만든 우상을 모조리 파괴하고 아버지에게 "우상은 말도 못 하고, 걸을 수도 없고, 움직일 수도 없는데 어째서 하나님입니까" 하고 선언한다. 유대의 어린이들은 이 이야기를 들으면서 추상의 중요성을 깨닫게 된다. 그런데 동양사람은 일반적으로 무신론자(無神論者)가 많다고 듣고 있다. 때문에 우리 유대인처럼 하나님에 대해서 생각할 필요가 없다고 한다면 그것은 어불성설(語不成說)이다. 그들도 어떤 형태이든 종교를 가지고 있는 것이다. 자기도 의식하지 않는 동안에 신에 대해 기도를 하고 있는 것이 아닐까? 필요한 것은 '신'을 의식화하는 것이다.

12) 특별한 재능을 기르기 위해서는 어머니의 과보호(過保護)가 필요할 경우가
    있다

① 지나친 보호가 반드시 나쁜 것은 아니다.

유대인의 격언에 "신은 언제 어디서나 존재하는 것이 아니다. 그래서 신은 어머니를 만들었다"는 말이 있다. 아버지가 가정의 지도자인 것은 틀림없지만 어머니의 애정은 자녀들에게는 하나님만큼이나 절대적인 것이다. 때로는 어머니의 애정이 지나서 'JEWISH MOTHER(유대인의 모친)'이란 말이 과보호의 어머니라는 뜻으로서 풍자적으로 사용되는 경우가 자주 있을 정도이다.

② 과보호 밑에서 배출된 위인들

어머니의 애정과다는 자녀들의 정신 균형 발달에 지장을 초래하고 이상인격을 만들 수도 있지만 반대로 어머니의 애정과다가 자녀의 독특한 재능 발달에 촉진제가 되어 독창적인 인간을 형성하는 일도 사실인 것이다.

개성을 가장 중요하게 여기는 유대의 어머니들로서는 남보다 다른 아이가 되기를 바란다고 한다. 그렇다고 해서 과보호를 권할 수는 없는 일이지만 자녀들에 대해 애정을 갖는다는 것은 좋은 일이지 나쁜 일이 아닌 것으로 생각하고 있다.


13) 형제의 두뇌만 비교하는 일은 쌍방을 죽이는 일이고, 개성을 비교하는 일은
    쌍방을 살린다.

① 키신저 형제의 건전한 라이벌 의식

우리 유대인은 형제사내를 똑같은 인격으로 기르는 것이 아니고 전혀 다른 인격자로 기른다. 그러므로 형과 아우를 비교하는 짓 따위는 절대 하지 않는다. 가령 동생에 대하여 "형은 저렇게 공부를 잘하는데 너는 뭐냐" 하고 차별하는 듯한 언동은 하지 않는다. 그것은 아우로서 지기 힘에 겨운 일을 강요하는 일이며, 그렇다고 해서 그의 성적이 오르지도 않기 때문이다. 다만 그를 실망시키고 형과 다른 인간으로 자라날 싹을 무참히 잘라 버리는 결과가 될 뿐이다. 즉 형제를 한 가지 능력만으로 비교하는 것은 백해무익한 것이다.

② 형제가 한 길로 간다면 상호 간의 성장은 없다.

우리 유대인의 부모들은 자녀들에 대하여 가장 관심을 기울이는 일은 그들의 능력보다는 개성적 차이를 더욱 중요시한다. 어린이들이 친구 집에 놀러 갈 때에도 형제를 함께 보내지 않고 따로따로 내보내어 각자 본인의 흥미대로 다른 세계를 흡수하는 것이 훨씬 낫다고 생각한다.

## 14) 여러 나라 외국어를 익히는 습관을 어릴 때부터 몸에 익히도록 한다

① 동양인은 외국어에 약하다.

동양의 여러 나라에서는 중학교 때부터 영어를 필수과목으로 정하여 배우고 있다. 그러나 영어를 자유롭게 구사하는 동양인을 좀처럼 만나기 힘들다. 이것은 아마도 영어를 배우기 시작하는 시기가 너무 늦기 때문이 아닐까? 가능하면 어릴 때부터 배우게 하는 것이 효과적일 것으로 생각한다.

② 언어 장애를 모르던 프로이트

근대 심리학의 시조인 지그문트 프로이트도 유대인이었지만 라틴어, 그리스어, 프랑스어, 독일어 등을 아무 불편 없이 구사할 정도로 어학실력이 풍부했다고 한다. 그는 겨우 10세 때에 라틴어의 어미변화나 그리스어의 문법을 외우며 벽을 두드리고 방안을 걸어 다녔다는 에피소드가 전해지고 있다.

## 15) 교훈적인 이야기나 우화는 어린이 자신이 생각하게 하라

① 이야기 해석은 일률적이 아니다.

성서 이야기로 자주 인용되는 이야기가 <창세기>의 첫 부분이다. 천지를 창조한 6일 동안에 그 어느 하루라도 끝나면 '좋다고 하시니라'고 쓰여 있다. 그러나 둘째 날만은 그 말이 없다. 하나님이 바다와 물을 나누는 작업이 끝나지 않고 셋째 날까지 밀렸기 때문이다.

그렇게 된다면 어린이 나름대로의 활용할 수 있는 기회를 빼앗아 버리는 결과가 되는 것이다.

16) 어린이들에게 주는 장난감도 교육적인 면을 고려한다

① 유대의 어머니는 교육 환경의 어머니

유대인의 어머니들은 '교육의 어머니'임에 틀림없다. 동양 여러 나라에서 흔히 소문을 듣게 되는 치맛바람 어머니와는 근본적으로 다르다. 극성스럽게 아이들을 공부시키는 열성파 어머니가 아니고 어린이들의 지적인 성장을 돕는 환경을 정비하여 그 속에서 자녀들이 자유롭게 자랄 수 있도록 세심한 주의를 기울인다.

② 3살 이상의 어린이에게는 어른 흉내를 내는 장난감을 준다.

3세부터 6세가량의 어린이에게는 감각자극이나 운동신경을 자극하는 것보다 지적 자극을 주는 장난감의 선택에 중점을 두어야 되리라 생각한다. 우리가 이 연령층의 어린이들에게 주는 장난감의 종류로는 다음과 같은 것들이 있다.

집짓기 나무: 장소가 허락하는 한 큰 것일수록 좋다.

어른 흉내를 내는 장난감: 우리 유대인은 어린이들이 어른을 흉내 내면서 많은 일을 배우는 것이라 생각하기 때문에 특히 이런 종류의 장난감을 중요시한다. 의사, 간호사 장난감, 돈놀이 장난감, 목수 도구, 원예 장난감 등을 위험하지 않은 것이면 반드시 가게에서 파는 새로운 것이 아니더라도 어른들이 사용하다 남은 것도 장난감으로 준다.


17) 어린이가 잠들기 전에 책을 읽어 주는 것은 지적 교육의 하나이다

① 책을 읽어 주면 어린이는 편안히 잠들 수 있다.

유대인의 어머니로서 보람을 느끼는 시간은 어린이들을 침대에 누이고 그 곁에서 어린이기 잠들 때까지 함께 있어 주는 짧은 동안이다. 이것은 어린이에게 있어도 마찬가지이다. 낮에 어린이들이 많은 꾸지람을 들어도, 또 식사할 때 버릇이 나쁘다고 부모로부터 엄한 주의를 받았어도, 일단 침대에 들면 될수록 따뜻하게 해 주는 것이다. 어린이들이 덮은 이불 위에 손을 놓고 "내일이면 모든 걱정이 없어진다"라고 말해 준다. 그것은 어린이들이 잠들 때 조금이라도 불안감이나 걱정의 씨를 안고 잠들지 않도록 하기 위해서이다. 어린이들 하루의 마무리가 편안하고 내일도 역시 무사하기를 바라는 예로부터의 습관이다.

어린이들이 잠들기까지의 짧은 시간 동안에 어머니들은 어린이들에게 책을 읽어 준다. 그러므로 이것은 유대인 어머니들이 어린이들에게 직접 주는 지적 교육의 일면인 것이다. 유대인 전통에 따라 어머니가 읽어 주는 책의 대부분은 구약성서이다. 이 성서의 내용이 어려워 어린이들이 이해할 수 없는 대목은 쉬운 이야기로 풀이해서 읽어 준다.

② 시인, 작가를 많이 배출한 베갯머리 이야기

성서의 영웅담을 듣고 자라나게 되면 후일에도 상상력이 풍부한 시인이나 작가를 낳는 계기도 된다. 유대인 중에는 시인 하이네를 비롯하여 작가 프란츠 카프카, 토마스만 등 상상력을 구사하는 타입의 학자가 많이 배출되는 이유의 하나도 그런 데에 있을지 모른다. 하이네는 영웅 나폴레옹을 찬미하다가 걸작을 낳게 되었고 토마스만은 몇 줄 안 되는 성서의 구절에서 얻은 아이디어로 장편소설을 써내었다고 한다.

어머니의 베갯머리 이야기는 2, 3세의 어린이들에게 정해진 시각에 침대에 들어가는 습관을 붙이는 데도 좋은 계기가 된다. 침대에 들어가면 어머니가 재미있는 책을 읽어 준다면 텔레비전에 매달려서 잘 생각을 않는 좋지 않은 버릇도 저절로 고칠 수 있게 될 것이다.

[지(知) 교육서비스 진단표]

| NO | 교육서비스주제 | ○ | △ | × |
|---|---|---|---|---|
| 1 | 보다 앞서기보다 남과 다르게 되라. | | | |
| 2 | 배우기 위해서는 듣는 것보다 잘 말하는 것이 더 중요하다. | | | |
| 3 | 육체적 힘보다 머리를 쓰는 일을 강조한다. | | | |
| 4 | 지혜에 뒤지는 자는 매사에 패배한다. | | | |
| 5 | 배움의 즐거움은 꿀처럼 달다는 것을 반복하여 체험시킨다. | | | |
| 6 | 싫으면 하지 말고 할 테면 최선을 다하라. | | | |
| 7 | 부친의 권위는 자녀들의 정신적 지주이다. | | | |
| 8 | 배움은 흉내로부터 시작한다. | | | |
| 9 | 공부를 중단하면 20년 공부도 도로 아미타불 | | | |
| 10 | 어린이가 이해할 수 없는 관념은 사실만을 이야기하라. | | | |
| 11 | 하나님에 대한 상상력이 추상적 사고의 실마리가 된다. | | | |
| 12 | 특별한 재능을 기르기 위해서는 어머니의 과보호가 필요할 경우도 있다. | | | |
| 13 | 형제의 두뇌만 비교하는 일은 쌍방을 죽이는 일이고, 개성을 비교하는 일은 쌍방을 살린다. | | | |
| 14 | 여러 나라 외국어를 익히는 습관을 어릴 때부터 몸에 익히도록 한다. | | | |
| 15 | 교훈적인 이야기나 우화는 어린이 자신이 생각하게 하라. | | | |
| 16 | 어린이들에게 주는 장난감도 교육적인 면을 고려한다. | | | |
| 17 | 어린이가 잠들기 전에 책을 읽어 주는 것은 지적 교육의 하나다. | | | |
| 소계 | | | | |

## 2. 정서(情)에 대한 교육

### 1) 자녀를 오른손으로 벌주면 왼손으로 안아 주어라

① 자녀를 따듯이 안아 주는 것은 최고의 사랑

'오른손으로 벌을 주면 왼손으로 안아 주어라'는 속담은 벌에는 반드시 애정이 따라야 한다는 뜻이다. 그리고 유대인은 어떤 도구로써 자녀를 때리는 일은 전혀 없고 흔히 손으로만 때린다. 또 자녀를 안아 주는 행위는 유대인으로서는 최고의 사랑의 표현인 것이다.

② 때리는 것은 좋지만 때리는 것만으로 안 된다.

어머니는 아이를 안아 올리면서 어린이들이 생활하고 있는 방으로 들어간다. 그리고 한 손으로 서랍을 열고 웃으며 기저귀를 꺼낸다. 어느 부모나 다 그렇게 한다. 키부츠에서뿐만 아니라 유대인의 어머니들은 유치원에 가서도 먼저 아이들을 안아 준다.

우리 동양의 가정에서도 어린이들을 때리는 일이 많다고 하는데 때리는 것에 그치지 않고 다른 손으로 안아 주는 애정을 가져야 할 것이다.

### 2) 어린이에게 벌을 준 날도 재울 때는 정답게 하라

① 나쁜 감정을 지닌 채 잠들지 않도록 해 준다.

낮과 밤은 하나님이 창조하신 것이다. 우리는 낮과 밤을 하루로 매듭지어 생활하도록 되어 있다. 구약성서의 '창세기'의 첫머리를 보면 하나님이 천지창조의 첫날 일로서 낮과 밤을 나누었다고 쓰여 있는 사실은 누구나 아는 것이다. 아침에 일어나 잠자리에 들기까지 계속되는 하루는 하루 자체로서 완전히 매듭지어져야 한다. 그러므로 우리는 어린이들을 대할 경우에도 하루를 경계로 삼아 그날의 두려움이나 기분 나쁜 일은 그날로 끝나도록 노력한다.

② 잠잘 때 따듯하게 해 주는 것이 어린이 마음을 편안하게 해 주는 최고의 사랑이다.

어린이들의 기분이 아늑해지고 긴장에서 완전히 풀려 잠이 들게 되면 그날 있었던 불쾌한 체험을 내버리고 조용한 상태에서 잠들 수가 있다. 이튿날이 되면 다시 새로운 기분으로 출발할 수 있게 된다. 이러한 습관을 들이게 되면 그 어린이는 성장해서도 항시 앞을 향하여 유쾌한 기분으로 생활할 수 있는 인간이 되는 것이다.

### 3) 어른이 쓰는 물건이나 장소는 접근하지 못하도록 하라

① 미장원에는 어른이 된 후에 보내라.

나에게는 13세 되는 딸과 8세 되는 딸이 있다. 그런데 8세 되는 딸아이는 미용에 대해 관심이 많고 텔레비전이나 잡지에서 멋있는 헤어스타일의 여자들을 자주 보기 때문인지 가끔 엄마에게 미장원에 데려가 달라고 조른다.

머리를 세트하기 위해서이다. 그러나 나의 대답은 언제나 정해져 있다. "그래? 그렇지만 커서 네 돈으로 미장원에 가야 돼, 지금은 절대로 안 돼." 그리고 그 아이의 머리를 잘라 주는 것이다.

② 부모와 자녀 간의 경계선을 없애면 그 관계는 끊어진다.

유대인은 부모와 자녀가 세계에서 유일하게 세대차이가 없는 관계에서 자녀들이 어른의 세계를 진정으로 이해함으로 부모가 그런 행동을 격려하고 기뻐하게 됨으로 자녀들은 부모에 대한 존경심이 자연스럽게 길러지게 되는 것이다. 어린이는 '작은 어른'이 아니라 어른과는 전혀 다른 인간이라는 생각을 평소부터 길러 줘야 한다.

그렇지 않고서는 가정의 질서를 파괴하지 않는다고 누가 보장할 것인가?


### 4) 일평생 배우게 하기 위해서 어릴 때는 충분히 놀려라

① 죽어도 자식한테 부양받지 않겠다는 마음을 가져라.

늙어서 자식들에게 부양을 받겠다고 생각하는 유대인은 한 사람도 없는 것이다. 자식들에게 부양받기보다는 차라리 죽어 버리는 것이 낫다고 생각한다. 이와 같은 생각은 한 가족 중에서도 부모는 부모, 자식은 자식이라는 개인주의 사상이 철저하기 때문이기도 하다.

② 놀 수 있는 동안은 충분히 뛰놀게 하라.

우리 유대인의 어머니들은 부모자식의 관계를 좀 더 긴 안목으로 생각한다. 부모는 한평생 부모이고 자식은 한평생 자식이므로 그렇게 조급하게 생각하지 않는다. 또 일생 동안 배워야 한다는 것이 유대인의 기본적 생각이므로 놀 수 있는 동안은 충분히 놀게 해 주어야 한다고 생각하는 것이다. 만약 어린아이 시절부터 노는 것을 빼앗긴다면 일생 동안 공부의 연속이기 때문에 노는 시간을 가질 수 없기 때문이다.


### 5) 가정교육에 해로운 일을 하면 거침없이 거절한다

① 초콜릿을 주지 않았으면 좋겠어요

내 가정교육의 예를 들어 이야기하기로 하자. 딸이 어렸을 때 나는 초콜릿을 주지 않기로 결심하였다. 그런데 어느 날 친지로부터 초콜릿 선물을 받았는데 그 친구는 은종이를 벗기고 커다란 초콜릿을 딸아이의 손에 쥐어 주는 것이 아닌가! 그 사람으로서는 물론 우리에 대한 호의로 그렇게 했으리라 생각되지만 나는 화를 냈다. 그리고 그 친구에게 분명히 말해 주었다.

"이 아이는 나의 아이입니다. 그 아이에게 주는 모든 것은 내가 결정할 문제이며 단 것이나 자극성이 있는 것은 어린이의 건강에 좋지 않다는 것은 당신도 잘 알고 있을 것입니다. 초콜릿을 그 아이에게 주지 마십시오."

② 가정교육에 남의 간섭을 받지 않는다.

인간으로서 주관이 뚜렷한 아이로 성장하게 하려면 부모가 엄격해야 한다. 다른 사람의 간섭에 역정을 낼 만큼 엄격하지 않으면 의지가 약한 무력한 어린이로 자라게 될 위험이 있는 것이다. 그렇게 신념을 굽히지 않는 부모를 보면서 성장하는 것은 자녀교육에 매우 좋은 일일 뿐 아니라, 어린이들에게 신념이 중요하다는 모범을 보여 주는 좋은 방법이라고 생각된다.


6) 자녀에게 조부모 이름을 붙여 가족의 계승을 인식시킨다

① 끊이지 않고 이어지는 유대인의 이름

유대인과 교분이 있거나 유태에 대한 책을 읽게 되면 유대인의 이름에는 JACOB(야곱), ABRAHAM(아브라함), SAMUEL(사무엘) 등과 같이 특징이 있음을 발견할 수 있다. 이것은 유대인의 이름이 성서나 유대인의 전통에서 딴 이름이 대부분이기 때문이다.

② 유대사회에서는 이름의 유행이 없다

부모는 자녀들이 성장하면 그 이름의 유래를 설명하고 가족의 일체감을 상기시킨다. 또 그 이름을 근거로 하여 성서나 이스라엘의 전통에까지 거슬러 올라가 민족적인 자각으로 높여 주는 것이다. 생각해 보면 자기와 똑같은 이름의 조상이나 위인이 먼 옛날에 있었다고 하면 그 사실만으로도 어린이들은 자기 조상에 대해 말할 수 없는 친근감을 느낄 것이다.


7) 아버지의 휴일은 자녀교육상 꼭 필요하다

① 지금도 엄격히 지켜지는 안식일의 습관

유대의 가정에서는 아들은 어려서부터 아버지를 중심으로 존경하고 아버지를

흉내 내면서 성장하여 간다. 공부를 하는 습관도 처음에는 아버지로부터 배우는 것이 상식으로 되어 있다. 이와 같은 일이 가능하도록 뒷받침하는 것이 바로 유대의 위대한 안식일 제도인 것이다.

② 아버지는 나의 아버지인 동시에 선생이기도 하다.

안식일에는 아버지가 자녀를 한 명씩 자기 방으로 불러들여 차근차근 대화를 나누는 것이다. 이런 대화야말로 집안의 주인으로서의 부친상이 자녀들의 이미지에 뚜렷이 부각될 것이며 그것이 '선생'으로까지 승화될 것이다. 따라서 유대인 어린이들은 부친을 '나의 아버지이자 선생'이라고 부르는 것이 습관처럼 되어 있다. 부자간의 대화시간은 30분 정도가 보통이지만 자녀들로서는 일주일간을 총괄하는 아주 귀중하고 유익한 시간이다.

### 8) 삼촌이나 사촌을 한 가족의 구성원으로 생각하게 한다

① 폐쇄공간이 되기 쉬운 핵가족

자녀의 교육에는 가능한 세대가 다른 많은 사람과 친밀하게 접촉하도록 하는 것이 그들의 앞날을 위해 중요한 일이라고 생각한다. 유대에서 말하는 '가족'이란 부모와 아이들만을 가리키는 말이 아니고 아이들의 조부모, 백부, 백모 또 사촌까지를 두루 포함해서 일컫는 말이다. 동양에서는 조부모는 가족의 구성에 들어가지만 백부모, 사촌은 가족으로 여기지 않는 것이 아닐까? 우리 가정에서는 축제일이나 주말이 되면 친척이 모두 모여서 가족의 일원으로 일체감을 확인하는 날로 정해서 있다.

② 대가족 시스템 속에서 성장한 시인 하이네의 재능

하이네는 이 큰할아버지 지몬의 방랑생활에서 그의 상상력이 자극을 받아 모험에의 동경심이 점화됐다고 한다. 이러한 배경에서 정열의 시인 하이네는 자라났던 것이다. 만약 그가 핵가족의 환경에서 자랐더라면 그의 소질이 꽃을 피우지 못하고 말았을지도 모르는 일이다. 이와 같이 유대인의 가족 시스템은 어린이들의 성장을 돕는 데 큰 영향을 차지하고 있는 것이다.

9) 친구를 사귈 때는 한 계단 올라서라고 가르친다

① 공부를 잘한다고 반드시 좋은 친구가 아니다.

유대인은 친구와의 교제를 매우 중요시한다. 중요시한다는 말은 누구하고나 친구가 된다는 뜻이 아니고 진정한 친구를 고를 때 신중을 기한다는 뜻이다.

친구는 첫째, 자기의 인격 향상에 도움을 주는 사람이어야 한다. 자기의 정신적 향상에 이어지는 친구가 제일 바람직한 친구이다. <탈무드>는 그것을 '친구를 사귈 때는 한 계단 올라서라'고 표현하고 있다.

② 좋은 친구는 위인을 만든다.

<탈무드>는 '애매한 친구가 되기보다 분명한 적이 되라'고 말하고 있다. 이 말의 뜻은 친구로서 교제하려면 '분명한 친구'를 선택해야 한다는 뜻이기도 하다.


10) 아이의 친구는 부모의 친구가 아니다

① 아이들의 우정은 어버이와는 관계가 없다.

우리 유대인 사회에서는 자녀를 통해서 양쪽 부모가 서로 얼굴을 알고 지낼 정도이지 친해지는 경우는 거의 없다.

② 친구가 야채를 가지고 있으면 고기를 주어라

일단 친구가 되어 버리면 '만약 친구가 야채를 가지고 있으면 고기를 주어라'고 할 만큼 친해지는데 알고 지내는 사람끼리는 서로 만나는 기회에도 인사 나눌 정도로만 끝난다.


11) 남의 집을 방문할 때 한 살 전후의 아기는 동반하지 마라

① 아기를 외부세계와 접촉시키지 않는다.

우리는 생후 1년 전후의 아기에게는 외부세계와 접촉시키지 않는 것을 원칙으로 삼고 있다. 그래서 아기를 데리고 외출하는 일이 거의 없다. 아기를 데리고 외출하는 것은 아기 자신은 물론이고 어른들로서도 불편한 일이다. 때로는 친지로부터 "잠깐 오셔서 이야기하지 않겠어요"라는 초청을 받으면 아기가 있을 때는 "지금은 아기와 함께 있으니 안 되겠어요." 하고 정중한 말로 거절한다. 부득이한 경우

예외적으로 데리고 갈 때도 있으나 그런 경우에도 절대로 오래 머물지 않는다.

② 어중간한 교제는 아이에게도 어른에게도 좋지 않다.

즐길 때는 충분히 즐겨야 한다. 이것도 아니고 저것도 아닌 엉거주춤한 기쁨은 차라리 없는 것이 낫다는 것이 우리의 사고방식이다. 육아에 전념해야 할 때는 그 일에만 열중하는 것이 부모로서도 아기로서도 행복하다고 생각한다.


## 12) 친절은 인생 최대의 지혜이므로 누구에게나 친절하라

① 친절을 무시했다가 불타 죽은 소돔 사람들

친절은 유대인에게 있어 도덕이나 공공심 같은 교훈적인 행위뿐만 아니라 지혜 있는 사람으로서 성장해 가는 것이라고 생각되고 있다. 그러므로 어린이가 무슨 친절한 행동을 했다 해도 반드시 부모가 칭찬해 주는 일이 없다. 칭찬을 받기 위해 다른 사람에게 친절을 베푸는 행동은 그다지 평가해 주지 않는 것이 상식으로 되어 있다.

<구약성서>에는 친절에 얽힌 이야기가 많이 나온다. '소돔과 고모라'의 이야기는 친절이란 지혜를 저버린 사람들의 죄를 표현한 이야기라고 생각할 수 있다.

② 손님이 기침을 하면 스푼을 줘라.

유대의 속담에 "손님이 기침을 하면 스푼을 드려라"는 매우 간결한 말이 있다. 식사할 때 스푼이 없는 손님이 주인한테 "스푼 좀 주시오"라고 말할 수가 없기 때문에 기침으로 그 뜻을 전하면 주인이 그 눈치를 알아차리고 바로 스푼을 줘야 한다는 뜻이다


## 13) 유태 어린이들은 자선을 통해서 사회생활을 익히게 된다

① 세상은 배움과 자선의 바탕 위에서 성립되어 있다.

유대인의 속담에 "세상은 배우는 것과 일하는 것과 그리고 자선을 행함으로써 이루어지고 있다"는 말이 있다. 즉 아무리 잘 배우고 일을 잘해도 자선을 행하지 않으면 세상이 성립되어 갈 수가 없다는 것이다. 가난하고 굶주리는 불우한 이웃에 자선을 베풀 줄 아는 습관을 어렸을 때부터 어린이들에게 가르쳐야 하는 산

교육인 것이다.

14) 아이들에게 선물 대신 돈을 주는 것은 절대 금물이다

① 큰 부자에게 자녀는 없다. 상속인이 있을 뿐이다.

유대인의 속담에 "큰 부자에게 자녀는 없다. 상속인이 있을 뿐이다"라는 매우 박절하고 명확한 말이 있다. 일찍이 지폐가 없던 옛날에는 돈은 곧 금이나 은이었으므로 돈은 '섬뜩하게 차가운 것'이란 이미지가 강하게 작용했다. 큰 부자는 이것을 많이 쌓아 두고 있기 때문에 섬뜩함과 싸늘함이 그에게 옮아 오고 자기 가족에게까지 옮아 따뜻한 인정이 없는 가정이 된다는 뜻이다. 그러므로 자녀는 자식이 아니라 단지 부모 뒤에 있는 '싸늘한 돈'의 상속인밖에 되지 않는다는 이야기이다.

② 돈에 대한 의미를 아직 잘 모르는 어린이에게 선물 대신 돈을 준다는 것은 자녀교육상 바람직하지 못하다.

돈의 문제에 관한 한 어린이들은 개입하지 않도록 하는 것이 현명하다고 생각된다.

15) 음식에 대한 감사는 하나님에 대한 감사함과 일치함을 가르친다

① 단지 먹는 것만으로는 인간으로서의 가치가 없다.

유대인은 매일 식탁에서 신에게 축복과 감사를 드린다. 식사는 어디까지나 종교적 행위이며 매일 식사를 할 수 있다는 것도 신의 도움임을 자녀에게 가르친다. 식사 때마다 빵을 앞에 놓고 신을 축복하는 것은 항상 감사하는 마음을 잊지 않기 위해서이다.

② 식사를 천천히 하고 즐겁게 먹는다는 것은 건강상의 비결이기도 하지만 식탁에서 신을 축복하는 것은 스스로의 생명을 아낀다는 것과도 의미가 상통한다.

또 유대인은 무엇을 먹느냐에 대해서도 매우 신경을 쓰는 민족이다. 무엇이든 먹으면 된다는 식의 생각은 하지 않는다. 여기서도 '인간다운 깨끗한 음식만을 먹는다'는 것이 다른 동물과 구별되는 하나의 기준이 된다고 생각하고 있다.

③ 아이들은 음식물을 통해서 인간다움을 배운다.

유대인은 옛날부터 지금까지 먹는 행위를 종교와 결부시켜 살아가는 민족이다. 어린이들은 음식을 먹을 때도 신을 의식하고 축복하며 살아가는 것이 인간다움을 자각하는 중요한 점이라고 생각하며 자라나고 있는 것이다.


16) 성(性)에 대해서는 사실을 간단하게 말해 준다

① 성에 대한 죄의식을 갖지 않는다.

<탈무드>에도 "섹스는 자연의 일부, 섹스를 하는 데 자연스럽지 않은 일은 아무것도 있을 수 없다"라고 거침없는 말로 표현하고 있다. '섹스＝자연'이란 관념은 어린이 성교육에도 그대로 적용된다. 아이들은 4, 5세쯤 되면 섹스에 흥미를 갖기 시작하여 부모에게 질문해 오는 경우가 있다. 이런 질문에 무어라 대답해야 하는가 등의 성교육 문제가 제기되는 일이 흔히 있다. 우리들은 이럴 때 얼굴을 붉히거나 애매한 말로 얼버무리거나 하는 일이 결코 없다. 질문에 대해 성서처럼 간단명료하게 전달할 뿐이다.

② 사실 그대로 말해 주면 아이는 쓸데없는 망상을 품지 않는다.

이와 같이 아이들 스스로가 이해하게 되면 섹스란 자연스런 것이지만 극히 개인적인 선에서 행해져야 한다는 것을 가르쳐 주는 결과가 된다. 우리 유대인은 "5분 동안에 다 말할 수 없으면 말하지 마라"는 말을 많이 하는데, 이 말은 말해야 할 일은 무엇이든 자연스럽고 간결하게 얘기하라는 뜻이다. 이것은 성교육에도 포함되는 말이다.


17) 어릴 때부터 남녀의 성별을 깨닫게 한다

① 할례는 유대인이 되는 첫 의식이다.

<구약성서>에는 할례에 대하여 신이 아브라함에게 다음과 같이 말하고 있다. "너희들 남자는 다 할례를 받으라. 이것이 나와 너희와 너의 후손 사이에 지킬 내 언약이니라. …… 때때로 남자는 집에서 난 자나 너희 자손이 아니요, 이방 사람에게서 돈으로 산 자를 막론하고 난 지 8일 만에 할례를 받을 것이라. 할례를 받지

아니한 남자, 곧 양피를 제거하지 아니한 자는 백성 중에서 끊어지리니 그가 내 언약을 배반하였음이니라.”(창 17) 할례는 순수한 의미로의 종교적 의식이지만, 최근에 이르러 위생적인 측면에서도 인정되어 유대인이 아니더라도 생후 얼마 안 되어 포피를 제거하는 것은 그 부분의 청결을 유지하고 포경 등으로 고통받는 일도 없어져 그 효용이 매우 크다고 여겨진다.

② 남성의 권위를 인식시키는 유대의 성인식

유대인 남자로서 장남일 경우 생후 30일째 되는 날에 행해지는 다른 의식이 있다. 13세가 되면 성인식이 거행되어 남자로서의 권위를 지니고 존경받는 인물이 될 것을 다짐하게 된다. 유대사회는 이와 같이 남성의 권위가 존중되는 사회이다. 어린이들은 이 의식을 통해 힘과 권위를 자각하면서 자라나는 것이다. 이것이 장차 가정을 이룰 경우 남편이 가정의 중심이 되어 아내가 그를 떠받들면서 아이를 양육한다는 구조와 연결된다. 원만한 가정생활 내지는 사회생활의 기초가 생후 8일째의 의식에서부터 굳혀지는 것이라고 말할 수 있다.


18) 텔레비전의 폭력 장면은 시청을 금하고, 전쟁의 다큐멘터리는 보여 준다

① 부모가 잘 관리만 하면 TV의 나쁜 영향은 없다.

우리 유대인은 TV의 악영향은 거의 받지 않는 것으로 말해도 좋을 것이다. 내 세 아이 가운데 8세의 차녀와 6세의 장남은 안식일을 제외하고는 오후 6시 30분까지만 TV시청이 허용되어 있다. 그것도 어린이를 위한 프로에 한정하며 어린이 프로가 아니면 나는 아무 말 없이 스위치를 꺼 버린다. 이렇게 하면 어린이가 시청하고 있는 동안에는 폭력 장면이 나타날 수가 없는 것이다.

② 사실과 픽션을 구별하는 눈을 기른다

아우슈비츠에서 비참히 학살당하는 동포의 모습만큼 현실을 절감케 하는 장면이 없다. 어린이들은 이런 장면을 똑바로 보도록 습관을 들인다. 이런 장면을 상기시키는 것은 그러한 현실을 또다시 되풀이하려는 소망이 아니고 되풀이되어서는 안 된다는 ‘역사적 교훈’인 것이다.

사실과 픽션의 구별을 분명히 할 수 있는 어린이에겐 아무것도 금할 필요가 없

다. TV와 현실의 차이를 자녀들에게 제대로 가르치지 못하는 어버이들이 나쁘다고 나는 생각한다.

19) 거짓으로 아이들에게 헛된 공상을 갖게 하지 않는다

① 유아기부터 합리주의 교육을 시킨다.

우리 유대인은 철저한 합리주의자들이다. 그러므로 우리 어린이들은 '산타클로스 할아버지가 있다'라는 등의 비현실적인 거짓은 배우지도 않고 어른들도 가르치지 않는다. 아무 근거도 없는 비현실적인 거짓을 아이들에게 가르쳐 헛된 꿈을 갖도록 하는 것을 금하고 있다. 그것은 일시적으로 어린이의 상상력을 자극할 수 있을지 모르지만 일생을 통해서 볼 때는 '허황된 꿈'에 지나지 않기 때문이다.

② 모세의 기적도 과학적으로 입증된다.

홍해가 둘로 갈라져 그 사이를 유대인이 지나 도망했다는 이야기이다. 그런 일이 있을 수 없다고 단언할 수는 없다. 그 이유는 1백 년에 1번쯤은 지중해로부터 강풍이 불어와 바닷물이 썰게 되고, 홍해 가운데 사람이 건널 수 있을 시간만큼 갯벌이 드러나는 수가 있기 때문이다. 모세와 유대인들에게 이 타이밍이 맞아 일어난 것임에 틀림없다고 우리는 생각하고 있다. 다만 이 이야기를 보다 감명 깊게 하기 위한 것이지 결코 근거 없는 거짓은 아닌 것이다. 이렇게 설명함으로써 기적마저도 합리적으로 해석하고자 하는 점에 유대인의 철저한 합리주의가 나타나고 있다. 어린이에게는 터무니없는 옛날이야기보다 현실에 있었던 일이 더욱더 상상력을 자극하는 수도 있다.

[정(情) 교육서비스 진단표]

| NO | 교육서비스주제 | ○ | △ | × |
|---|---|---|---|---|
| 1 | 자녀를 오른손으로 벌주면 왼손으로 안아 주어라. | | | |
| 2 | 어린이에게 벌을 준 날도 재울 때는 정답게 하라. | | | |
| 3 | 어른이 쓰는 물건이나 장소는 접근하지 못하도록 하라. | | | |
| 4 | 일평생 배우게 하기 위해서 어릴 때는 충분히 놀려라. | | | |
| 5 | 가정교육에 해로운 일을 하면 거침없이 거절한다. | | | |
| 6 | 자녀에게 조부모 이름을 붙여 가족의 계승을 인식시킨다. | | | |
| 7 | 아버지의 휴일은 자녀교육상 꼭 필요하다. | | | |
| 8 | 삼촌이나 사촌을 한 가족의 구성원으로 생각하게 한다. | | | |
| 9 | 친구를 사귈 때는 한 계단 올라서라고 가르친다. | | | |
| 10 | 아이의 친구는 부모의 친구가 아니다. | | | |
| 11 | 남의 집을 방문할 때 한 살 전후의 아기는 동반하지 마라. | | | |
| 12 | 친절은 인생 최대의 지혜이므로 누구에게나 친절하라. | | | |
| 13 | 유대 어린이들은 자선을 통해서 사회생활을 익히게 된다. | | | |
| 14 | 아이들에게 선물 대신 돈을 주는 것은 절대 금물이다. | | | |
| 15 | 음식에 대한 감사는 하나님에 대한 감사함과 일치함을 가르친다. | | | |
| 16 | 성(性)에 대해서는 사실을 간단하게 말해 준다. | | | |
| 17 | 어릴 때부터 남녀의 성별을 깨닫게 한다. | | | |
| 18 | 텔레비전의 폭력장면은 시청을 금하고, 전쟁의 다큐멘터리는 보여 준다. | | | |
| 19 | 거짓으로 아이들에게 헛된 공상을 갖게 하지 않는다. | | | |
| 소계 | | | | |

## 3. 의지(意)에 대한 교육 서비스

### 1) 자녀를 꾸짖을 때의 기준은 선악에 두어야 한다

① 꾸짖는다는 것은 부모가 책임을 지는 행위이다.

자녀들을 교육시키는 것은 부모 자신이다. 자녀를 훈계한다는 것은 그 책임을 다하기 위한 수단의 하나라고 말할 수 있겠다. 부모가 만약 자녀들에게 잘못했다고 규정할 때는 그것이 절대적이며 구체적인 의미를 가져야 한다. 그 규정이 애매모호하면 자녀들에게 의아심을 갖게 하기 때문이다. 이를 위해서도 하나님을 빙자하는 따위의 이야기로 부모의 책임을 흘려버려서는 안 되는 것이다.

② 초인간적인 덕이 아니라 현실적인 덕을 행한다.

우리는 모든 일에 그중 어느 쪽인가를 분명히 판단하고 선한 것을 자녀들에게 전해 주면서 자녀들 내부에 올바른 가치관을 심어 줘야 한다. '꾸짖는다'는 것은 선과 악을 구별하는 하나의 기준을 부모가 책임지고 자식에게 전해 주는 것이라고 말할 수 있다.

### 2) 자녀에 대한 가혹한 벌은 부모의 침묵이다

① 부모의 침묵이 체벌보다 효과적일 수도 있다.

가령 밖에서 돌아온 아이가 코트를 벗은 다음 그 코트를 내던져 버리면 그때는 벌써 큰 소리가 나오게 된다. 못된 행동을 하면 엉덩이를 때리고 뺨을 때려 주는 일도 사양하지 않는다. 그러나 이보다 한층 무거운 특수한 벌은 침묵인 것이다.

② 부모의 뉘우침도 포함되어 있는 자녀에 대한 침묵

아이에 대해 침묵을 지키는 것은 엄마 자신이 버릇을 잘못 들인 자기도 벌하는 동시에, 자식에의 사랑도 재확인하게 되는 것이다. '침묵'의 효용은 벌을 받는 쪽과 벌주는 쪽에 똑같이 대화의 커뮤니케이션을 단절시킴으로써 독특한 심리작용을 일으키게 한다는 것이 다른 벌과 다른 것이라고 할 수 있다.

### 3) 위협을 주어서는 안 된다. 벌할 테면 벌주고 용서할 테면 용서할 따름이다

① 부모의 모호한 태도는 아이들 마음의 건강을 해친다.

자녀의 마음을 억압하지 않고 솔직하고도 그늘지지 않는 마음을 갖는 자녀로 기르는 최대의 요점은 부모가 자녀에게 명쾌하게 대하는 것이다. 아이를 대할 때 항상 명쾌한 태도를 취한다는 것만큼 자녀들의 마음을 건강케 하는 방법은 없는 것이다.

동양의 어머니들에게서 지식에 대한 이 같은 애매모호한 태도를 자주 볼 수 있다. 분명하게 용서하는 것도 아니요, 벌주는 것도 아닌 채 중얼중얼 잔소리를 한다. 이와 같은 태도를 자녀들이 본받게 되면 이것도 저것도 아닌 심리상태가 되어 불안감을 더해 갈 뿐인 것이다.

② 위협은 어린이 마음의 건강에 매우 해롭다.

부모가 아이에게 명쾌한 결단을 내릴 수 없는 데서 오는 불안감이 엄포로 이어지는 것이라고 생각한다. 부모가 분명하게 가려서 벌을 주느냐 용서하느냐 하는 명쾌한 태도가 솔직하고 표리가 없는 자녀를 만드는 것이라고 생각한다.

4) 부모가 매질을 늦추면 그만큼 자녀들의 버릇이 나빠진다

① 자녀를 때릴 때는 구두끈으로 때린다.

물론 우리는 '채찍'으로 자녀를 때리지 않는다. 이것은 상징적인 의미로서의 표현이며, 부모의 손으로 직접 때리는 것이 미움이 아니라 '사랑의 채찍'임을 명확하게 밝혀 주고 있다. 유대의 격언에는 "아이를 때려야 할 때는 구두끈으로 때려라"라는 부드러운 말도 있다. 바꾸어 말하면 매질의 목적은 아이에게 육체적 고통을 주기보다는 마음의 교정에 본뜻이 있는 것이므로, 상처를 주거나 다치게 하는 매질을 피하는 것은 당연하다.

② 자기에게 자신이 없는 부모는 자녀를 때리지 마라.

부모가 자기 스스로의 신념에 자신을 잃고 제대로 훈계하지 못하면서 자식만은 신념 있는 아이가 되라고 기대하는 것은 대단히 무리한 이야기이다. 매질을 싫어하는 생각은 민주주의와는 아무 관계없이 자신을 잃은 부모들이 그대로 손을 써 보지도 못한 상태에서 자식에게만 기대하는 상태를 반영하고 있는 것처럼 느껴진다.


5) 특정한 일은 특정시간 안에 해결하는 습관을 길러 준다

① 매일의 습관 속에서 시간의 소중함을 가르친다.

유대인에게 있어 시간은 삶의 전부라고 해도 과언이 아니다. 유대인은 불교나 가톨릭교와같이 윤회나 재생을 기대하지 않는다. 다시 한 번 이 세상에 태어나리라는 생각 따위는 하지 않는다. 그러므로 이 짧은 자기의 일생 동안에 어떻게 자기에게 주어진 시간을 유용하게 쓰느냐에 관심의 초점을 두는 것이다.

② 시간 관리가 공부의 기초이다.

유대 소년들의 성인식(바르 미츠바)은 13세가 되면 행하게 되는데, 성인식의 선물로 손목시계를 하는 것이 보통이다. 손목시계를 선물함으로써 시간을 소중히 하는 사람이 되라고 아이에게 훈계하고 다짐을 받는 것이다. '내일엔 내일의 바람이 있다'는 식의 사고방식은 유대인은 절대로 가지지 않는다. 오늘의 일은 오늘이라는 정해진 시간 안에 어떻게 활용하느냐 하는 시간표 짜기에 습관화되어 있으

므로 그 시간표에 따라 일을 하는 것은 일종의 즐거움이 되는 것이다.


### 6) 식사시간은 좋은 교육 기회다

① 식당에는 TV를 놓지 않는다.

며칠 전 어느 가정에 초대를 받았을 때의 이야기다. 그 집사람들과 우리 부부가 식탁에 앉아 막 식사를 시작했을 때 초등학교 4학년쯤 돼 보이는 그 집 아들이 서슴없이 식탁 구석에 있는 TV 스위치를 켰다. TV는 우리 모두가 볼 수 있는 위치에 있었다. 나는 이러한 장면을 매우 의아하게 생각한다. 나에게는 식사하면서 TV를 보는 습관이 없기 때문이다.

② 식사시간은 어린이에게 마음의 양식이기도 하다.

식사시간은 가족의 화기애애한 유대감을 확인하는 시간이다. 낮에는 각자 다른 장소에서 활동하다가 한자리에 모이는 유일한 시간이므로 아이들에게는 가장 즐겁고 또 교육적으로 유익한 장소가 되어야 한다. 그런데도 이 귀중한 시간에 TV나 신문을 등장시킴으로써 모처럼의 기회를 놓치고 가족의 유대감을 소홀히 한다는 느낌을 주는 것은 유감스런 일이다.


### 7) 자녀가 어릴 때는 외식(外食)에 함께 동반하지 마라

① 유아는 외식에 함께 동반하지 않는다.

어른에게는 즐거운 일이지만 어린이에게 보람 없는 일은 절대로 하지 않는다. 어린이들에게는 좀 안 되었다고 생각할지 모르나 우리 유대인은 어른들만이 밖에서 식사를 즐기는 것이다.

② 남과의 협조는 자기희생이 아니다.

개인주의에 철저한 유대인은 타인에게 폐를 끼치기 때문에 자신의 행동을 억제하는 따위의 생각은 하지 않는다. 먼저 자기에게 충실하고 그 결과로 자기의 행동이 타인과의 협조에 이어지는 것이라고 생각하면, 그대로 행동에 옮기는 것이다. 동양 사람들은 타인과의 협조를 곧 '자기희생'이라고 생각하는 경우도 있는데, 우리 유대인의 사고방식과 비교하면 매우 비합리적인 것으로 생각된다.

8) 한 살이 될 때까지는 부모와 함께 식탁에 앉히지 않는다

① 식탁은 인간 형성의 한 장소이다.

제아무리 식탁이 가족 교류의 중요한 장소라고 하더라도 한 살도 채 못 되는 어린이는 동석시킬 필요가 없다고 생각한다. 그것은 젖먹이인 경우 이러한 유아들은 식탁에서의 예의범절을 모르고 또 몸을 자유자재로 움직일 수도 없기 때문에 즐거워야 할 식탁을 엉망진창으로 만들어 버릴 수 있다.

② 먹는 법에도 인간다움을 가르친다.

동물처럼 눈앞에 먹을 것이 있다고 곧바로 입에 대거나 손으로 먹어서는 인간으로서는 실격이라고 생각한다. 포크나 나이프, 젓가락 등 도구를 사용하여 먹는 것이 인간답게 먹기 위한 기초가 되는 첫걸음인 것이다. 그러므로 아이가 부모와 식사를 함께하는 것은 무엇보다 동물 졸업훈련이라고 생각할 수 있다. 그리고 조금 지나면 식탁에서 형성되는 가족의식을 심어 가는 순서가 된다. 이와 같이 유대인은 식탁을 인간형성의 장소로서 중시하고 있는 것이다.


9) 아이의 편식을 방치해 두면 가족과의 일체감을 잃는다

① 이 레스토랑에는 이 메뉴밖에 없다.

유대의 어머니들은 '먹어라' 하고 집요하게 타이르듯 말할 뿐이다. 그것이 부모로서의 책임을 완수하는 길이기 때문이다. 아무리 권해도 먹지 않을 때는 "이 음식점에는 이 메뉴밖에 없으니 싫으면 딴 데 가서 먹어" 하고 선언하는 경우도 있다. 부모가 인내심을 가지고 "먹어라, 먹어라" 되풀이하면 대개의 경우 아이들은 먹게 되니까 편식 같은 것을 염려할 필요는 없다고 생각한다. 다만 아이들에게 나쁜 영향을 주는 자극성이 강한 음식은 '먹어라' 하고 강요하지 않는다.

② 어머니가 손수 만든 식사는 가족을 단결시킨다.

유대인 가정에서는 어머니가 만든 정성스런 식사야말로 가족의 마음을 맺어 주는 가장 뜻있는 식사라는 관념을 더욱 북돋아 주게 되어 있다. 그러므로 아이들이 성장하여 식사에 대한 진정한 의의를 알게 되면 이미 기호 식품을 말할 단계는 지나 있어야 하는 것이다.

10) 몸을 깨끗이 하는 것은 위생상, 외관상 목적 이상의 중요성을 갖는다

① 몸을 깨끗이 하면 마음도 깨끗해진다.

나는 가끔 이 이야기를 아이들에게 들려주는데, 그때는 "확실히 방을 청소하고 교회를 깨끗이 하는 것도 필요한 일임에 틀림없다. 그러나 먼저 네 몸을 깨끗하게 하라. 그것이 선행의 시작이다"라고 덧붙여 말해 준다.

② 청결은 과학적, 종교적으로도 의미 있는 행위이다.

건강에 관한 생활의 지혜가 고대 유대인에 의해 신앙으로까지 승화되었다고 말할 수 있을지도 모르겠다. 그렇게 됨으로써 현재에 이르기까지 그 습관이 생활 속에 계승된 것이리라. 이와 같이 우리들은 청결의 필요성을 자녀에게 가르치는 경우에도 손을 씻고 샤워를 하는 것이 질병을 예방하고 외관상 남에게 불쾌감을 주지 않기 위한 수단만이 아니라, 신앙과의 연관성을 설명하여 마음속까지 그 습관이 뿌리를 내리도록 행하고 있다. 이러한 의식적인 생활습관을 통하여 깨끗한 태도와 경건한 기분으로 사물을 접하고 관찰하는 마음가짐을 기를 수도 있다고 생각한다.

11) 용돈은 저축을 생활화하는 좋은 계기가 된다

① 돈을 쓰는 것보다 저축하는 것을 먼저 가르쳐라.

유대인의 어린이들에게는 돈을 가지고 물건을 사는 습관이 생활화되어 있지 않다. 일반적으로 용돈을 타면 저금하는 것으로 생각하며, 경우에 따라서는 어린이끼리의 교제에 사용하도록 습관화되어 있다. 친구들이 와서 아이스크림을 먹으려 해도 부모의 허락을 받은 다음에야 용돈을 쓰는 어린이가 많다.

② 돈을 사용할 때는 마음이 합치하지 않으면 안 된다.

유대인이 돈의 사용법에 신경을 쓰는 이유는 흔히들 말하는 이른바 수전노(守錢奴)이기 때문이 아니고 돈에 대한 중요성과 무서움을 체험에 의해 알고 있기 때문이다.

'돈을 벌기는 쉬워도 쓰기가 어렵다'는 유대의 격언이 있는데 아이들은 우선 '저축한다'는 마음가짐으로부터 신중한 사용법을 배우고 있는 것이다.

12) 항아리를 볼 때는 겉만 보지 말고 내용을 보라

① 어디까지나 인간의 외면보다 내면에 충실한다.

인간은 외부의 장식에 지나치게 집착하면 아무래도 내면을 닦는 데 등한하기 쉽다. 또 내면이 빈 사람일수록 외면을 가장하여 속이 찬 것처럼 보이려 한다. 이와 같은 진리는 동서고금을 막론하고 변할 수 없는 말이다.

② 외면을 경멸하는 것만큼 내면의 충실을 기한다.

유대인은 경멸하는 것만큼 은이 진짜 무게를 자랑하듯 내면의 충실에 전력을 기울인다. 별로 좋은 예가 될지 모르나 동양 사람들의 명함을 보면 어마어마하게 직함이 나열되어 있다. 우리 유대인의 경우라면 그들 직함을 모두 떼어 버려도 다른 사람으로부터 인정받을 만한 실력을 기르고자 생각하는 것이다. 아이들에게는 어려서부터 소박하게 그러나 단정하게 차려 입되 눈에 벗어나는 행동을 하지 않도록 교육하는 것도 그 때문이다.


13) 집안에서도 내 것, 네 것의 소유권을 엄격히 구별토록 가르쳐라

① 가정에서의 소유권 구별이 공공심을 기른다.

우리들의 육아에서 '소유권'에 대한 문제는 매우 중요한 것이다. 가정에서 '소유권'이라고 하는 것이 좀 과장된 것 같지만 집안에서도 무엇이 누구의 것인가를 분명하게 인식시켜, 타인의 것이면 가족끼리라도 손을 대지 않도록 가르치는 것이다. 이 경우 물건의 소속에는 나의 것(MINE), 너의 것(YOURS), 우리들의 것(OURS)의 세 가지 분류가 있다.

② 어린애니까 하는 수 없다는 태도는 절대 금물이다.

어린애니까 어쩔 수 없다는 태도는 유대인 어머니들은 절대 취하지 않는다. 진정으로 아이의 인격이나 인권을 존중한다면 아이들을 특별 취급하는 일은 절대 있을 수 없는 것으로 생각되기 때문이다.

14) 노인에게 공경심을 갖게 하는 것이 아이에게 주는 유산의 하나이다

① 노인은 전통의 전달자이다.

유대의 노인들은 전통의 메신저(전달자)인 까닭에 결코 무시당하는 일이 없다. 오랜 경험과 지혜를 다음 세대에 전하고 가르치는 것을 항상 염두에 두고 있는 것이다.

또 젊은이들은 노인의 이야기를 귀담아듣고 유태 5천 년의 역사를 배우고 생활 방법을 취하려고 노력한다. 히브리어에는 한국어와 같은 경어는 없지만 노인에 대해서는 '공손한 태도'로 이야기하는 것이 존경의 표시로 되어 있다. 노인에게 난폭한 말씨를 쓰는 사람은 유대의 전통을 경멸하는 자로서 경멸을 당할 뿐이다.

② 노인의 육체가 아니라 정신에 주목하게 한다.

노인이란, '육체'로서의 노인이 아니고 경험과 지혜가 풍부한 '정신'에 중점을 두는 사고방식이 확실하면, 노인을 대하는 태도가 자연 달라질 것으로 나는 생각한다. 노인은 연민의 대상도 버림받아야 할 사람도 아니며 우리들이 살아가는 데 필요한 지혜와 충고를 주는 사람인 것이다. 그렇기 때문에 분명히 존경을 받는 것이다.


15) 부모로부터 받은 것을 자식에게 똑같이 줌으로써 빚진 것을 갚아라

① 부모는 베푸는 자요, 자식은 얻는 자이다.

유대인 가정에서의 부모자식 관계는 기브 앤 테이크가 아니다. 즉 부모가 이렇게 해 주었으니 자식은 그 보답으로 부모에게 이렇게 해 주지 않으면 안 된다는 식의 관계가 아니라는 이야기이다. 부모는 철저히 주는 자이고 자식은 받는 자라는 것이 우리 유대인의 오랜 전통이다.

"아이들에게 아무것도 돌려받을 생각이 없다. 만약 나에게 갚고 싶다는 생각이 있으면 너희들 자식에게 그와 똑같은 것을 해 주어라. 그것이 나에게는 가장 좋은 일이다."

16) 남한테 받은 박해는 잊지 말되 관대하라고 가르친다

① 복수는 하나님만이 가능하다.

복수와 증오, 이 두 가지는 우리들이 자녀에게 절대로 가르쳐서는 안 될 가증스러운 말이다. 잘 알다시피 유대인의 역사는 '박해의 역사'라고 해도 과언이 아닐 정도로 수많은 박해를 받아 왔다. 그러나 이러한 박해에 대하여 증오에 찬 말로 편찬된 유대의 문헌은 찾아볼 수 없다. 또 복수는 하나님만이 할 수 있다는 것이 우리의 사고방식이다.

② 안네의 일기는 우리들 개인적 역사이기도 하다.

안네는 그 얼마 후 강제수용소 안에서 죽게 된다. 이것은 우리들에게 있어 단순한 비극이 아니라 유대의 개인적 역사인 것이다. 나 자신도 앞에서 말한 것처럼 아버지 편 친척은 거의 잃었다. 전 미 국방장관 헨리 키신저는 소년 시절을 독일에서 보냈는데, 그의 아버지는 나치에 의해 교직에서 쫓겨나 유대인 학교에 들어갔으며 그가 14살이 될 때까지 14명의 친족이 나치의 학살에 희생되었다.

이 사실을 '결코 잊지 마라'고 아이들에게 되풀이한다. 그러나 동시에 "또다시 되풀이되지 않을 것을 기대하자. 역사는 좋은 방향으로 흘러가는 것이니까"라고 말해 주는 것도 잊지 않는다.

[의(意) 교육서비스 진단표]

| NO | 교육서비스주제 | ○ | △ | × |
|---|---|---|---|---|
| 1 | 자녀를 꾸짖을 때의 기준은 선악에 두어야 한다. | | | |
| 2 | 자녀에 대한 가혹한 벌은 부모의 침묵이다. | | | |
| 3 | 위협을 주어서는 안 된다. 벌할 테면 벌주고 용서할 테면 용서하라. | | | |
| 4 | 부모가 매질을 늦추면 그만큼 자녀들의 버릇이 나빠진다. | | | |
| 5 | 특정한 일은 특정시간 안에 해결하는 습관을 길러 준다. | | | |
| 6 | 식사시간은 좋은 교육 기회다. | | | |
| 7 | 자녀가 어릴 때 외식(外食)에 함께 동반하지 마라. | | | |
| 8 | 한 살이 될 때까지는 부모와 함께 식탁에 앉히지 않는다. | | | |
| 9 | 아이의 편식을 방치해 두면 가족과의 일체감을 잃는다. | | | |
| 10 | 몸을 깨끗이 하는 것은 위생상, 외관상 목적 이상의 중요성을 갖는다. | | | |
| 11 | 용돈은 저축을 생활화하는 좋은 계기가 된다. | | | |
| 12 | 항아리를 볼 때는 겉만 보지 말고 내용을 보라. | | | |
| 13 | 집안에서도 내 것, 네 것의 소유권을 엄격히 구별토록 가르쳐라. | | | |
| 14 | 노인에게 공경심을 갖게 하는 것이 아이에게 주는 유산의 하나이다. | | | |
| 15 | 부모로부터 받은 것을 자식에게 똑같이 줌으로써 빚진 것을 갚아라. | | | |
| 16 | 남한테 받은 박해는 잊지 말되 관대하라고 가르친다. | | | |
| 소계 | | | | |

[인격지수 진단표]

| 인격<br>서비스 | 설문<br>수량 | 실천<br>수량 ○ | 실천<br>못 함 × | 내용<br>문제 △ | 비고 |
|---|---|---|---|---|---|
| 지 | 17 | | | | |
| 정 | 19 | | | | |
| 의 | 16 | | | | |
| 합계 | 52 | | | | |

문항설명
1. 설문대상자: 영유아를 가진 부모, 보육교사, 유치원교사를 대상으로 실시한다.
2. 인격서비스: 인격의 3요소인 지정의(知情意) 서비스를 말한다.
3. 설문수량: 인격의 3요소별로 구분하여 각기 주어진 설문수량을 말한다.
4. 실천수량: 영유아 교육 시 실천하고 있는 설문을 말한다.
5. 실천 못 함: 영유아 교육 시 실천하지 못하고 있는 설문을 말한다.
6. 내용문제: 유대인 문화나 풍습 그리고 성서를 이해 못 하는 설문을 말한다.

[인격지수 진단 대응방법]

| 등급 | 실천수량 | 평가 | 대응방법 |
|---|---|---|---|
| 1 | 40개 이상 | 탁월멘토 | 탁월한 멘토로서 수기(手記)나 도서를 발간하여 타인의 모델로서 역할, 그리고 강사 역할도 할 수 있도록 한다. 자체적으로는 잠재 멘토나 문제 멘토와 일정기간 멘토링 관계를 갖고 도움을 줄 수 있도록 한다. |
| 2 | 35 | 우수멘토 | 우수멘토로서 먼저 잠재멘토나 보통멘토와 일정기간 멘토링 관계를 맺고 도움을 주며 전문서적이나 모범교육기관 등을 방문하여 부족한 분야를 보완하도록 한다. |
| 3 | 30 | 보통멘토 | 탁월멘토나 우수멘토와 멘토링 관계를 갖고 일정기간 동안 부족한 설문 분야를 보완토록 한다. |
| 4 | 25 | 잠재멘토 | 잠재역량 기회를 가질 수 있도록 탁월이나 우수멘토와 일정기간 멘토링 활동을 수행하여 부족한 설문 분야를 보완하도록 한다. |
| 5 | 20개 이하 | 문제멘토 | 문제를 보완하기 위하여 먼저 관리자나 모니터와 상담을 하고 별도로 도움을 받아 전문적인 영유아 육성방법을 수강하면서 모범적인 영유아 원이나 유치원 등을 탐방하여 부족 설문을 해결하도록 한다. |

# 3-2. 청소년 진단

## 참고도서: 5차원 전인교육방법(원동연 저)

많은 사람들이 지도력이란 남을 잘 다루는 능력이라고 생각한다. 하지만 진정한 **멘토는** 자신의 역량(Competency)을 최대로 발휘하여 멘제가 맡긴 일을 바르게 잘 처리할 수 있게 해 줄 수 있는 사람이라고 하겠다.

그래서 **청소년 인격개발 진단**은 멘토가 **멘제**를 1:1로 개발하고 차세대 리더로 세우는 처음 단계이다. 특히 청소년 **멘제**의 오늘날 인격의 가치를 찾고 그것이 토대가 되어 미래의 인격과, 인간의 참모습의 가치를 찾아가는 상호 아름다운 여행의 첫 발걸음이 되는 것이다.

[인격개발 가치요소]

| 인격 | 주제 | |
|---|---|---|
| 지(知) | 지식가치 | Hightech |
| 정(情) | 마음가치 | Hightouch |
| | 건강가치 | Highhealth |
| | 관계가치 | Highrelation |
| 의(意) | 관리가치 | Highcontrol |

# 1. 인격개발 가치 찾기 5

멘토링코리아에서는 멘토링 활동에 참여하는 청소년들에게 자기를 찾기 위한
방법으로 다음의 다섯 가지 인격의 가치 요소를 설정하고 스스로 개발하려고 노
력할 수 있도록 권장한다.

## 1) 마음(High Touch)가치

긍정적이며 적극적인 사고를 하며, 구체적 대안(代案)을 가지고 담대한 행동을
한다. 이를 통해 신뢰를 얻고 존경을 받으며 다른 사람들의 사기 저하를 막고 두
려움과 좌절감에서 벗어나며, 그들로 하여금 최대의 능력을 발휘할 수 있게 하는
것이다.

## 2) 건강(High Health)가치

건강이란 단순히 신체적인 건강뿐만 뜻하는 것이 아니라 맑은 마음을 유지함
으로써 정신적으로도 건강을 인정받을 수 있는 사람을 말한다.

## 3) 지식(High Tech)가치

슬기롭게 되기 위해서는 (1) 정보를 신속하고 정확하게 처리할 수 있는 능력을
가져야 한다. 정보를 책상에서가 아니라 일이 벌어지는 현장에서 신속하고 정확
하게 받아들이며, 어떤 위기와 혼란의 상황에서도 이를 해결하기 위한 바른 판단
력과 결단력을 지니는 것을 말한다. 또한 (2) 날마다 부딪히는 일을 처리하면서
한 부분만이 아니라 먼저 전체를 본 후 부분을 볼 수 있는 능력을 지닌 사람이다.
어떤 상황에서도 전체적인 상황을 잘 알고 그 변화를 민감하게 살피면서 기회를
포착하는 것이다. (3) 외국어를 깊이 있게 이해함으로써 폭넓은 지식을 가진다. (4)
추상적인 상태를 구체화함으로써 제대로 행동할 수 있는 힘을 가진 사람이다. (5)
그리고 자연에 대한 깊이 있는 이해를 통해 자연의 법칙을 알고 적절히 자연의
힘을 활용할 줄 안다. 특히 약점을 극복하는 전략을 세울 수 있다. 자신의 약점이

무엇인지를 항상 파악하기 위해 노력함으로써 현 상황에 대한 적응 능력을 극대화한다. 또한 부딪히는 문제(전문분야)에 대한 약점을 파악하고 이에 대처할 수 있는 능력과 이를 주관하고 객관화할 수 있는 능력을 가진다. 아울러 주어진 각 문제들의 유기체적 관계를 이해할 수 있는 전문적 능력을 갖춘 사람이다.

### 4) 자기관리(Highcontrol)가치

자기 앞에 여러 가지 일이 놓였을 때 우선순위를 결정하여 행동한다. 이를 통해 일의 행동에 옮길 적당한 시기, 즉 타이밍을 알며 결정적인 시기와 장소, 사람을 파악할 힘이 있다. 아울러 자신의 마음을 다스려 겸손한 마음을 유지하며 남의 말을 수용할 수 있는 너그러움(개방성)을 지닌 사람이다. 이런 열린 마음은 새로운 변화에 적응력을 높여 주며 바른 대응책을 얻게 해 준다. 따라서 융통성을 가지고 주어진 문제에 창조적으로 대처할 수 있다.

### 5) 인간관계(Highrelation)가치

더불어 살고자 하니 남을 자신과 동등한 인간으로 생각하며, 다른 사람의 입장에서 생각하므로 동질성을 갖게 하고 신뢰와 존경을 받으며, 그들과 더불어 더 큰 힘을 재창출하는 촉매제의 역할을 할 수 있다. 이러한 지도력을 통해 한 조직의 힘을 극대화할 수 있으며, 어떤 어려움 가운데에서도 이를 이겨 낼 수 있는 힘을 끌어낼 수 있는 사람이다.

자신의 재능을 최대한 발휘하여 주어진 일들을 바르게 잘 처리하는 인격개발 프로그램의 멘토들이 이웃을 위해 봉사하고, 사회를 더욱 아름답게 하는 데 기여하며, 21세기의 역사를 이끌어 가는 주역이 될 때 개인과 사회가 행복해질 수 있다.

그런데 우리의 상황은 지식 위주, 성적(석차) 위주의 교육으로 치닫고 있어서 이런 전면적인 교육을 할 수 있는 현실이 아니라고들 한다. 그렇다. 현실이 그렇다. 하지만 어떤 사회를 변화시키고 그 사회를 주도해 가는 사람들은 그 현실을 뛰어넘는 사람들이다. 그렇기 때문에 우리 자신이 실력을 가진 사람이 되도록 힘써야 하며, 주위에 이런 사람들을 멘제로 선별해서 길러야 하는 것이다.

## 2. 인격개발의 멘토상(像)

   1:1 멘토링은 단순한 지적 학습과정이 아니다. 사람을 바꾸자는 것이다. 그것은 우리의 교육 대상—그들이 학생이건, 청소년이건, 경영인이건, 학자건, 주부이건, 직장인이건—을 어떤 위치로 한정하여 해석하는 것을 그만두는 것이다. 왜 그런가 하면, 어떤 존재이기 이전에 그는 인간이기 때문이다.

   우선적으로 마음의 힘을 기르기 위해 좋은 내용의 글을 읽고, 느낀 점을 적고, 내가 적용하고 실천해야 할 일들을 적는 시간을 갖는다. 청소년으로서, 혹은 학생으로서 먼저 자기 마음의 힘을 기를 수 있는 데 시간을 쓸 수 있는 사람이야말로 자신의 달란트를 최대로 발휘할 수 있는 근본적인 힘을 지닌 사람이라고 할 수 있다.

   두 번째는 아무리 바쁘고 힘든 일이 있더라도 건강한 몸을 지키기 위해서 매일매일 건강법을 실천하고 그 몸을 성결하게 지킬 수 있어야 한다.

   세 번째는 지적인 능력을 극대화하기 위해 지혜 위주의 활동을 하기 위해서 노력하는 사람, 그것을 통해서 진리를 추구할 수 있는 자를 말한다.

   네 번째는 자기관리 능력을 갖기 위해서 생애 전체로부터 하루 단위의 시간에 이르기까지 중요한 일을 우선순위로 하여 자기의 시간을 잘 관리할 수 있는 사람이다.

   다섯 번째, 성숙한 인간관계를 위해 먼저 자신을 성찰하고, 이웃들을 사랑의 관점으로 비리보며, 그들을 인간으로 해서고, 달란트를 최대한 발휘할 수 있도록 장점만을 칭찬해 주는 그런 사람이다.

   결국 멘토는 멘제와 함께 멘제의 재능(Talent)을 최대한 발휘함으로써 인격을 도야하고 진리를 탐구하는 데 깨어 있고 이웃을 사랑하고 위로할 수 있는 사람으로, 이러한 인간이라야 21세기의 진정한 차세대 멘토상(像)이라고 할 수 있겠다.

## 3. 인격개발의 목적

### 1) 인격개발 프로그램의 목적

(1) 자기가치를 측정하여 인재개발지수(PDI)를 파악하고

(2) 강점과 약점을 멘토링 소재로 삼아 그 지수를 업그레이드하여

(3) 멘제를 "21세기 차세대 리더 멘토"로 재생산하는 일이다.

### 2) 인격개발 프로그램의 명칭어원

한 사람의 인격의 가치를 5가지 주제로 선정하여 체크하고 별(Star)의 5가지 각(角)에 표시할 수 있도록 한 차트를 말한다. 한 사람을 탑 스타(Top Star)로 개발한다는 상징적인 의미도 담았다.

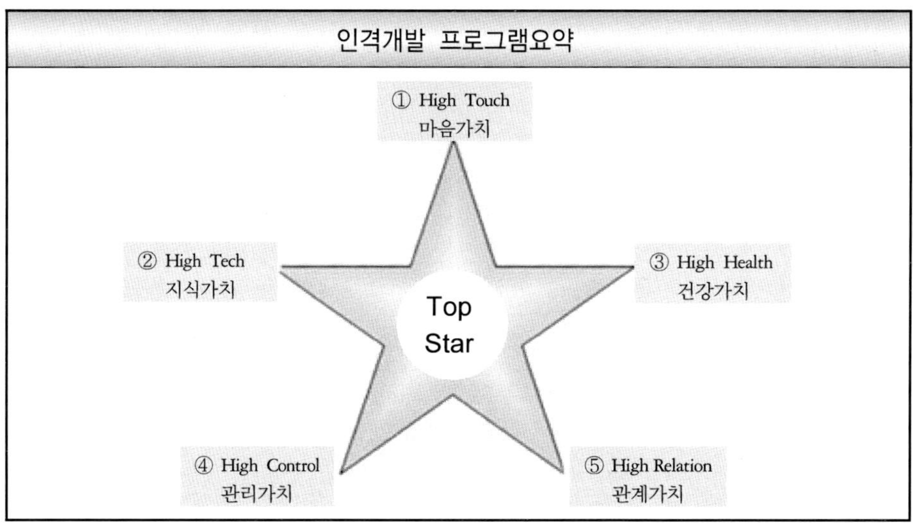


## 4. 인격개발 프로그램 지수(PDI)

* PDI − Person Development Index

멘토링에서 사람개발은 "한 사람인 멘토(Mentor)가 한 사람인 멘제(Menger)에게

자신을 모델(Model)로 한 전인적(全人的)인 삶을 전이(轉移)하는 것"이다.

다시 전인적인 삶을 세분화(細分化)한다면 마음부분(High Touch), 건강부분(High Health), 지적부분(High Tech), 자기관리부분(High Selfcontrol), 이웃관계부분(High Relation)으로 나누었고 각 부분마다 10가지 설문(10설문×2점 만점＝20점)을 선정하여 자기 측정 방식으로 개발 기법(Tool)을 채택한 것이다.

여기에서 개인의 인재개발지수(PDI)는 5가지 부분마다 만점 20점을 지수로 하여 실제 자기 측정하여 얻은 점수를 역시 실제 지수로 활용토록 했다.

인재개발지수의 측정목적은 측정한 자료를 멘토와 멘제가 멘토링 활동하는 동안에 강점과 약점을 분명히 알 수 있으므로 그에 대한 충분한 대응책을 마련하여 5가지 부분의 지수를 업그레이드할 수 있는 것이다.

결국 멘토링에서 Mentor는 Menger 한 사람을 위해 100% 역량을 발휘하여 그의 개성과 재능(Talent)을 최대한 발휘할 수 있도록 하여야 한다. 더욱 구체적으로 5가지, 즉 마음지수, 건강지수, 지식지수, 자기관리지수, 이웃관계지수 등 그의 인간개발지수(PDI)를 업그레이드해 줄 수 있는 사람이어야 한다.

[인격개발 프로그램 지수 목표]

| 지수 목표/지수 분야 | | 지수별 착안점 | | 인간개발지수 |
|---|---|---|---|---|
| ① Hightouch(마음지수) | | 포용력, 정서력, 봉사헌신력 | | 만점 20점 |
| ② Hightech(지식지수) | | 지식력, 기술력, 정보력 | | 만점 20점 |
| ③ Highhealth(건강지수) | | 정신과 신체의 건강력 | | 만접 20점 |
| ④ Highcontrol(관리지수) | | 의지, 절제, 판단, 분별력 | | 만점 20점 |
| ⑤ Highrelation(관계지수) | | 조직원 간, 가족 간, 사회활동 | | 만점 20점 |
| | | | | 합 100점 승( ) |
| 수 81~100 | 우 61~80 | 미 41~60 | 양 21 40 | 가 0~20 |
| | | | | |

## 5. 인격개발 프로그램 측정표

□ 개인의 인재개발지수란? "내가 Star(고품격의 인재)로 얼마만큼 개발되었는가"를 아래 5가지 부분으로 자기(自己) 측정하는 것이다.

□ 절대평가이기 때문에 설문에는 어느 것이 맞고 틀리다고 할 필요가 없다.

자기의 삶의 현장에서 습관과 행동을 그대로 표시하면 된다.

□ 이 평가지는 남들과 비교하기 위한 것이 아니라 멘토와 멘제가 단지 멘토링 활동에서 인재개발지수를 업그레이드하여 상호 간 개인발전을 하기 위한 참고 자료다.

□ 다음의 각 설문이 당신의 경우에 얼마나 해당되는지 아래 점수를 기록하되 설문 한 개당 2점 만점으로 한다.

| 수 | 우 | 미 | 양 | 가 |
|---|---|---|---|---|
| 2 | 1.5 | 1 | 0.5 | 0 |

| 번호 | 넉넉한 마음(Hightouch) | 점수 |
|---|---|---|
| 1 | 나는 내 인생의 뚜렷한 목표를 가지고 있다. | |
| 2 | 나는 어려운 사람이나 약한 사람들을 돕는 프로그램을 가지고 있다. | |
| 3 | 나는 다른 사람과 다툼이 있을 때 먼저 화해를 청한다. | |
| 4 | 나는 아름다운 음악을 들으며 그 느낌을 머릿속에 상상해 보곤 한다. | |
| 5 | 내가 해야 할 일은 힘들고 하기 싫더라도 분명히 해낸다. | |
| 6 | 다른 사람이 나를 비판할 때 화가 나지 않으며 그 원인을 찾아본다. | |
| 7 | 나는 공부 외에도 악기나, 그림과 같은 특기나 취미를 한 가지 이상 가지고 있다. | |
| 8 | 나는 잘못이나 실수를 했을 때 그것을 솔직히 인정하고 즉시 사과와 용서를 구한다. | |
| 9 | 다른 사람이 훌륭한 일이나 좋은 성과(성적)를 거두었을 때 진심으로 축하해 준다. | |
| 10 | 할아버지나 할머니가 버스에 타시는 것을 보았을 때 즉시 자리를 양보해 준다. | |
| | 소 계 | |

| 번호 | 톡 튀는 지식(Hightouch) | 점수 |
|---|---|---|
| 1 | 배운 것은 될 수 있으면 다시 전체를 정리해 본다. | |
| 2 | 책을 읽을 때 중요한 곳 어려운 곳에는 줄을 긋거나 기타 표시를 하여 책을 읽는다. | |
| 3 | 책을 읽을 때 한 번 읽어도 책의 전체 내용을 잘 알 수 있다. | |
| 4 | 어떤 책을 읽을 때 저자가 이야기하고자 하는 내용을 이해할 수 있다. | |
| 5 | 공부하기 전에 항상 배울 부분을 미리 검토해서 잘 모르는 부분을 찾아낸다. | |
| 6 | 좋은 공부 방법을 배워 삶과 공부에 적용하고 있다. | |
| 7 | 공부할 때 어려운 부분이 나오면 많은 시간이 걸려서라도 꼭 해결하고 지나간다. | |
| 8 | 시험 치기 전에는 이전에 공부하다가 틀린 부분을 다시 한 번 본다. | |
| 9 | 나의 컴퓨터나 인터넷 기술은 남들보다 많이 앞서 있다. | |
| 10 | 외국인을 만나도 별다른 어려움 없이 나의 의사를 전할 수 있다. | |
| | 소 계 | |

| 번호 | 튼튼한 건강(Highhealth) | 점수 |
| --- | --- | --- |
| 1 | 나는 항상 자세가 바르다고(허리를 곧게 편 상태) 생각한다. | |
| 2 | 나는 나 자신의 정신적 건강을 위해 좋은 책이나 그림을 보거나 음악을 듣기도 한다. | |
| 3 | 나는 건강을 위해 스스로 정기적으로 취침과 기상을 하고 있다. | |
| 4 | 나는 몸소 자신의 건강관리를 책임 있게 잘함으로써 건강 보험카드를 거의 사용하지 않는다. | |
| 5 | 나는 튼튼한 내장을 가지고 있어 변비 등과 같은 질환이 없다. | |
| 6 | 나는 일주일에 1번 이상 운동을 한다. | |
| 7 | 나는 친구들을 배려하면서 항상 긍정적인 생각을 한다. | |
| 8 | 나는 매우 깊이 잠들어 짧은 시간에 피로를 풀 수 있다. | |
| 9 | 나는 몸을 순결하고 깨끗하게 지키는 것이 옳다고 믿으며 금연, 금주를 몸소 실천한다. | |
| 10 | 나는 건강 음식을 고를 수 있는 상식을 갖고 있다. | |
| | 소 계 | |

| 번호 | 절제의 자기관리(Highcontrol) | 점수 |
| --- | --- | --- |
| 1 | 나는 하루를 시작하기 전 무슨 일부터 해야 할지 정리해 본다. | |
| 2 | 나는 중요한 일고 빨리 처리해야 할 일들을 잘 나누어서 효과적으로 실천할 수 있다. | |
| 3 | 나는 나에게 닥친 중요한 일을 미루지 않고 그때그때 꼭 마무리한다. | |
| 4 | 나는 남의 이야기를 잘 듣고 이해하며 겸손히 받아들인다. | |
| 5 | 나는 내 하루를 잘 살펴본 후 조각난 시간들을 찾아내어 활용한다. | |
| 6 | 나는 월간 계획표를 짜 보고 그것을 실천해 본 적이 있다. | |
| 7 | 나는 항상 중요한 일과 급하게 처리할 일을 잘 구분해 낼 수 있다. | |
| 8 | 나는 목표를 정하고 그 목표를 달성하기 위한 계획 세우기를 좋아한다. | |
| 9 | 나는 수입(혹은 용돈)의 범위에서 지출을 하고 있다. | |
| 10 | 나는 혈기, 식욕, 성욕 등 본능을 억제할 수 있다. | |
| | 소 계 | |

| 번호 | 좋은 인간관계(Highrelation) | 점수 |
| --- | --- | --- |
| 1 | 나는 행복한 가정에서 살고 있다고 느낀다. | |
| 2 | 나는 학교에 손경하고 본받고 싶은 신생님이 있다. | |
| 3 | 나는 나를 정말 잘 이해하는 친구가 있으며, 다른 사람의 이야기를 잘 듣는 편이다. | |
| 4 | 누가 나를 싫어한다는 것을 알았을 때 그것이 별로 신경 쓰이지 않는다. | |
| 5 | 나는 다른 사람들과 이야기를 할 때 사람들이 말을 중단시키고 끼어드는 일을 하지 않는다. | |
| 6 | 나는 도움이 필요할 때에 남에게 도움을 청하는 것을 주저하지 않는다. | |
| 7 | 나는 나의 가족들과 마음을 터놓고 이야기한다. | |
| 8 | 다른 사람이 나를 도와주는 것보다 내가 다른 사람을 도와주는 경우가 더 많다. | |
| 9 | 나는 당장 나에게 유익이 없는 사람이라도 그 사람과의 관계(인간관계)를 매우 중요하게 생각한다. | |
| 10 | 나는 모든 사람들과 협력하여 서로에게 신뢰를 주는 관계를 유지해 나가고 있다. | |
| | 소 계 | |

## 6. 인재개발 Chart

Star Game 측정 표에서 5가지 주제별로 각 지수(점수)를 먼저 확인하고서 다음 단계로 들어간다. 아래 별을 보면 각 꼭지별로 10칸씩 나눠 있음을 발견할 것이다. 그러면 각 지수별의 만점은 한 꼭지당 20점이므로 한 칸에 2점씩 배점하여 실득점수를 가지고 큰 별 속에서 작은 별(실제 득점지수)을 그리면 멘토와 멘제의 별(Star)이 시각화(視覺化)된다.

□ 멘토:

□ 멘제:

□ 작성일자:

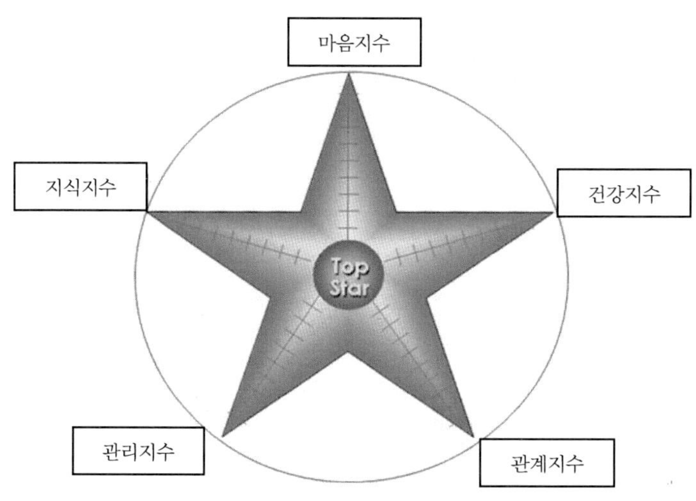


## 3-3. 어른용 진단: Star Game

**참고도서: 인간 그리고 멘토링(류재석 저)**

멘토링 프로그램의 콘텐츠(Contents)는 인격이다. 최초의 멘토가 텔레마코스 왕자를 20년 동안 교재로 수학(知), 철학(情), 논리학(意)을 사용한 데서 기인하며 오늘날 인격을 상징한다. 그러므로 멘토의 존재 이유는 전인적인 삶의 조언자 역할을 하기 위함이다.

**Star Game**은 인격을 5가지 주제로 구분하여 멘토/멘제 상호 간 점검하여 삶을 개선함으로써 인격 지수를 높이고자 하는 프로그램이다. 3개월 단위로 체크하여 멘토/멘제 역량 평가 자료로 활용함이 효과적이다.

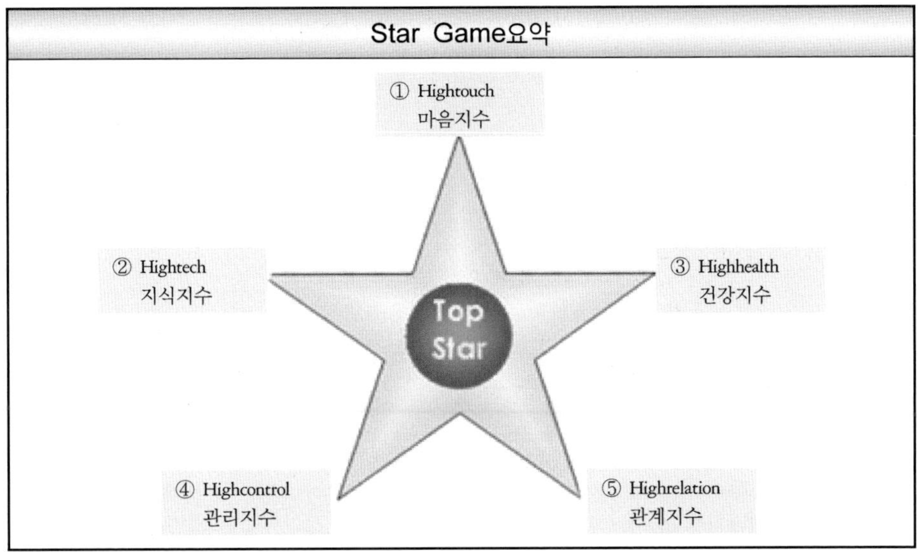


## 1. Star Game 요약

One to One 멘토링은 단순한 지적 학습과정이 아니다. 사람을 개발하자는 것이다. 그것은 우리의 교육 대상—그들이 교육자이건, 경영인이건, 학자건, 주부이건, 직장인이건, 학생이건—을 어떤 위치로 한정하여 해석하는 것을 그만두는 것이다. 왜 그런가 하면, 어떤 존재이기 이전에 그는 인간이기 때문이다.

멘토링에서 사람 개발은 "한 사람인 멘토(Mentor)가 한 사람인 멘제(Menger)에게 자신을 모델(Model)로 한 전인적(全人的)인 삶을 전이(轉移)하는 것"이다.

다시 전인적인 삶을 세분화(細分化)한다면 마음부분(Hightouch), 건강부분(Highhealth), 지적부분(Hightech), 자기관리부분(Highselfcontrol), 이웃관계부분(Highrelation)으로 나누었고 각 부분마다 10가지 설문(10설문x2점 만점=20점)을 선정하여 자기 측정 방식으로 개발 기법(Tool)을 채택한 것이다.

여기에서 개인의 인재개발지수(PDI)는 5가지 부분마다 만점 20점을 지수로 하여 실제 자기 측정하여 얻은 점수를 역시 실제 지수로 활용토록 했다.

인재개발지수의 측정목적은 측정한 자료를 멘토와 멘제가 멘토링 활동하는 동안에 강점과 약점을 분명히 알 수 있으므로 그에 대한 충분한 대응책을 마련하여 5가지 부분의 지수를 업그레이드할 수 있는 것이다.

결국 멘토링에서 Mentor는 Menger 한 사람을 위해 100% 역량을 발휘하여 그의 개성과 재능(Talent)을 최대한 발휘할 수 있도록 하여야 한다. 더욱 구체적으로 5가지, 즉 마음지수, 건강지수, 지식지수, 자기관리지수, 이웃관계지수 등 그의 인간개발지수(PDI)를 업그레이드해 줄 수 있는 사람이어야 한다.

| Star Game 5가지 분야별 지수 목표 | | |
|---|---|---|
| 지수 목표/지수 분야 | 지수별 착안점 | 인간개발지수 |
| ① Hightouch(마음지수) | 포용력, 정서력, 봉사헌신력 | 만점 20점 |
| ② Hightech(지식지수) | 지식력, 기술력, 정보력 | 만점 20점 |
| ③ Highhealth(건강지수) | 정신과 신체의 건강력 | 만점 20점 |
| ④ Highcontrol(관리지수) | 의지, 절제, 판단, 분별력 | 만점 20점 |
| ⑤ Highrelation(관계지수) | 조직원 간, 가족 간, 사회활동 | 만점 20점 |
| | | 합 100점 중(  ) |

| 탁월 81~100 | 우수 61~80 | 보통 41~60 | 잠재 21~40 | 문제 0~20 |
|---|---|---|---|---|
| | | | | |

## 2. Star Game 측정표

☐ 개인의 인재개발지수란? "내가 Star(고품격의 인재)로 얼마만큼 개발되었는가"를 아래 5가지 부분으로 자기(自己) 측정하는 것이다.

☐ 절대평가이기 때문에 설문에는 어느 것이 맞고 틀리다고 할 필요가 없다. 자기의 삶의 현장에서 습관과 행동을 그대로 표시하면 된다.

☐ 이 평가지는 남들과 비교하기 위한 것이 아니라 멘토와 멘제가 단지 멘토링

활동에서 인재개발지수를 업그레이드하여 상호 간 개인발전을 하기 위한 참고 자료다.

□ 다음의 각 설문이 당신의 경우에 얼마나 해당되는지 아래 점수를 기록하되 설문 한 개당 2점 만점으로 한다.

| 탁월 | 우수 | 보통 | 잠재 | 문제 |
| --- | --- | --- | --- | --- |
| 2 | 1.5 | 1 | 0.5 | 0 |

| 번호 | High Touch(마음지수) | 점수 |
| --- | --- | --- |
| 1 | 나는 타인을 위해 가능한 한 넓게 포용력을 발휘하는 편이다. | |
| 4 | 나는 아름다운 음악을 들으며 그 느낌을 머릿속에 상상해 보곤 한다. | |
| 5 | 내가 해야 할 일은 힘들고 하기 싫더라도 분명히 해낸다. | |
| 7 | 나는 업무나 학습 외에도 악기나, 그림과 같은 특기나 취미를 한 가지 이상 가지고 있다. | |
| 8 | 나는 타인을 책망하기보다는 칭찬을 더 많이 해 주는 편이다. | |
| 9 | 다른 사람이 훌륭한 일이나 좋은 성과(성적)를 거두었을 때 진심으로 축하해 준다. | |
| 10 | 나는 교양서적과 명상에 관한 글을 자주 읽는 편이다. | |
| | 소 계 | |

| 번호 | High Tech(지식지수) | 점수 |
| --- | --- | --- |
| 1 | 내가 소지한 자격증을 활용하고 있는가? | |
| 2 | 내가 소지한 지적 재산권(특허권포함)을 활용하고 있는가? | |
| 3 | 내가 소지한 업무 노하우(Know How)를 활용하고 있는가? | |
| 4 | 내가 취득한 학위(학·석·박사 등)를 활용하고 있는가? | |
| 5 | 내가 취득한 정보를 활용하고 있는가? | |
| 6 | 내가 소지한 기술을 활용하고 있는가? | |
| 7 | 나의 IT(정보기술-컴퓨터 인터넷 등) 실력은? | |
| 8 | 내가 다루는 업무에서 전문서적을 활용하는 정도는? | |
| 9 | 나의 자기개발을 위한 장단기 계획은? | |
| 10 | 나의 외국인과 의사소통 수준은? | |
| | 소 계 | |

| 번호 | High Health(건강지수) | 점수 |
|---|---|---|
| 1 | 나는 정기적으로 건강을 위해 운동을 한다. | |
| 2 | 나는 정기적으로 건강 진단을 받는다. | |
| 3 | 나의 체중과 신체는 균형을 이루고 있다. | |
| 4 | 나의 기상시간과 취침시간은 일정하다. | |
| 5 | 나는 과로 등을 피하면서 정상적인 근무시간을 유지한다. | |
| 6 | 나는 의료보험증 사용 빈도가 많지 않다. | |
| 7 | 나는 건강에 무리하지 않게 휴식을 취한다. | |
| 8 | 나는 건강에 좋은 음식을 고를 수 있다. | |
| 9 | 나는 정신 수양을 위해 명상의 시간을 갖는다. | |
| 10 | 나는 직장이나 가정 등에서 스트레스를 받으면 바로 풀려고 노력한다. | |
| | 소 계 | |

| 번호 | High Self Control(관리지수) | 점수 |
|---|---|---|
| 1 | 나는 선(善)과 악(惡)을 판단할 수 있는 능력이 얼마인가? | |
| 2 | 나는 진리(眞理)와 허위(虛僞)를 판단할 수 있는 능력이 얼마인가? | |
| 3 | 나는 상(賞)과 벌(罰)을 판단할 수 있는 능력이 얼마인가? | |
| 4 | 나는 혈기(血氣)를 절제할 수 있는 능력이 얼마나 있는가? | |
| 5 | 나는 식욕(食慾)을 절제할 수 있는 능력이 얼마나 있는가? | |
| 6 | 나는 성욕(性慾)을 절제할 수 있는 능력이 얼마나 있는가? | |
| 7 | 나는 오락(娛樂)을 절제할 수 있는 능력이 얼마나 있는가? | |
| 8 | 나는 시간(時間)을 계획하고 그대로 지키고 있는가? | |
| 9 | 나는 나의 수입(收入)과 지출(支出)에 균형을 맞추고 있는가? | |
| 10 | 나는 나에 주어진 물자에 대하여 절감 의식이 어느 정도인가? | |
| | 소 계 | |

| 번호 | High Relation(관계지수) | 점수 |
|---|---|---|
| 1 | 나는 직장에서 선배와 인간관계가 좋은 편이다. | |
| 2 | 나는 직장에서 동료와 인간관계가 좋은 편이다. | |
| 3 | 나는 직장에서 후배와 인간관계가 좋은 편이다. | |
| 4 | 나는 가정에서 부모님과 인간관계가 좋은 편이다. | |
| 5 | 나는 가정에서 부부 또는(미혼인 경우) 형제자매와 인간관계가 좋은 편이다. | |
| 6 | 나는 가정에서 자녀 또는 (미혼경우) 친척들과 인간관계가 좋은 편이다. | |
| 7 | 나는 동창회에 참석하여 두터운 관계로 사귀고 있다. | |
| 8 | 나는 취미, 오락, 특기 등의 동호회에 참석하여 회원으로 활동한다. | |
| 9 | 나는 업무상, 교제상 등 학회나 전문인 모임에서 교제를 넓히고 있다. | |
| 10 | 나는 사회 건전단체나 봉사기관에 참석하고 있다. | |
| | 소 계 | |

## 3. Star Game Chart

**Star Game** 측정 표에서 5가지 주제별로 각 지수(점수)를 먼저 확인하고서 다음 단계로 들어간다. 아래 별을 보면 각 꼭지별로 10칸씩 나눠 있음을 발견할 것이다. 그러면 각 지수별의 만점은 한 꼭지당 20점이므로 한 칸에 2점씩 배점하여 실득점수를 가지고 큰 별 속에서 작은 별(실제 득점지수)을 그리면 멘토와 멘제의 별(Star)이 시각화(視覺化)된다.

☐ 멘토:

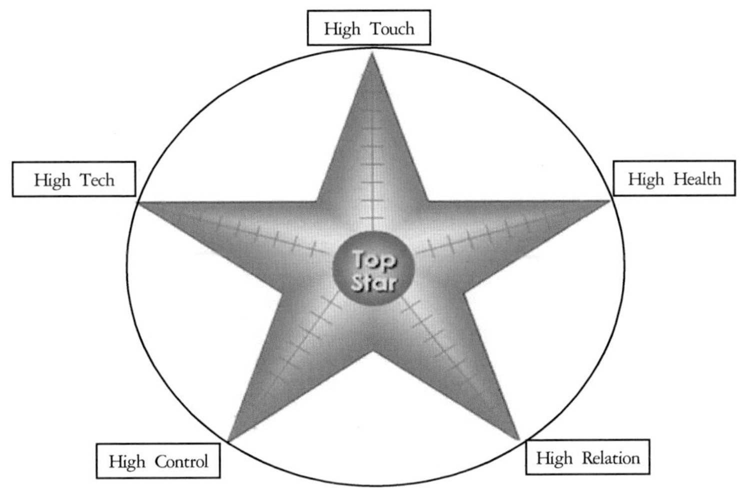


☐ 멘제:
☐ 작성일자:

## 4. Brain Game 적용방법

멘토링은 인간성을 위주로 활동한다는 선입견으로 멘토/멘제가 모여서 술잔을 나누고 신변잡기와 상급자의 험담을 이야기하는 것으로 오해하는 사람이 많다. 이는 어디까지나 체계적인 프로그램을 몰이해하는 데서 오는 오해일 뿐이다. 먼저 멘토/멘제가 개인의 목표, 즉 Star Game에서 5가지 주제를 업그레이드하기 위한 실천카드를 작성하여 멘토/멘제 실천계획서를 작성하는 것이고, 조직의 목표, 즉 금번 멘토링에서 채택된(예: 신입생 정착률 향상 등) 목표를 가지고 매니저, 모니터, 멘토들이 모여서 목표달성 방안을 가지고 토론하며 목표달성 방안을 제시하여 업무능력 향상을 위한 프로그램이다. 수시로 Braingame을 활용하여 멘토/멘제가 미팅할 때마다 미팅소재를 개발하고 각자의 삶을 개선함으로써 1) 조직의 분위기를 개선하고, 2) 구성원 간 인간관계가 원활해지며, 3) 자기 개발의 촉진기회가 될 수 있는 프로그램이다.

Brain Game(브레인게임)이란? Brain Storming과 멘토링 실천 카드작성 게임(Game)을 합친 합성어다.

이 장에서는 멘토링 활동 중에서 멘토와 멘토 혹은 멘토와 멘제가 팀을 이루어 먼저 인격개발 프로그램의 5가지 주제와 조직의 도입 목표 12가지 주제를 가지고 팀별로 모임을 갖고 각 주제별로 개선, 개발, 문제 해결 등의 아이디어를 모으게 된다.

그 후 개발된 아이디어 내역을 가지고 멘토와 멘제 각 쌍별로 앞으로 멘토링 기간 동안 실천할 수 있도록 육하원칙에 의한 실천 카드를 작성한다.

이 Brain Game의 효과는 개인이나 팀워크로 창의력이 크게 향상이 되며 조직의 문제해결이나 목표달성에 직접 참여함으로써 주인의식, 애사심이 강해지고 스스로 문제를 풀어 간다는 자부심을 가질 수 있다.

또한 업무 현장에서 멘토링 도입 목표(Projects)를 직접 다룸으로써 멘토링 평가 목표율이 향상되므로 결국은 학교의 학습능력 향상에 기여할 수 있다.


## 1) 개인개발 목표 주제 5가지 제시

멘토링에서 개인개발의 목표는 Star Game에서 주어진 5가지 주제를 업그레이드(Upgrade)하는 것이다. 즉 나의 '인재개발지수(PDI)'를 높이는 것이다. 이를 위해 우선 제2장에서 측정된 개인의 지수를 검토하고 약점부분을 우선적으로 보완할 수 있는 대안을 마련해야 한다. 예를 들자면 5가지 중에서 지식지수가 낮으면 그

부분을 중점적으로 멘토링 기간 동안 관심을 갖고 멘토 멘제가 공동으로 개선활동을 해야 한다는 것이다.

1 – High Touch(고품격 마음)
2 – High Tech(고품격 지식)
3 – High Health(고품격 건강)
4 – High Control(고품격 관리)
5 – High Relation(고품격 관계)

### 2) 조직개발 목표 12가지 제시

조직개발 멘토링 활동에서 가장 중요한 것은 "어떻게 도입목표를 설정할 것인가"이다. 막연한 가운데 멘토링을 진행한다는 것은 실패를 안고 시작하는 것과 다름이 없기 때문에 아래와 같이 조직에 도입 가능한 목표 주제 12가지를 선정해서 모델로 정했다. 그러나 각 조직의 형편에 따라 충분히 가감(加減)할 수 있다.

| No | 기업 부문 | 학교 부문 | 대학 부문 | 교회 부문 |
|---|---|---|---|---|
| 1 | 신입사원 정착 | 신입생 정착 | 입학재원 확보 | 새 신자 정착 향상 |
| 2 | 업무숙달 OJT | 신입교사 정착 | 신입생 정착 향상 | 교인 출석률 향상 |
| 3 | 경력개발 촉진 | 교사교작 숙달 | 직원 OJT멘토링 | 평신도 사역자 개발 |
| 4 | 지식기술 공유 | 학생 학습능력 | 자격증 취득과정 | Slump교인 치유 |
| 5 | 노사화합 촉진 | 왕따 방지 연결 | 외국어 실력 향상 | 청소년 활성화 |
| 6 | 핵신인재 개발 | 특기재능 개발 | 취미/오락생활 | 독서 인재 양성 |
| 7 | Sales Skill | 취미오락지도 | 학습능력 향상 | 성숙교인 개발 |
| 8 | 독서인재 개발 | 슬럼프생 치유 | 독서권장 인재개발 | 직분자 양성 |
| 9 | 생산품질 향상 | 학생생활 지도 | Slump직원학생 치유 | 지도자 양성 |
| 10 | 서비스 사원 | 영재천재 개발 | 취업률 향상 | 제자 훈련 |
| 11 | 여성인재 개발 | 학생진로 지도 | 노사화합 촉진 | 숭보기노 시원 |
| 12 | 협력업체 지원 | 교사자기 장학 | 교수지식 경영 | 여성교인 개발 |

### 3) Brain Game 진행요령

**Brain Game** 진행은 현행 분임조나 팀별로 토의를 진행하는 방식을 취하면 된다. 멘토링에서 다른 점은 팀이나 조의 명칭을 '**멘토링팀＝Team**'으로 통일한다는 것과 우선 성격 찾기 게임 결과에 따라 동일 성격자끼리 모여서 팀을 구성한다. 그 후 팀에서 일정 시간 내 개발한 아이디어를 전체로 취합하여 게시한다. 여기까지가 **Brain Storming**이다.

그 후 취합된 아이디어를 멘토와 멘제 한 쌍, 즉 멘토링 셀＝Cell이 멘토링 기간 동안 소재로 다루어야 할 아이디어를 채택하고 그다음에 멘토링 셀(Mentoring Cell)별로 아이디어에 육하원칙을 가미하여 '**실천카드 작성게임**' 양식을 만든다. 서류가 완비되면 멘토와 멘제는 상호 날인하여 한 장씩 갖고 작업을 종료한다.


☞ **멘토링 셀(Cell) – 멘토와 멘제의 최소 한 쌍**

　**멘토링 팀(Team) – Cell의 여러 모임 쌍**


| 단계순서 | 해야 할 일 |
| --- | --- |
| 1. Mt－Mg 연결 | 성격 및 행동유형 분석결과로 Mt－Mg를 동성으로 연결한다. |
| 2. 5팀 자리 | 인격개발 프로그램의 5주제별로 구분, 5팀으로 Mt－Mg 같은 쌍으로 자리한다. |
| 3. 팀별로 주제 분담 | 팀별로 개인주제 5개, 조직개발 목표 10개(P－1) 주제 중에서 분담한다. |
| 4. 촉진교육 | 각 주제별로 먼저 촉진설명 교육을 받는다. |
| 5. Brain Game | 일정시간을 정하여 팀별로 맡은 주제를 Brain Game(분임토의 방식)으로 실행 가능한 Idea를 개발한다. |
| 6. Idea 취합 | 각 팀장은 개발된 Idea를 별지양식 ①에 취합한다. |
| 7. Idea 발표 | 전체 진행관리자는 각 팀장으로부터 취합한 Idea를 전원에게 공개한다. |
| 8. Mt－Mg 선정 | Mt－Mg 각 쌍은 발표한 Idea 중에서 시행 가능한 것을 각 주제별로 Mt－Mg 각각 5개 내로 골라 양식 ②에 기록한다. |
| 9. Mt－Mg 사인 | Mt－Mg는 Mentoring 약정기간을 정하고 양식 ②에 약속 사인을 하고 1부씩 교환한다. |
| 10. 별표시 비교 | Mt－M는 약정기간 중 미팅 시 수시로 점검하고 약정기간 종료 시 몇 차례 Star Game을 시행하여 당조 Star(별) 성적과 비교해 본다. 바로 인재개발지수(PDI)의 업그레이드를 점검해 보는 것이다. |

☞ Mt－Mentor의 약자, Mg－Menger의 약자


4) 아이디어 취합 카드

**양식 ① 팀별 아이디어(Idea) 취합 카드 작성(개인별/조직별)**

■ 멘토링 팀별로 인격개발 프로그램 5가지 주제에서 시간의 분량 범위 내에서 퇴의 대상 가짓수를 선택하고 분임토의식으로 진행하여 Idea를 개발하되 숫

자의 제한을 받지 않는다.

- 조직목표의 12가지 주제를 참고로 하되 시간의 분량에 따라 몇 가지를 할 것인가 선택한다.
- 각 팀장은 자기 팀에서 다룬 주제별 Idea를 아래 양식에 의거 제출하고 팀 전체 관리자는 전체를 한눈에 볼 수 있도록 취합해서 계시한다.
  - 주제별:
  - 팀  명:
  - 팀  장:
  - 팀  원:

[Idea 집계표]

| NO | 아이디어 | NO | 아이디어 |
|----|---------|----|---------|
| 1 | | 11 | |
| 2 | | 12 | |
| 3 | | 13 | |
| 4 | | 14 | |
| 5 | | 15 | |
| 6 | | 16 | |
| 7 | | 17 | |
| 8 | | 18 | |
| 9 | | 19 | |
| 10 | | 20 | |
| | | | |
| | | | |
| | | | |

5) 개인목표 실천 카드

**양식 ② 멘토, 멘제 실천약속 카드 작성(개인별)**

- **개인별 실천카드 작성 게임**

Brain Game Idea 중에서 멘토와 멘제가 멘토링 활동기 기간에 시행 가능한 사항을 주제별 아이디어 중에서 5가지 이내로 선택한나. 반드시 주제에 맞고 그리고 타임테이블(Time Table)을 적용하여 작성해야 한다.

☐ 멘토(Mentor):                          인
☐ 멘제(Menger):                          인
☐ Mentoring 기간:   200 .  .  .      200 .

| | Mentor 실천카드(    ) | Menger 실천카드(    ) |
|---|---|---|
| 주제별 | 실 천 사 항 | |
| 마음 | 1.<br>2.<br>3.<br>4.<br>5. | |
| 지식 | 1.<br>2.<br>3.<br>4.<br>5. | |
| 건강 | 1.<br>2.<br>3.<br>4.<br>5. | |
| 자기<br>관리 | 1.<br>2.<br>3.<br>4.<br>5. | |
| 인간<br>관계 | 1.<br>2.<br>3.<br>4.<br>5. | |

## 6) 조직목표 실천 카드

조직 목표 달성을 위한 **Brain Game Idea** 중에서 매니저 모니터 멘토가 멘토링 활동기간에 시행 가능한 사항을 주제별 아이디어 중에서 5가지 이내로 선택한다. 반드시 주제에 맞게 그리고 육하원칙으로 작성해야 한다. 주제 P−12를 P−5로 줄였으므로 수강자의 형편에 따라 주제 선택이 가능하다.

☐ 멘토(Mentor):　　　　　　　　인

☐ 모니터(Monitor):　　　　　　　인

☐ 매니저(Manager):　　　　　　　인


소속:

| 주제별 | Mentor 카드(　　) | Monitor 카드(　　) | Manager 카드(　　) |
|---|---|---|---|
| | 실　천　사　항 | | |
| P-1 | 1.<br>2.<br>3.<br>4.<br>5. | | |
| P-2 | 1.<br>2.<br>3.<br>4.<br>5. | | |
| P-3 | 1.<br>2.<br>3.<br>4.<br>5. | | |
| P-4 | 1.<br>2.<br>3.<br>4.<br>5. | | |
| P-5 | 1.<br>2.<br>3.<br>4.<br>5. | | |

* P 표시는 조직에서 멘토링 활동 12가지 목표를 말하고 Project를 의미함.

# 제4장
# 인격평가(Evaluation)

멘토링은 개인적으로 두 사람이 하나 되어 신뢰와 존경으로 한마음 동행으로 이루어진다. 이러한 개인적인 활동이 되다 보니 한편으로 파벌조성, 사상결집, 폭력가담 등 부작용도 우려되기 때문에 제도적 멘토링에서는 조직단위로 모니터링 시스템으로 사전 문제를 예방하도록 했다. 이에 따라 멘토에게도 객관성과 공정성의 원칙으로 인격적인 지정의의 평가내용을 담아 일정양식(Sheet)으로 만들어 다음의 평가모델을 벤치마킹하면서 활동 중간 및 최종행사에 평가를 하도록 했다.

## 4-1. 청소년 멘토 인격평가

Model 1. 피겨 – 김연아/브라이언 오서

Model 2. 축구 – 박지성/거스 히딩크

Model 3. 성악 – 조수미/폰 카라얀

## 4-2. 전문가 멘토 인격평가

Model 1. 디자인 – 앙드레 김(한국인)

Model 2. 경영CEO – 스티브 잡스(미국인)

Model 3. 교육자 – 마빈 토카이어(유대인)

Model 4. 목회자 – 옥한흠 목사(한국인)

INDEX



# 4-1. 청소년 멘토 인격평가 모델

## 1. 청소년 멘토 인격평가 착안점

멘토링 활동에서 누구나 멘토로 참여할 수 있는 것은 아니다. 그러므로 상사, 팀장, 코치, 교사라고 해서 모두 멘토가 될 수 있는 것은 아니다. 그러나 훌륭한 멘토는 이러한 역할을 모두 할 수 있어야 한다.

그러면 훌륭한 멘토가 될 수 있는 기준은 무엇인가? 먼저 초대 멘토가 교재로 사용한 수학, 철학, 논리학에 관심을 가져야 한다. 이 세 권이 오늘날 상징적으로 인격(知情意), 즉 전인교육(전문적인 면, 정서적인 면, 의지적인 면)을 의미한다.

금번 이 책에서는 사례로 소개한 영재스타 10명에 집중하기보다는 멘토 10명이 영재스타들을 과연 멘토링에 적합성 차원에서 어떤 과정, 어떤 내용으로 영재스타로 키웠는가를 분석하여 앞으로 멘토 역할을 하고자 하는 사람들에게 참고 자료로 활용할 수 있도록 소개한 자료다.

### [멘토 적합성 평가기준]

멘토에 관한 적합성 평가방법은 인간성(인격 – 전인적인 면) 개발에 중점을 두고 아래 3가지 기준을 정하고 멘토가 얼마나 영재스타로 성장하는 데에 도움을 주었는가로 평기한 것이다.

- 인간성(인격 – 전인적인 면) 도움 평가 Checklist

① 멘토는 전문(知)적인 면에 얼마나 도움을 주었는가?

예) 기술, 지식, 학습, 업무, 학위, 자격증, 정보, 노하우 등

② 멘토는 정서(情)적인 면에 얼마나 도움을 주었는가?

예) 마음관리, 건강(정신과 신체)관리, 인간관계관리

③ 멘토는 의지(意)적인 면에 얼마나 도움을 주었는가?

예) 의지적, 결단력, 선악적 윤리관리, 본능관리, 계획성, 자기절제,


[결론 평가]

| NO | 평가기준 | 5점 척도 | | | | |
|---|---|---|---|---|---|---|
| | | 5 | 4 | 3 | 2 | 1 |
| 1 | 전문(知)적인 면(IQ) | | | | | |
| 2 | 정서(情)적인 면(EQ) | | | | | |
| 3 | 의지(意)적인 면(WQ) | | | | | |


## 2. 청소년 멘토 인격평가 모델

개인 멘토링 성공 모델로 김연아, 박지성, 조수미 등 3사람의 World Star를 키운 멘토 3사람을 선정하여 소개한다. 특히 온전한 스타는 기술뿐만 아니라 인간성을 겸비한 자로 인간적으로 성공한 스타를 말한다.

그러므로 멘토는 온전한 스타를 만들기 위해서 기술적인 면에 인간성을 더하여 명실공히 전인적인 도움을 주어야 한다. 멘토의 활동 평가는 바로 인격, 즉 전인적인 영향력을 얼마나 발휘했는가에 초점이 되어야 한다.

### [멘토의 전인(인격)적인 영향력 요소]

知 - 전문적인 기술 역량 개발 - 기술, 업무, 학습, 노하우

情 - 정서적인 감성 역량 개발 - 마음, 감성, 포용력, 인간관계

意 - 의지적인 리더십 역량 개발 - 정신력, 윤리, 절제, 계획


### Model - 1. 김연아(金姸兒)

피겨 불모지 한국에서 100년 만에 세계대회에서 계속 우승하여 피겨여왕으로 자리를 굳힌 김연아 스타선수, 그 뒤에는 첫 번째 멘토로 일찍이 천재성을 개발한 박미희 어머니와, 두 번째 멘토로 피겨에 입문시킨 스승 류종현 코치, 세 번째 멘

토로 슬럼프를 지혜롭게 극복하도록 조언해 준 신혜숙 코치, 그리고 네 번째 멘토로 금번 올림픽 메인 코치인 브라이언 오서 코치를 들 수 있다.

특히 금번 동계올림픽에서 김연아 선수는 무결점 종합점수 228.50으로 세계 신기록을 수립하여 팬들을 감동시켰다.

■ 피겨 World Star 김연아 Profile

출생: 1990년 9월 5일
학력: 고려대학교 재학
수상: 2010년 동계올림픽(밴쿠버) 금메달리스트
　　　2009년 ISU 세계대회(LA) 그랑프리 우승
　　　2009년 ISU 4대륙(밴쿠버) 그랑프리 우승
경력: 2009년 2018평창동계올림픽 홍보대사
2009년 한국방문의 해 홍보대사

■ Mentor: 브라이언 오서(Brain Orser, 49세)

김연아와 브라이언 오서 코치는 2006년 5월 캐나다 토론토에서 만났다. 처음 만났을 때 연아는 무표정한, 아니 거의 화난 사람 같은 얼굴로 스케이트를 타고 있었다. 재능은 빛났지만 표정이 없어 마치 향기 없는 꽃과 같았다. 오서 코치는 연아를 보자마자 자신이 무엇을 해야 할지 알았다. 바로 '표정 프로젝트'였다. 기술에 '향기'를 입히는 작업이었다. 오서 코치는 연아를 우선 웃게 만들었다. 점프나 스핀 등 동작은 세계 수준급인데 예술성이 부족했던 것이다. 그는 김연아에게 즐기는 방법을 가르쳐 줬다. 그래서 그녀의 속에 잠재해 있던 예술의 본능을 이끌어 내 폭발하게 했다. 밴쿠버올림픽 프리스케이팅 때 김연아와 아사다 마오의 연기를 보면 얼굴 표정이 확연히 다르다.

■ Brain Orser의 전인(인격)적인 영향력

| 인격 | 구분 | 세부 영향력 사례 |
| --- | --- | --- |
| 지 | 기술역량개발 | 트리플 토루프/러츠를 구사하여 무결점 신기록으로 금메달 땄다. |
| 정 | 감성역량개발 | 웃음의 향기와 음악 사랑으로 기술＋예술역량을 개발해 주었다. |
| 의 | 의지역량개발 | 자신의 올림픽의 두 번 실수 경험으로 금번 성공을 이끌어 냈다. |

## Model 2. 박지성(朴智星)

왜소한 체격에, 그리고 축구하기에 불리한 평발에, 이러한 어려운 여건 가운데 택한 축구, 모진 고난 속에 정신력으로 버티고 있는 박지성 선수에 구세주로 나타난 멘토 히딩크 감독, 슬럼프를 맞고 있을 때 "박지성은 정신력이 뛰어나 성공할 수 있다"라고 던진 감동의 한마디는 월드컵 4강, 에인트호벤 그리고 맨유까지 박지성을 World Star 선수로 만든 희망 이야기가 되었다.

■ 축구 World Star 박지성 Profile

출생: 1981년 2월 25일
소속: 맨체스터 유나이티드 FC MF(미드필더)
학력: 명지대학교
데뷔: 2000년 교토 퍼플상가 입단
수상: 2007년 잉글랜드 프리미어리그 우승
경력: 2002년 Worldcup한국대표선수
     2008년 경기 국제보트쇼 및 코리아 매치컵 세계요트대회 홍보대사

■ Mentor: 거스 히딩크(Guss Hiddink, 64세)

멘토 히딩크 감독은 2001년 한국월드컵 축구 대표 감독으로 취임하여 한국팀을 4강 신화를 이룩하게 했으며 그 후 본국 에인트호벤 감독으로 가면서 박지성 선수를 스카우트하여 3년 정도 보살펴 주었다. 특히 히딩크 감독은 기술력에 정신력까지 챙기므로 박지성 선수가 축구 World Star로 크는 데 큰 힘을 보태 주었다.

■ 거스 히딩크(Guss Hiddink)의 전인(인격)적인 영향력

| 인격 | 구분 | 세부 영향력 사례 |
|---|---|---|
| 지 | 기술역량개발 | 개인 기술비디오를 통해 특징 있는 기술지도로 조언했다. |
| 정 | 감성역량개발 | 가문의 영광이라고 기를 살려 줌으로써 축구에 열정을 바쳤다. |
| 의 | 의지역량개발 | "정신력이 대단하다"는 칭찬으로 사기진작과 의지를 불태웠다. |

## Model 3. 조수미(曺秀美)

1986년 그녀는 큰 전환기를 맞이했다. 주위의 권유를 받아들여 자의 반 타의 반으로 이태리 유학의 문을 두드렸는데 행운의 여신은 당시의 21세기 거장(巨匠) 지휘자 헬베르트 폰 카라얀(Herbert von Karajan)을 만나는 길로 인도해 주었다. 조수미의 잠재력(潛在力)을 발탁한 카라얀! 그는 "신이 내린 목소리"라고 극찬하면서 사랑하는 조수미를 세계적인 오페라 여왕으로 이미 그때 그녀의 길을 예고하였다.

■ 성악 World Star 조수미 Profile

출생: 1962년 11월 22일(서울특별시)
학력: 산타체칠리아 음악학교성악 학사
데뷔: 1986년 오페라 '리골레토' 질다역으로 데뷔
수상: 2008년 국제푸치니상
경력: 2007년 8월 여수엑스포 홍보대사
　　　2006년 12월 평창동계올림픽 명예홍보대사

■ Mentor: 폰 카라얀(Herbert von Karajan, 1908～1989)

오스트리아의 지휘자로 베를린 국립오페라극장과 베를린필하모니의 상임지휘자, 빈국립 오페라극장과 살츠부르크 음악제 총감독 등 유럽 악단의 중요한 지위에 있으며 세계적으로 명성을 떨쳤다. 대중적이며 다양한 레퍼토리의 지휘를 하였다. 카라얀은 조수미에게 할아버지와 같이 가깝게 지내면서 성악 천재 역량개발에 결정적 역할을 해 주었다.

■ 폰 카라얀(Herbert von Karajan)의 전인(인격)적인 영향력

| 인격 | 구분 | 세부 영향력 사례 |
|---|---|---|
| 지 | 기술역량개발 | 이탈리아베르디 극장에 <리골레토>의 질다역으로 데뷔시켰다. |
| 정 | 감성역량개발 | 카라얀은 할아버지와 같이 격의 없이 개인적인 삶을 이루었다. |
| 의 | 의지역량개발 | "신이 내린 목소리"라고 칭찬받고 자부심으로 성악으로 성공했다. |

# 4-2. 전문가 멘토 인격평가 모델

## 1. 전문가 멘토 인격평가 착안점

멘토 평가는 전인적인 삶의 조언자라는 멘토의 역할을 기준으로 하여 인격적인 면의 세 가지 요소인 1) 전문분야, 2) 정서분야, 3) 의지분야를 평가 착안점으로 하여 평가한다. 그러므로 우수한 멘토는 인격개발에서 3가지 면에 관한 균형이 제대로 이루어지고 인격적으로 존경받는 리더를 말한다.

| | | 평가 진단도구 | 5 | 4 | 3 | 2 | 1 |
|---|---|---|---|---|---|---|---|
| 전문<br>분야 | 지식기술 | 지식과 기술이전이 잘되고 있다. | | | | | |
| | 업무지원 | 업무지원이 잘되어 업무가 숙달되고 있다. | | | | | |
| | 노하우 | 노하우를 제대로 얻을 수 있는 계기다. | | | | | |
| | 정보공유 | 가치 있는 정보공유가 잘되고 있다. | | | | | |
| | 경력개발 | 경력개발에 큰 도움이 되고 있다 | | | | | |
| 정서<br>분야 | 정서향상 | 친목미팅 등 정서 활동에 도움이 되고 있다. | | | | | |
| | 타인배려 | 어려운 일 처리에 많은 도움받고 있다. | | | | | |
| | 건강향상 | 정신 및 신체 건강 증진에 도움된다. | | | | | |
| | 관계촉진 | 상호 간 미팅을 더욱 자주 하고 싶다. | | | | | |
| | 심리차원 | 상담과 대화를 통해 감사의 마음이 생긴다. | | | | | |
| 의지<br>분야 | 의지결단 | 리더로 성장하고 싶은 의욕이 강하다. | | | | | |
| | 윤리의식 | 선과 악의 구분을 분명하게 할 수 있다. | | | | | |
| | 절제관리 | 혈기 등 본능적인 면에서 절제가 잘된다. | | | | | |
| | 목표의식 | 생애목표 및 업무 목표설정에 도움이 된다. | | | | | |
| | 리더역할 | 현 멘토를 모델로 차후 나도 멘토가 되고 싶다. | | | | | |
| 합계 | | 합계/득점표시 횟수＝평균점 | | | | | |

## 2. 전문가 멘토 인격평가 모델

### Model 1. 앙드레 김

앙드레(Andre) 김(본명 김봉남, 75)은 한국 패션디자인계의 창의적인 개척자로서 여성의 아름다움을 알리고 나아가 한국의 문화와 예술을 세계에 알리는 데 크게 공헌한 자다. 그는 오늘날 전 세계에서 한국이 낳은 세계적인 패션 디자이너로 그 독창성을 널리 인정받고 있어 금번 멘토 모델로 추천했다.

■ 디자인 World Star 앙드레 김 Profile

출생 및 사망: 출생 – 1935년 8월 24일(경기도 고양) / 사망 – 2010년 8월 12일
가족: 아들 김중도(입양)
학력: 한영고등학교
수상: 2010년 대한민국 금관문화훈장
    2009년 아시아 모델 페스티벌 어워즈 국제문화교류 공로상
    2007년 제7회 자랑스러운 한국인 대상 패션디자인부문
    2005년 제1회 한국복식학회상
    2000년 프랑스정부 예술문학훈장

■ 멘토 모델로서 영향력

경기도 고양군 신도면 구파발리(현재 서울특별시 은평구 진관동) 태생으로 신도초등학교와 한영고등학교를 졸업, 1962년에 디자이너로 데뷔하였다. 같은 해 소공동에 '살롱 앙드레(앙드레 김 의상실)'를 열어 한국 최초의 남성 패션디자이너가 됐다. 남성 디자이너에 대한 사람들의 편견 속에서도 개성 있는 디자인과 노력으로 의상 디자인계를 개척한 그는 1966년 파리에서 한국인으로는 최초로 패션쇼를 열었다. 1960년대 영화배우 엄앵란 등의 옷을 만들며 알려지기 시작하였다. 1980년에 미스유니버스대회의 주 디자이너로 뽑혔으며, 1988년 서울 올림픽에서는 대한민국 대표팀의 선수복을 디자인하였다.

1997년에는 문화훈장 화관장(5등급)을 수상하였으며, 2000년 프랑스 예술문학훈장을 받은 데 이어 2008년 문화훈장 보관장(3등급)으로 훈위가 승급되었다.

　2006년에는 서울에서 '문화재 환수 기금 마련을 위한 패션쇼'를 열어 해외 유출 문화재의 반환에 대한 관심을 나타내었다.

평생 독신을 고집한 그의 디자인의 예술성에 대해서는 논쟁이 많은 편이며 일부에서는 미디어가 만들어 낸 허상일 뿐이라는 혹평도 있다. 특유의 韓, 英 혼용체나 말투 등으로 인해 그의 성대모사가 사람들의 개인기 소재로 많이 쓰이기도 하였다. 2010년 8월 12일 서울대병원 중환자실에서 폐렴과 대장암이 악화되어 사망하였다. 그의 죽음에 이명박 대통령은 1등급 훈장인 금관문화훈장을 추서하였다.

흰색 옷을 입은 이유에 대해 앙드레 김은 "어린 시절 어머니가 흰색 옷을 빨아서 풀까지 먹여 주셨다. 그 이후 흰 옷을 사랑하게 됐다"고 고백했다.

■ 멘토 모델로서의 영향력 평가

　우리 사회에서 지도자들은 누구나 멘토가 될 수 있고 또한 되어야 한다. 그러나 멘토의 자질은 먼저 인격을 갖춘 자로서 주변에서 존경받는 사람이어야 한다. 앙드레 김의 멘토로서 영향력을 아래 인격테스트에 의거해 소개해 보도록 하겠다.

| 인격 | 영향력 | 세부사항 | 비고 |
|---|---|---|---|
| 지(知) | 전문분야<br>지식<br>기술<br>정보<br>노하우 | 1. 초창기 상품성보다는 예술성에 치중했다. 그러나 노후 결과는 경영에서도 성공했다.<br>2. 특히 옷 재료를 국산품으로, 외국산의 가짜 여부를 차단하고 애국심으로도 인정받았다.<br>3. 조간신문 17개를 읽는 열정적인 사람이다.<br>4. 브랜드－골프웨어, 아파트, 화장품, 도자기, 카드, 세제, 가전, 자전거 등 다양하다. | |
| 정(情) | 정서분야<br>감성<br>마음<br>관계<br>취미 | 1. 김봉남 본명을 조언듣고 불란서 이름인 앙드레(Andre) 김으로 호칭하여 세계화하였다.<br>2. 그의 韓英을 혼합한 독특한 어법은 늘 우리 주변에서 화두가 되었다.<br>3. 그의 평생 흰옷 스타일은 어머니의 영향과 백의민족의 뿌리를 두고 있다. | |
| 의(意) | 의지분야<br>결단<br>윤리<br>리더십<br>절제<br>계획<br>성과 | 1. 평생 독신으로 패션과 결혼한 듯한 삶이었다.<br>2. 국내 최초 남성 디자이너로 세계적인 명성을 얻다.<br>3. 입양 김중도를 30여 년간 키워 후계자로 삼았다.<br>4. 한국 예술분야 최고인 금관문화훈장 수상자다.<br>5. 국내보다는 외국패션계와 국내 외교관 가족들과 활발한 관계를 가져 Global Leader가 되었다. | |

### Model 2. 스티브 잡스(Steve Jobs)

스티브 잡스(Steve Jobs, 55)는 미국 IT산업인 Apple사를 창업하여 MS를 창업한 Bill Gates와 동년배로서 서로 간 경쟁하면서 세계 IT산업의 창의적인 CEO로 인정받고 있다. 특히 금번 I−Pod−Phone−Pad 개발로 경영차원에서도 난공불락이었던 MS 시가 총액을 넘어섰다. 이번 IT산업 경영부분에서 멘토 모델로 추천했다.

■ 최고 경영자 스티브 잡스(Steve Jobs) Profile

```
출생: 1955년 2월 24일(미국 샌프란시스코)
학력: 리드대학(중퇴)
경력: 1976년 애플사 창립
      1986년 픽사 인수
      1985년 넥스트 설립(애플사 퇴사)
      1997년 애플사 복귀
      2001년 I−Pod 출시
      2007년 I−Phone 출시
      2010년 I−Pad 출시
```

■ 멘토 모델로서 영향력

잡스는 독특한 철학만큼이나 인생 역정도 남다르다. 1955년 미국 샌프란시스코에서 미혼모의 아이로 태어난 그는 친모의 얼굴도 모른 채 한 부부에게 입양된다.

그는 특히 전자 장치에 관심이 많았다. 그런 관심이 최고조에 달했던 1976년 21세의 나이에 친구 스티브 워즈니익과 함께 차고를 사무실로 개조, 지금의 애플을 설립하게 된다. 이어 1977년에는 세계 최초의 개인용 컴퓨터(PC)인 '애플Ⅱ'를 세상에 내놓는다. 당시는 IBM으로 대표되는 대형 컴퓨터만 있던 시절이어서 사람들은 그 작은 컴퓨터를 보고 충격을 받지 않을 수 없었다. 잡스는 성공 가도를 탔고 회사 설립 4년 만에 억만장자의 반열에 오른다.

하지만 그에게도 위기가 닥치기 시작한다. 잡스의 독선적인 경영 방식에 불만을 품은 이사회가 1983년부터 그에게 경영권을 주지 않으려 한 것. 잡스는 차선책으로 경영의 귀재인 존 스컬리 펩시 사장을 영입한다. 당시 잡스가 스컬리에게

"정말 중요한 일을 할 수 있는데 설탕물이나 팔며 남은 인생을 허비할 것이냐"고
한 말은 미국 비즈니스 역사에 전설이 된 에피소드이기도 하다.

잡스는 2001년에 I-Pod, 2007년에 I-Phone, 그리고 최근 2010년에 I-Pad를 출시하였다.
그리고 기적적으로 Microsoft사 시가 총액을 넘어서 명실 공히 IT산업의 황제로 등극했다.
그는 췌장암을 극적으로 회복한 후 2005년 스탠퍼드대학교 졸업 축사에서 이렇게 말했다.
"매일을 인생의 마지막 날처럼 살아가십시오. 항상 갈망하고 언제나 우직하게……"
"Stay hungry, stay foolish!"
"우리는 기술을 개발하는 것이 아니라 더 나은 세상을 만드는 것입니다."

■ 멘토 모델로서의 영향력 평가

우리 사회에서 지도자들은 누구나 멘토가 될 수 있고 또한 되어야 한다. 그러
나 멘토의 자질은 먼저 인격을 갖춘 자로서 주변에서 존경받는 사람이어야 한다.
스티브 잡스(Steve Jobs)의 멘토로서 영향력을 아래 인격테스트에 의거하여 소개
해 보도록 하겠다.

| 인격 | 영향력 | 세부사항 | 비고 |
|---|---|---|---|
| 지(知) | **전문분야**<br>지식<br>기술<br>정보<br>노하우 | 1. 그를 '세상에서 가장 창의적인 경영자, 경제에 디자인의 개념을 도입한 인물, 디지털 혁명가, 몽상가, 과거 실패 딛고 성공한 자, 괴짜……'라고 평한다.<br>2. 그의 창의적인 제품으로 2001년에 I-Pod, 2007년에 I-Phone, 그리고 최근 2010년에 I-Pad가 있다. | |
| 정(情) | **정서분야**<br>감성<br>마음<br>관계<br>건강<br>봉사<br>취미 | 1. 그는 과학기술과 인문학의 융합경영을 주장하고 협력업체와 동반자 시스템을 구축하여 50:50에서 30:70으로 지분율을 올려 우대했다.<br>2. 잡스는 2004년 췌장암 수술, 작년에는 간이식 수술까지 받으면서 이런 악조건을 극복하고 애플을 세계 최고의 테크놀로지 기업으로 만들었다.<br>3. 애플에서 강조되는 '창조적 사고'라는 업무 방식은 개인의 자율과 실패를 인정하는 방식이다. | |
| 의(意) | **의지분야**<br>결단<br>윤리<br>리더십<br>절제<br>계획<br>성과 | 1. 샌프란시스코에서 미혼모의 아이로 태어난 입양아로 오늘날 창의력으로 최정상 CEO가 됐다.<br>2. Apple사를 창업하고 퇴직당한 후 복귀하여 현재 마이크로소프트 사를 시가 총액 2,292억 불로 능가했다. 그 기적은 업무와 인간 배려의 힘이었다.<br>3. 애플에서 강조되는 '창조적 사고'라는 업무 방식은 개인의 자율과 실패를 인정하는 방식이다. | |

## Model 3. 마빈 토카이어

마빈 토카이어는(74) 전통적인 유대인의 랍비로서 미국 뉴욕에서 출생하여 생
존한 랍비 중에서 최고의 영향력을 발휘하고 있다. 그의 창의력은 20여 권의 탈무
드를 저술하였고 오늘날 국제적인 탈무드식 자녀교육의 권위자로 인정받고 있다.
금번 자녀교육 부문 멘토로 추천했다.


■ 탈무드의 저자 마빈 토카이어 Profile

- 뉴욕 예시바대학교 대학원(랍비 신학대학원) 졸업
- 1962. 미 공군 군종장교(한국 오산 근무)
- 일본 와세다대학교 히브리어 교수
- 탈무드를 비롯하여 20여 권 유대인 관련 저서 저술
- 일본 및 미국 정통파 유대인 회당의 랍비 생활
- 주요저서: 탈무드의 지혜, 탈무드와 모세오경, 탈무드의 처세술, 탈무드의 생명력, 탈무
  드의 잠언집, 탈무드의 웃음 등 20여 권


■ 멘토 모델로서 영향력

마빈 토카이어(74)는 정통파 유대인 랍비로서, 지난 1962년에서 64년까지 경기
도 오산, 경북 대구, 서울 등지의 미공군부대 군종장교를 지낸 그는 그 후 주로
일본에서 활동했다. 일본 와세다대학교에서 히브리어 교수로 재직한 그는 일본과
미국 뉴욕의 유대인 회당에서 랍비로 활동했다.

"한국인은 고난을 많이 겪었다는 점에서 유대인과 비슷한 면이 많다. 한국은
일본, 중국, 러시아 등 강대국에 의해 오랜 기간 고통을 당했다. 하지만 멋진 전통
과 좋은 영혼을 갖고 있다."

'탈무드' 저자 마빈 토카이어(74) 랍비가 6일(2010. 8.) 국제학술대회를 위해 한국
을 찾았다. "나는 한국인들에게 도움이 될 수 있는 유대인의 지혜를 전달하고 싶다.
나는 1962년부터 1964년까지 주한 미 공군으로 복무했다. 당시 한국은 일제강점기
와 한국전쟁을 거친 후라 매우 비참한 지경에 처해 있었다"며 "하지만 한국 사람들
의 영혼은 건전하고 강한 가치를 갖고 있었다"고 회상했다. "어제 한국에 도착했는

데 현대판 기적을 봤다. 전체 나라를 다시 재건한 것이 아니냐. 정말 놀랍다."

> "우려스러운 점도 있다." "한국은 IT, 컴퓨터 등에서 발전된 기술을 갖고 있다. 하지만 영
> 혼을 잃고 있는 것 같아 걱정된다"며 "유대인 격언 중에 '보트를 앞으로 나가게 하기 위해
> 서는 뒤를 보면서 노를 저어라'는 말이 있다." 한국의 발전을 위해서는 뒤에 있는 한국인
> 의 가치를 보며 앞으로 나가야 한다"고 충고했다.
> "미래를 밝게 할 수 있는 유산들에 눈을 돌려야 한다. 로봇은 과거가 없지만 인간은 밝은
> 미래를 위해 과거의 도덕과 지혜를 활용할 줄 알아야 한다."

■ 멘토 모델로서의 영향력

우리 사회에서 지도자들은 누구나 멘토가 될 수 있고 또한 되어야 한다. 그러나 멘토의 자질은 먼저 인격을 갖춘 자로서 주변에서 존경받는 사람이어야 한다. 마빈 토카이어의 멘토로서 영향력을 아래 인격테스트에 의거하여 소개해 보도록 하겠다.

| 인격 | 영향력 | 세부사항 | 비고 |
|---|---|---|---|
| 지(知) | **전문분야**<br>지식<br>기술<br>정보<br>노하우 | 1. 생존 유대인 랍비(유대교 율법교사)로서 20여 권의 탈무드 저자로 "탈무드를 통한 자녀교육"의 권위자다.<br>2. 온고이지신 랍비 자녀 학습은 유대 전통관습법과 토라(모세오경)를 담은 탈무드를 교재로 한다. | |
| 정(情) | **정서분야**<br>감성<br>마음<br>관계<br>건강<br>봉사<br>취미 | 1. 1,500년 전에 첫선 보인 탈무드는 단순한 학습교재가 아니라 "인생과 관련된 매우 세밀한 대화가 담긴 지혜와 감수성의 보고"다.<br>2. 랍비의 교재인 탈무드는 시대와 인물을 초월한 유대인 전통적인 교재로 노소간에 세대차이가 없는 세계에서 유일한 나라다.<br>3. 고교 대학시절에는 15시간 탈무드 공부를 한다. | |
| 의(意) | **의지분야**<br>결단<br>윤리<br>리더십<br>절제<br>계획<br>성과 | 1. 유대인 생존 랍비 중에서 최고의 영향력을 받고 있는 지도자다.<br>2. 그는 일본에서 대학 강의, 중국에서 저서보급 및 미국 정통파 유대인 회당의 랍비 생활을 하고 있다.<br>3. 한국에 조언: 한국은 IT, 컴퓨터 등에서 발전된 기술을 갖고 있다. 하지만 영혼을 잃고 있는 것 같아 걱정된다. | |

## Model 4. 옥한흠 목사

■ 목회자 인격 멘토 평가기준

　－멘토로서 열정의식이 남다른 목회자여야 한다. 남을 배려하는 마음이 뛰
　어나고 특히 교회 내에서도 목회자가 교인을 사랑가치 1순위/교인이 목회
　자를 존경가치 1순위로 한마음으로 열정적으로 목회하는 목회자다.

　－멘토로서 전문의식이 남다른 목회자여야 한다. 성경중심 교회설교와 방송
　설교, 그리고 대외 강의자료 등으로 많은 목회자와 교인들에게 지적인 분
　야에서 영향력을 열정적으로 행사한 목회자다.

　－멘토로서 윤리의식이 남다른 목회자여야 한다. 윤리적인 면에서 교회 내
　외에서 존경받고 교단에서 최고의 리더십을 발휘한 자로 특히 교단정치,
　물질, 이성, 언행, 재물 등 윤리 면에서 자유로운 목회자다.

[멘토 영향력 자가진단 Sheet]

| 구분 | | 인격 Mentor 평가진단 도구 | 5 | 4 | 3 | 2 | 1 |
|---|---|---|---|---|---|---|---|
| 전문<br>지식<br>분야 | 지식기술 | 나의 목회지식과 기술은 경쟁력이 있다. | | | | | |
| | 목회능력 | 출석교인 1,000명 이상 교회를 운영한다. | | | | | |
| | 노하우 | 전도, 성경 공부 부흥기법 등 노하우를 갖고 있다. | | | | | |
| | 정보공유 | 교계에서 목회 정보 파악을 잘하고 있다. | | | | | |
| | 경력개발 | 자기개발 등 목회경력을 우수하게 쌓고 있다. | | | | | |
| 열정<br>정서<br>분야 | 정서영성 | 친목미팅 등 정서 활동에 앞장서고 있다. | | | | | |
| | 타인배려 | 남의 어려운 일 처리에 앞장서고 있다. | | | | | |
| | 건강향상 | 정신 및 신체 건강에서 인정받고 있다. | | | | | |
| | 관계촉진 | 가정/동료/상급기관 목회자와 관계가 좋다. | | | | | |
| | 심리차원 | 교회나 가정에서 스트레스를 스스로 잘 푼다. | | | | | |
| 윤리<br>의지<br>분야 | 의시결단 | 매시 결단력이 분명함을 인정받고 있다. | | | | | |
| | 윤리의식 | 언행, 자금, 이성, 물질 등 윤리 면에서 깨끗하다. | | | | | |
| | 절제관리 | 혈기/탐욕 등 본능적인 면에서 절제가 잘된다. | | | | | |
| | 목표의식 | 생애목표 및 목회 목표계획 설정에 우수하다. | | | | | |
| | 리더역할 | 교계나 지역사회에서 리더 역할을 제대로 한다. | | | | | |
| | | 합계 점수 | | | | | |

한국 교회의 영적 멘토, 제자훈련 목회의 대명사, 한국 교회의 갱신과 일치 운동의 선구자라는 거창한 수식어보다 '작은 예수' 이 한마디가 더 잘 어울리는 옥한흠 목사를 금번 멘토링 코리아 영적 멘토 모델로 소개한다.

■ 목회자 옥한흠 Profile

연대: 1938. 12. 5.~2010. 9. 2.
가족: 배우자 김영순, 아들 옥성호, 옥승훈, 옥성수
학력: 웨스트민스터신학교대학원 목회학 박사
경력: 사랑의교회 설립(1978)
　　　국제제자 훈련원 설립(1986)
　　　한국OM국제선교회 이사장(1989~2005)
　　　중국 연변과학기술대학교 설립이사장(1992~2006)
　　　교회갱신 위한 목회자협의회 설립(1996)
　　　한국기독교 목회자협의회 설립(1998)
　　　기독교 교단장 협의회 설립(2001)

경남 거제의 4대째 신앙 가문에서 1938년 태어난 옥한흠 목사는 초등학교 3학년 때 사경회를 통해 회심을 경험했다. 교회에서 살다시피 하던 그에게 주위에서는 목회자가 되라고 했지만 가난이 싫어 해군사관학교로 진학을 결정했다. 하지만 고혈압으로 신체검사에 탈락하고 대학 진학에도 잇따라 실패하면서 방황의 나날을 보냈다.

시골 교회 마룻바닥에서 기도의 나날을 보내던 그는 결국 목회자의 길을 소명으로 받아들였다. 군대에서는 대학 입시 준비하던 중 폐결핵 진단을 받았다. 대학 시절에 대해 그는 "몸이 안 좋아서 고생하던 일과 아내를 만난 일밖에 기억에 안 남는다"고 회고했다. 숙명처럼 가난과 질병이 평생 그를 따라다녔다.

총신대학교 신학대학원을 졸업한 후에 은평교회 전도사를 거쳐 성도교회 주일학교를 담당했다. 당시 김희보 담임목사는 그가 청년 사역에 은사가 있는 걸 간파하고 대학부를 맡겼다. 대학부라고 해도 방선기 목사(현 이랜드 사목) 한 명이 전부였다. 그가 데리고 온 서울대학교 네비게이토 학생들과 사역하면서 옥한흠 목사는 비로소 제자훈련에 눈뜨게 된다.

유학을 간 미국 웨스터민스터신학교 구내서점에서는 그의 평생 목회를 결정짓는 한스 킹의 '교회론'이란 책과 맞닥뜨린다. '모든 평신도는 사도의 계승자로서 세상으로 보냄을 받은 예수의 제자'라는 내용이 그를 사로잡았던 것이다. 이름 있는 교회의 청빙이 잇따랐지만 그는 모든 걸 뿌리치고 1978년 7월, 사랑의 교회를 개척했고 계속해서 국제제자훈련원 교갱협회 목회자협의회 교단장협의회를 설립하고 운영했다.

■ 멘토 모델로서의 영향력 평가기준

우리 사회에서 지도자들은 누구나 멘토가 될 수 있고 또한 되어야 한다.
그러나 멘토의 자질은 먼저 인격을 갖춘 자로서 주변에서 존경받는 사람이어야 한다. 특히 멘토 평가는 개인 리더십과 특성을 감안하고 가족관계, 교회관계, 그리고 사회생활 등을 감안한다.
인격부분은 전문적인 면, 정서적인 면, 그리고 의지 및 윤리적인 면을 감안하여 평가한다.

■ 멘토 모델로서의 차별화 리더십

옥한흠 목사는 스스로 자기 기준을 세워서 자기 절제와 자정(自淨)에 독특함을 보여 주었다. 일반적으로 보람이라고 평할 수도 있는데도 하나님 앞에서 부담으로 여기는 차별화 리더십을 발휘해서 우리에게 깊이 사려(思慮)하는 마음을 전하고 있다.

- 설교의 부담: 매 주일 수만 명의 교인에게 선포하는 설교가 하나님의 영광을 올바로 선했는지? 혹시 실교로 싱심한 교인은 없었는지? 늘 부담이 되었다. 보람은 그다음 일이다.
- 성장에 대한 부담: 한 사람 철학에서 질적 양육을 아직 제대로 다하지 못했는데 주일마다 몰려오는 대량 교인에 관하여 올바른 교회론 차원에서 부담을 느꼈다. 보람은 다음 일이다. "나의 교회론과 제자훈련은 엇박자가 된 것 같다."
- 정년에 대한 부담: "목사가 늙으면 교회도 늙는다. 더 늙기 전에 떠나야 교회가 산다." 옥한흠 목사에게는 목회 정년 70세까지는 부담이 되었다.

- 건축에 대한 부담: 올바른 교회론에 의하여 연차적으로 질적 목회, 한 사람 목회가 성공했으면 대형교회 건축은 고려할 수 있는데 그렇지 못한 상태에서 전 교인의 열화 같은 찬성으로 건축이 이루어져 부담이 된다.
- 평가에 대한 부담: 대형교회 목회자의 외형 평가로 성공한 목회자로 칭찬을 받고 있는데 하나님 앞에서 또한 질적인 면에서 자신의 이름과 같이 너무나 '흠'이 많은 사람인데 과대평가가 되어 부담이 된다.

■ 멘토 모델로서의 영향력 평가

[지적 부문 영향력 평가]

| 인격 | 영향력 분야 | 세부사항 |
|---|---|---|
| 지(知)<br>전문<br>기술 | 전문분야<br>지식기술<br>목회능력<br>정보공유<br>노하우<br>경력개발 | 제자훈련에 한평생 바쳐 85회 18,000여 명을 배출하고 외국인도 65개국에 1,405명을 배출했다. 그동안 평신도를 깨우라 등 50여 권 저술과 14,000편의 설교 자료를 남겼다. "저에게 있어서 교회론은 목회자와 교회가 사는 생명과도 같습니다. 교회론이 왜 생명과 같으냐고 물으면 목회가 살고 죽는 것을 결정하는 중요한 요소이기 때문입니다. 즉 성도들을 영적으로 죽이느냐 살리느냐를 판가름하게 됩니다. 그래서 교회가 무엇이냐를 놓고 진지하게 고민하지 않는 목회자는 진정한 목회자가 아니라고 생각합니다." "사랑의 교회는 양적으로 너무 비대해져 버렸습니다. 교회론대로 목회했다면 다른 방향으로 나타나지 않았을까 생각합니다. 즉, 사랑의 교회라는 개교회가 성장하는 것이 아니라 하나님의 나라가 성장하도록 좀 더 구체적으로 실천하는 목회를 했어야 했지 않나 생각합니다. 그러나 현실은 그렇지 못한 것 같아 하나님 앞에 죄송스럽습니다." "나의 교회론과 제자훈련은 엇박자가 된 것 같다.", "가장 중요한 대안은 목회자가 날마다 죽는 것이다. 설교를 위한 설교를 해선 안 된다. 그러면 사람들은 없어지고 건물만 남는 교회가 된다. 그러니 생명을 짜는 설교를 해야 된다." "나는 목회에 여러 길이 있다고 믿지 않는다. 목회는 하나님의 백성을 불러 제자로 구비되게 하고 그 제자들이 삶의 모든 영역에서 제자답게 살도록 돕는 통전적인 과정이요, 작업이다. 따라서 목회자 자신에게 제자적 삶의 철학과 소신, 실적이 없으면 아무리 화려한 구호로 치장하고 온갖 행사를 벌인다 해도 그건 목회가 아니라 종교적 병정놀이에 지나지 않는다. 아니 이러한 목양의 근본정신이 빠진 목회는 평신도들의 아픔과 눈물, 웃음과 기쁨, 그 자잘한 생활의 터널 속으로 들어가면 여지없이 곧 깨져 버리고 만다."(잠자는 교회를 깨우다 추천문-최홍준 저) |

| 인격 | 영향력 분야 | 세부사항 |
|---|---|---|
| 정(情)<br>정서<br>영성 | **정서분야**<br>정서영성<br>타인배려<br>관계가정<br>심리봉사<br>건강취미 | 한 사람의 철학으로 성도교회 시절 방선기(현재 이랜드 사목) 청년 한 사람에 열정을 쏟아부었다. 한 사람 박성수 회장을 키워 사랑의 교회 이랜드 구역장으로 임명하여 제자도를 실천했다.<br>김영순 사모는 "가난한 집안의 장남, 장래 목회자가 될 사람, 폐결핵으로 몸도 건강치 못했던 남편과의 결혼을 친정어머니가 많이 반대하셨다" "그럼에도 남편의 목소리는 꽤 좋았고, 젊었기에 모든 게 끌렸다. 그러나 결혼 후 남편은 성도교회 대학부를 맡으면서 청년들과 제자훈련 하느라 거의 집에 없었고, 가정에도 자연히 소홀했다." "그리고 개척 초기에는 제자훈련을 받을 사람이 없어 김 사모가 직접 옥한흠 목사의 제자훈련 대상자가 되기도 했다"고 말했다.<br>이 대통령 내외분은 조문 시 "옥 목사님은 교계에서보다 사회에서 더 존경받는 목사님입니다"라고 위로했다.<br>조용기 목사는 "제가 옥한흠 목사님을 처음 만난 것은 오래전에 목사님께서 제게 안수기도를 받으러 오셨을 때입니다. 당시 목사님은 성령충만을 위해서 저에게 안수를 받겠다고 하셨습니다. 저는 목사님을 적극 만류하며 오히려 저에게 안수해 주시기를 원한다고 간청했습니다. 결국, 저와 옥한흠 목사님은 무릎 꿇고 얼싸안으며 서로를 위하여 기도했습니다. 목사님은 그토록 주님을 향한 열망이 가득하시고 겸손하시며 진실하셨습니다."<br>옥한흠 목사는 평소 이찬수 목사에게 또한 두 가지를 강조했다고 한다. "먼저 건강을, 그리고 아이들을 챙겨야 한다"는 것이었다. "그 스스로가 치열한 목회 과정에서 건강과 자녀들을 제대로 살피지 못했다는 일종의 자책에서 나온 권면이었을 것이라"고 이 목사는 말했다.<br>옥한음 목사는 자신의 이름 옥한흠을 "한없이 흠이 많은 사람이다."라고 했다. "예수님이 아닌 목사 옥한흠이 더 많이 칭찬받고 드러났다. 내가 하나님 앞에서 받을 상이 별로 없을 거야. 난 이 세상에서 너무 칭찬을 많이 받았어." |

| 인격 | 영향력 분야 | 세부사항 |
|---|---|---|
| 의(意) 의지 윤리 | **의지분야** 의지결단 윤리의식 리더십 절제목표 계획성과 | 1978년 신도 9명과 함께 사랑의 교회를 개척하여 32년 만에 재적 80,000명 출석 45,000명 큰 교회로 부흥시켰다. 그리고 그동안 국제제자훈련원을 세웠고 교단 개혁을 위해 교갱협회와 교계 화합과 일치차원에서 목회자협의회, 교단장협의회를 설립하고 운영했다.<br>2003년 정년을 단축하여 65세에 오정현 목사를 후임 삼아 대형교회 세습의 고리를 끊어 큰 반향을 일으켰다. 名, 財, 權에 몰입되거나 각종 스캔들로부터 자유로운 목회자로 인정받고 있다.<br>옥한흠 목사는 "내가 은혜에 취하기 시작한 것은 초등학교 3학년 때부터였다. 그리고 중학교를 졸업할 때까지 그 은혜는 식지 않고 지속되었다. 성경 말씀이 꿀 송이처럼 달다는 것이 어떤 것인지, 예수님의 십자가의 사랑이 얼마나 진하게 가슴을 울리는지, 죄 사함을 받고 하나님의 자녀가 되었다는 것이 얼마나 사람을 황홀하게 만드는지, 나는 이 기간에 넘치도록 맛보면서 살았다. 사실은 그때에 받은 은혜가 내 한평생의 신앙생활과 목회의 질을 결정짓는 절대적인 요소가 되었다는 것이다"라고 말했다.<br>[**국내독자 1위**] 50여 권의 책을 저술한 옥한흠 목사가 50대 목회자들이 가장 좋아하는 국내 기독교 저자인 것으로 설문 조사됐다. 월간 <목회와 신학> 860명을 대상 설문조사<br>[**CBS 여론조사 결과**] 2005년 CBS기독교방송이 신학대 교수, 목회자, 평신도 등 500명을 대상으로 한 여론조사에서 '현재 한국교회를 대표하는 지도자'로 가장 많은 응답을 받았다. MBC 뉴스(2005년 2월 3일)<br>대한 예수교 장로회 합동 측 보수교단 사랑의교회 목회자로서 드물게 돌아가신 한경직 목사, 김준곤 목사처럼 1) 복음주의 목회자로, 2) 사회의식을 가진 자로, 3) 역사의식을 가진 자로, 그러므로 균형을 갖춘 목회자로 평가받고 있다. |

# 제5장
# 인격개발(Development)

멘토링에서 인격개발은 가장 중요한 과정으로 이론 차원에 반드시 병행해야 할 실행 프로그램이다. 두뇌활용 인격개발, 멘토활동 인격개발, 그리고 교육 및 컨설팅 과정을 통하여 현장에서 실행할 수 있도록 했다. 특별히 처음에 소개하는 두뇌활용 인격개발은 1981년에 노벨 의학상을 수상한 Roger Sperry의 양뇌이론 (Dual Brain)을 소개했다.

[양 뇌와 인격개발 접목]

| 인격 | 두뇌 | 인격과 뇌의 조화 |
|---|---|---|
| 知 – 전문적인 면 | 좌측 뇌: 지성, 언어, 수리 | 기술, 업무, 노하우, 정보 |
| 情 – 정서적인 면 | 우측 뇌: 감성, 덕성, 영성 | 포용, 배려, 감정, 명상 |
| 意 – 의지적인 면 | | 의지, 윤리, 리더십, 결단력, 판단력 |

[두뇌활용 5단계 인격개발]

Step 1: 생각단계 – 생각을 소심하라, 그것이 니의 말이 된다.

Step 2: 언어단계 – 말을 조심하라, 그것이 너의 행동이 된다.

Step 3: 행동단계 – 행동을 조심하라, 그것이 너의 습관이 된나.

Step 4: 습관단계 – 습관을 조심하라, 그것이 너의 인격이 된다.

Step 5: 인격단계 – 인격을 조심하라, 그것이 너의 운명이 된다.

# 5-1. 두뇌 활용 인격개발

## 1. 두뇌는 학습의 원동력

### 1) 서유현 서울대학교 의대교수 Profile

---

2009년 대한민국 최고과학기술인상의 수상자이다. 서울대 의과대학 교수이며 신경과학 및 인지과학 연구소장을 겸하고 있다. 또한 교육과학기술부 치매 정복 창의연구단을 이끌고 있다.

저서로는 『내 아이의 미래가 달라지는 엄마표 뇌교육』, 『머리가 좋아지는 뇌과학 세상』, 『천재 아이를 원한다면 따뜻한 부모가 되라』, 『잠자는 뇌를 깨워라』 등이 있다.

---

인간을 비롯한 고등동물은 과거의 경험을 바탕으로 하여 행동양식의 변화를 통해 향상·발전시켜 나가는 능력을 갖추고 있다. 이를 학습이라 하는데, 학습이란 과거의 경험을 기억하고, 환경에 적응해 나가는 과정이라 하겠다. 학습한 행동을 학습행동(learned behavior)이라 하며, 타고날 때부터 갖추어진 행동(innate behavior)과 구별한다. 학습은 중추신경계의 가소성 혹은 적응성의 하나라 생각되며, 이는 인류 문명과 문화 발달의 원동력이 되어 왔다. 학습은 앞으로도 인간의 무한한 발전의 원동력이 될 것이다.

### 2) 저서 소개

| 저서 1: 뇌 과학 | 저서 2: 뇌는 정말 신기해 | 저서 3: 엄마표 뇌교육 |
| --- | --- | --- |

(1) 기억이란 자극을 머리에 아로새겨 두었다가, 자극이 없는 상태에서 상기할 수 있는 정신 기능이다

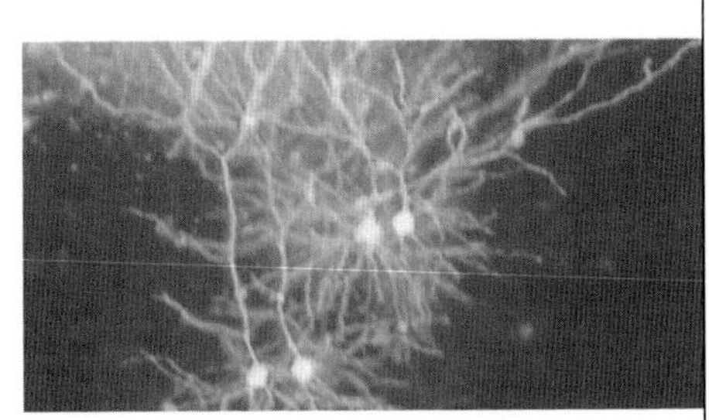

기억이란 어떤 자극(학습)에 대하여 이를 느끼고 이 것을 머리에 아로새겨 두었다가, 자극이 없어지고 나서 그 정보를 다시 상기할 수 있는 정신 기능을 말한다. 인간에게 기억하는 능력이 없었다면, 지적 성장이나 발전은 없었을 것이다. 사고·판단·학습 도 따져 보면 모두 기억을 바탕으로 한 대뇌 기능 이다. 기억의 보유시간이 짧은 기능을 단기기억이 라 한다. 이는 비교적 불안정하며, 두부에 외상을 입거나 전기충격 등으로 의식이 상실되면, 기억이 쉽게 소실된다. 하지만 어떤 기억은 여러 가지 변형 을 입어 확고해지고, 두부 외상이나 전기충격에 의 해서도 사라지지 않는 경우가 있다. 이러한 기억을 장기기억이라 부른다. 정보가 뇌 속에 확고히 고정 되어 기억 흔적으로 남기 때문으로 생각된다.

쥐의 대뇌 신경 세포(뉴런), 자극은 뉴런을 통해 전달된다.<출처: Shushruth at en. wikipedia.com>

(2) 장기기억은 물질의 형태로 존재하는 것이 아니다

인간은 성장할수록 신경세포의 가짓수가 많아지며 두터워진다. 신경전도가 활발히 일어나는 부위의 시냅스는 새로운 가지도 생겨나면서 두터워져 흥분 전도가 훨씬 원활하게 일어난다. 이런 구조적인 변화로 득징 시냅스 회로가 활성화더어 흥분전도가 회로를 쉽게 건널 수 있게 된다. 신경세뇨의 이런 작용 덕에 기억은 더 깊고, 오래 시냅스에 고정되고, 기억의 흔적으로 새겨져 회상하기가 더 쉬워진다.

그러나 이 세 단계 가운데 어느 하나라도 이상이 생기면 정확하게 기억할 수 없게 된다. 그 예로 보통 치매라고 부르는 알츠하이머병을 들 수 있다. 알츠하이머병에 걸리는 경우, 기억을 입력하는 데 중요한 구실을 하는 해마가 손상되거나 망가진다. 이런 이유 때문에 치매환자는 기억 정보가 잘 입력되지 못하여, 최근에 있었던 일을 기억하지 못하는 특징을 보인다. 그러나 오래전에 뇌에 견고하게 저장된 기억은 해마와는 관련이 없어서 치매환자들도 회상할 수 있다. 다른 예로 대뇌피질이 외상이나 치매 등 여러 요인으로 망가지면 그 부분에 저장되어 있던 기억이 없어질 수 있다. 이때는 다른 기억에는 문제가 없지만, 특정한 부위에 저장된 기억은 떠올릴 수 없게 된다.

(3) 기억 과정은 감정의 영향을 많이 받는다

일반적으로 기억 과정은 감정의 영향을 많이 받는 것으로 알려졌다. 보통은 아주 재미있었던 기억과 슬픈 기억, 두 가지 종류의 기억이 오랫동안 생생히 기억된다. 이런 기억은 세월이 많이 흘러도 잊어버리지 않고 생생히 떠올릴 수 있는데, 그 이유는 이런 감정 상태일 때 정보가 뇌에 쉽게 입력되고 견고하게 저장되기 때문이다. 기억은 우울할 때보다 즐거운 상태에서 좀 더 쉽게 떠올릴 수 있다. 따라서 항상 학습을 해야 하는 아이에게 오래 기억을 시키기 위해서는 즐겁게 공부를 하게 유도하는 편이 훨씬 효과적이다. 즐겁게 공부를 하는 것은 주의집중을 증가시켜 학습정보를 쉽게 입력, 저장할 수 있게 하여 더욱 잘 기억하게 해 준다.

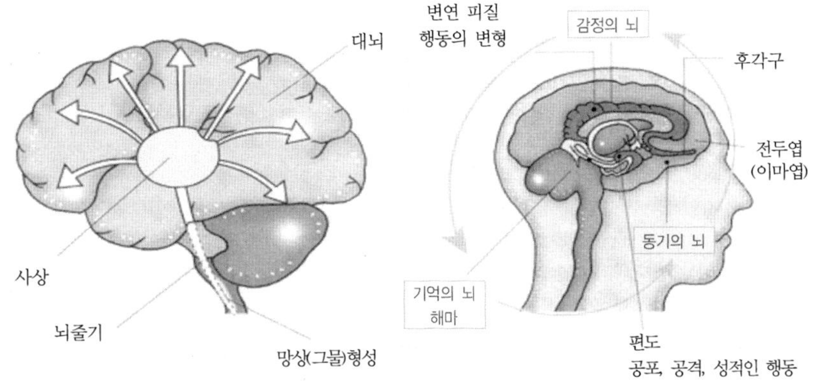


망상활성화계는 정신을 맑게 유지시켜서 집중력을 높여준다. 집중력이 높은 경우, 받아들인 자극을 훨씬 더 잘 기억 할수 있다.(왼쪽) 즐거운 상태에서 자극을 받으면 기억의 뇌인 해마가 활성화된다. 이때, 해마 앞에 붙은 전두엽도 같이 자극받아 동기부여가 생겨, 기억이 견고하게 잘 저장된다.(오른쪽)
〈출처: 서유헌, [내아이의 미래가 달라지는 엄마표 뇌교육]〉

좋은 기억력을 유지하려면, 망상활성화계의 역할도 중요하다. 뇌의 밑바닥 줄기 한가운데는 정신을 맑고 깨어 있게 유지해 주고, 집중할 수 있게 해 주는 신경 세포의 그물이 있다. 그것을 망상활성화계라고 부른다. 이 신경세포의 그물은 뇌의 맨 위쪽에 있는 대뇌신경 세포에 계속 자극을 보내 정신을 맑게 유지해 주고, 한곳으로 집중할 수 있게 해 준다. 감정이 복잡하거나 여러 갈래로 흩어질 때는 이 망상활성화계도 흩어지고 억제된다. 이럴 때는 주의력이 산만해져 기억이 잘 입력되지 않고 회상도 잘 안 된다. 좋은 기억력을 유지하려면 우선 기억하려는 일에 재미와 흥미를 느끼며 즐거운 마음 상태를 갖고 감정을 안정시켜야 하는데, 이런 상태가 망상활성화계를 자극하는 데 좋기 때문이다.

(4) 기억 기능은 이성의 뇌와 감정의 뇌가 협력해야 효과적이다

기억 기능은 최근에 진화되어 발전한 신피질(이성의 뇌)과 오래전에 만들어진 고피질(감정의 뇌)에서 하고 있다. 그러므로 고피질과 신피질에서 서로 협력하여 기억이 이루어져야 효과적일 수 있다. 이치를 따지지 않고 지식을 단순하게 암기만 하면 고피질부인 동물의 뇌민 발달하게 된다. 동물도 반복하면 단순기억은 잘 한다. 그러나 다양하고 복잡한 정보를 즐거운 마음상태에서 하게 되면, 기억의 뇌

인 해마가 활성화된다. 그러면 기억이 잘 입력되고 해마 앞쪽 전두엽에 있는 동기부여의 뇌가 자극받아 동기부여가 생겨, 기억이 대뇌피질로 올라가서 견고하게 잘 저장되고 회상이 잘 이루어진다.

어떤 문제를 풀 때는 뇌 일부를 동원하는 것보다 신피질과 고피질 전체를 동원하는 것이 훨씬 효과적이라는 것은 바로 이런 이유 때문이다.

(5) 기억력을 높이고 싶다면 감정표현에 솔직한 것이 좋다

사람이 감정을 자제하고 애써 무표정하게 있을 때, 단기 기억력이 감소한다는 새로운 연구 결과가 최근 보고되었다. 영화를 볼 때 즐겁고 우스운 장면이 나오거나 슬픈 장면이 나올 때, 웃거나 우는 것을 못 하게 감정을 억제하면 영화에 대한 기억력이 떨어지는 것으로 보고되고 있다. 감정 중추는 기억 중추인 해마와 붙어 있기 때문에 감정이 즐거울 때 기억이 잘되는 것은 너무나 당연하다. 감정을 부자연스럽게 억제하면 소수의 세포만이 기억 과정에 참가하기 때문에 기억력이 떨어진다.

예컨대 강압적인 환경에서 일하거나 강압적인 태도로 대하면, 사람들은 기가 죽고 자신의 감정을 자꾸 숨기게 된다. 더 부드럽게, 보다 민주적으로 대하는 것이 구성원의 능력 발휘뿐만 아니라 기억력에도 좋다.

## 2. 두뇌의 균형개발 효과성

**신경생물학자 로저 스페리(Roger W. Sperry) Profile**

출생 – 사망: 1913년 8월 20일(미국)~1994년 4월 17일
학력: 하버드대학교
수상: 1981년 노벨 생리의학상
경력: 1954년 신경생물학 교수
　　　1952~1953년 국립보건연구소 발생신경학 과장
　　　1946~1952년 시카고대학교 해부학 조교수, 심리학 부교수

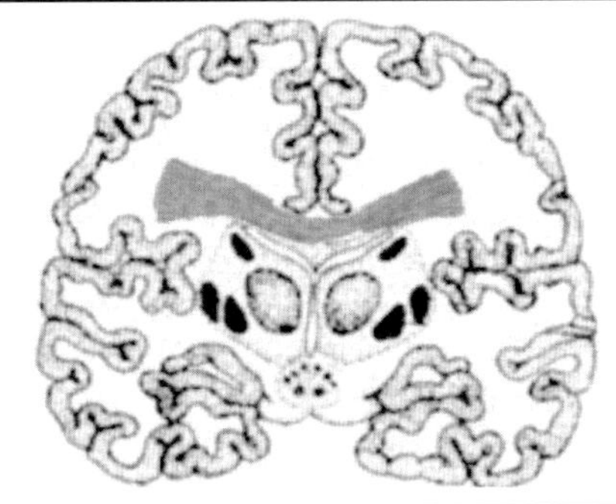



## 1) 노벨수상 연구실적

스웨덴의 카롤린스키 의학 연구소는 1981년 노벨의학상을 수상한 스페리 교수에 관하여 "눈을 통해서 외부세계의 정보가 두뇌에 도달하는 비밀을 명쾌히 밝혀낸 공로로 수상했다." 특히 스페리 박사는 "두뇌 반구가 갖고 있는 비밀을 캐내는데 놀라운 업적을 거두었으며 이들의 의학적 발전은 시각을 통해 들어오는 '충격 메시지의 비밀암호'를 해석해 내는 두뇌능력 연구에 돌파구를 마련해 주었다고 찬양했다."

노벨수상자인 로저 스페리 교수는 하버드대학교 졸업 후 60년대 초부터 원숭이를 이용, 뇌반구(腦半球)의 기능에 관한 연구를 시작해서 좌우 반구를 연결하는 신경이 절단될 경우 양쪽 반구는 독자적으로 지각 기능을 보유하게 된다는 사실을 발견했다.

스페리 교수는 뇌의 좌측반구는 추상적 추리와 논리, 언어, 지시, 쓰기와 수학석 계산 등의 기능을 수행하며 우측반구는 운전으로 말하자면 운전 자체는 좌반구에 맡기고 스스로는 수동적인 탑승자 기능을 한다는 사실을 밝혀내고 뇌신경 절단 수술이 환자의 지각기능을 상실하지 않는다는 것을 입증했다.

## 2) 양 뇌의 기능과 인격적용

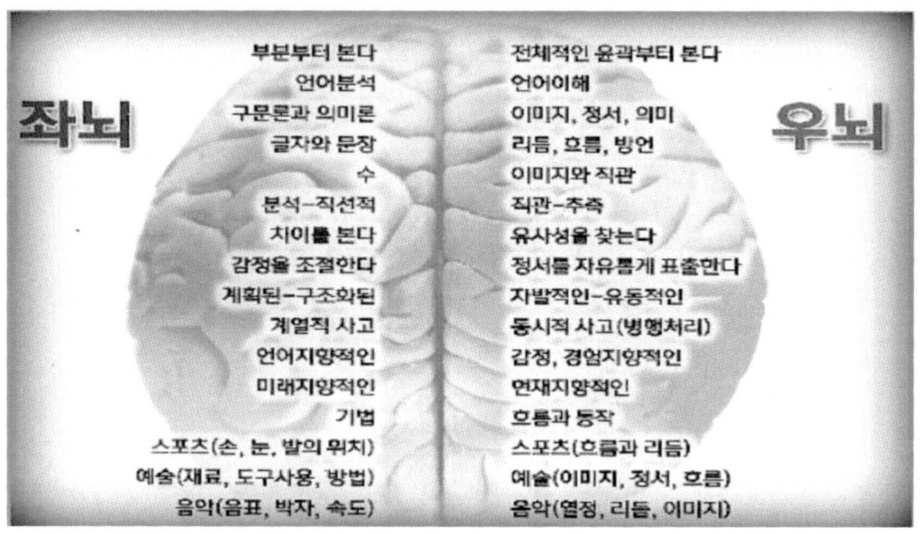


| 좌뇌의 기능 | 우뇌의 기능 |
|---|---|
| 1. **숫자**: 비용을 계산하고 기록하는 데 사용된다.<br>2. **단어**: 말이나 글로 커뮤니케이션을 할 때 사용된다.<br>3. **논리**: 업무와 관련된 결정을 내리는 데 도움을 준다.<br>4. **목록**: 많은 양의 정보를 정리하고 관리하는 데 도움을 준다.<br>5. **세부사항**: 완벽한 그림을 그리고 분석을 지원하고 세부사항을 규정하는 데 도움을 준다. | 1. **그림**: 매뉴얼이나 상황을 말로 설명할 때 사용한다.<br>2. **상상**: 서비스와 제품에 대한 새로운 아이디어를 생각할 때 사용한다.<br>3. **색상**: 포장, 그래프, 차트, 프레젠테이션에서 사용될 수 있다.<br>4. **리듬**: 대화리듬이나 구매주기 리듬 같은 것들이 있다.<br>5. **공간**: 상황에 따라 여러 가지 의미를 가지는데, 건물에서 공간은 설계도가 될 수 있고, 회의에서는 좌석 배치가 될 수 있다. |
| **특징**-말을 하거나 계산하는 식의 논리적인 기능을 관장<br>**언어**-언어적 기능: 이름 기억을 잘함, 대화 시 단어를 더 많이 사용, 언어적인 자료의 기억, 언어적 정보의 학습에 익숙<br>**문제해결**-분석적(논리적): 체계적인 방법으로 문제해결, 논리적인 생각, 사고 | **특징**-음악을 듣거나 그림을 보거나 어떤 이미지를 떠올리는 기능<br>**언어**-비언어적 기능: 얼굴 기억을 잘함, 대화 시 신체언어 사용, 음조적인 자료의 기억, 경험적-활동적인 학습에 익숙<br>**문제해결**-직관적(은유적): 지각적 판단에 의해 문제해결, 유머러스한 생각, 행동 |
| **학습**-직역적: 논리적 추리를 통한 학습, 수학학습에 익숙<br>**감정**-이성적, 인지적: 감정억제, 지적, 기존의 것을 개선 선호, 사실적-현실적인 것을 선호<br>**운동**-신체의 우측, 기억을 통한 운동의 언어적 표현 | **학습**-공간적: 기하학적 학습, 공간적-시간적 과정을 통한 학습에 익숙<br>**감정**-감정적, 예술적: 감정발산, 창조적, 새로운 사실 발견의 선호<br>**운동**-신체의 좌측, 공간적 운동, 운동기억, 창의적 운동 |

노벨수상자인 로저 스페리 교수에 의하면 지금까지 하나의 뇌라는 개념을 깨

고 좌측 뇌와 우측 뇌의 구조와 서로 다른 기능과 조화 등을 발표하고 특히 오늘날 합리적인 좌뇌개발에 편중하고 있는 상황에서 감성적인 우뇌 개발에 관심을 갖게 됨으로 두뇌의 균형개발로 전인적인 인간상 정립에 크게 기여할 수 있게 되었다. 인격개발은 구체적으로 양뇌이론 차원에서 인격의 3요소인 지정의(知情意)에 접견하여 균형과 조화를 이루었다.

특히 오늘날 인재개발에서 인간의 좌뇌는 논리와 이성적 기능을, 우뇌는 창조 직관과 예술적 사고를 담당한다는 이론에 의거하여 좌뇌형 교육 위주였던 우리나라 교육 패턴에 '잠재력'의 80%가 잠자고 있는 '우뇌가 숨겨진 또 다른 미래'인 셈이다.

인간은 양뇌적(兩腦的) 의식을 가지고 있다.

한쪽은 수학적이고 과학적이며 논리적인 사고에 편리한 좌뇌의식이며 음양론적인 견지에서는 음(陰)의 성질을 가지고 있다.

다른 한쪽은 감성적이고 종교적이며 예술적인 사고에 편리한 우뇌의식이며 음양론적인 견지에서는 양(陽)의 성질을 가지고 있다.

좌뇌의식은 지식을 고양시키고 우뇌의식은 지성을 고양시킨다.

지식으로는 사랑을 만들어 낼 수 없어도 지성으로는 사랑을 만들어 낼 수 있다.

좌뇌의식은 일시적이고 부분적인 효율성에 집착하는 특성을 가지고 있으며 우뇌의식은 전체적이고 장기적인 효율성에 헌신하는 특성을 가지고 있다.

| 좌측 뇌 | 구분 | 우측 뇌 |
| --- | --- | --- |
| 지성, 언어, 수리 | 기능 | 감성, 덕성, 영성 |
| 1을 기준으로 할 때 | 기억용량 | 1,000배 |
| 500자/분당 | 속독력 | 400배/(분당 20만 자) |
| 10분 걸리는 미적분 | 연산능력 | 300배(2~3초에 풀고) |
| 직렬 | 정보처리능력 | 1,000배(병렬) |
| 논리적 틀 속 제한 | 상상력 | 寶庫(무한 가까운 창의력과 상상력) |

## 3) 양뇌의 상호 연결 기능

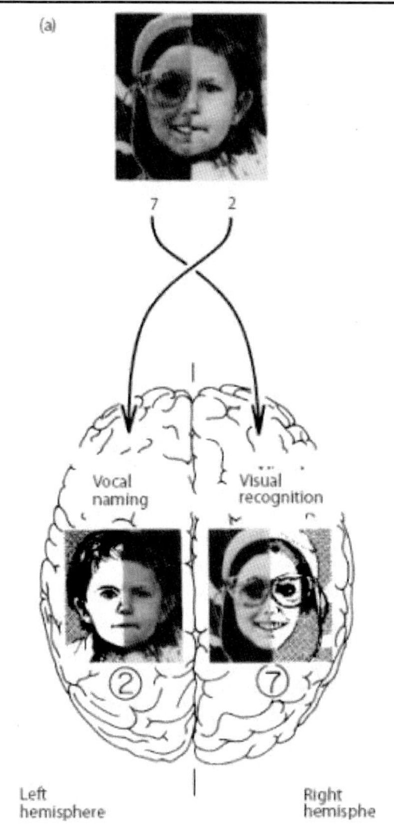



좌측 그림의 위에는 인물 사진이 있다. 이 사진은 나누어서 왼쪽과 오른쪽에 다른 사람을 반반씩 붙여 놓은 것이다. 뇌량절제술을 받은 사람들에게 이 사진을 보여 주고 사진에 누가 있냐고 물으면 오른쪽에 보이는 소녀만을 이야기한다. 하지만 직접 골라 보라고 여러 사진들을 주면 왼쪽의 여자사진을 골라낸다. 이러한 난감함이 수술을 받은 사람들의 말과 행동이 다르다는 것이다. 그리고 이 환자들은 종종 두 개의 자아가 있는 듯이 행동한다. 오른손에 책을 들고 읽고 있는데 왼손이 가로챈다든지(그의 반분은 책을 싫어하는 것인 듯……) 옷을 한 손에 들고 또 고르고 있다든지 등등 많은 사례가 있다.

이 실험을 진행했던 Roger Sperry와 Michael Gazzaniga의 덕분에 좌반구는 언어처리에 지배적이고, 우반구는 시각－공간지각에 지배적이라는 사실을 알았다. 또한 뇌량이 그 둘의 정보를 상호 교환하는 다리와 같은 중요한 역할을 한다는 사실을 알게 되었고 이 연구로 노벨상을 탔다.

참고로, 처음에 '뇌량절제술'로 노벨상을 탔던 의사는 자신이 수술했던 환자에게 총으로 죽임을 당했다고 한다.

이미지 출처:
1. http://www.psyblogs.net/neuropsychologie/?post//Decouverte-historique-du-systeme-nerveux
2. http://www.wiredtowinthemovie.com/mindtrip_xml.html
3. http://www.answers.com/topic/split-brain-and-the-mind

## 3. 영재들의 두뇌활동 7가지 습관

국내 유일의 영재교육기관 한국과학영재고등학교 전교생을 대상으로 **두뇌활용**에 대한 설문조사가 진행된 후 '영재들의 7가지 **두뇌활용** 습관'이 발표됐다. 이 7가지 습관을 잘 살펴보고 우리 아이들에게도 좋은 습관을 만들어 주도록 하자.

영재들은 과연 어떤 습관들을 가지고 있을까? 습관은 아이들의 인격과 인생까지 변화시키기 때문에 사소한 습관 하나하나가 매우 중요하다. "스스로 좋은 습관을 만들어 실천하고 나쁜 습관을 몰아내면 재능이나 노력에 관계없이 인생을 성공으로 이끌 수 있다." 이 말처럼 습관은 꾸준히 실천한다면 쉽게 자기 것으로 만들 수 있다.

국내 유일의 영재 교육 기관인
한국과학영재고등학교 전교생을 대상으로
두뇌 활동에 대한 설문조사가 진행된 후
"영재들의 7가지 두뇌 활용 습관"이 발표되었다.

이 7가지 습관을 잘 살펴보고
우리 아이들에게도 좋은 습관을 만들어 줄까요?

***명상이나 산책 등을 통해
뇌의 상태를 평온하게 만든다***

마음을 평온히 유지하는 것은
자신의 상태를 정확히 인식하는 중요한 습관입니다.

집중이 안되거나 현 상태에서 무언가 변화를 주고 싶을 때
명상이나 호흡, 산책 등은
자신의 뇌상태를 평안하게 하는 지름길이 됩니다.

***집중이 안되면 빠르게
뇌 상태를 바꾼다***

현재 상태가 문제 있을 때 가장 좋은 것은
시간과 공간을 달리하거나 새로운 일을 하는 것 입니다.

뇌가 새로운 환경에 직면하면
뇌에 신선한 자극이 되기 때문이죠.

영재고 학생들은 집중이 안될 때
숙면을 취하거나 명상, 음악, 운동, 게임 등을 통해
기존의 상태에서 빨리 벗어나려고 한다.
이것은 훌륭한 두뇌 활용 습관입니다.

***적절한 운동을 통해
뇌를 건강하게 한다.***

체력관리는 뇌를 맑게 유지하는 기본이 됩니다.

영재고 학생 10명 가운데 8명이 간단한 스트레칭부터
구기 운동을 기본적으로 하고 있었습니다.

육체를 움직이면 두뇌 활동을 원활이 하는 데
큰 도움이 되겠죠?

***예습보다 복습에 더 집중한다***

미리하는 것보다 뇌속의 정보를
다시 한 번 정리하는 것이 효과적입니다

영재고 10명 중 8명은
복습이 예습보다 더 중요하다고 생각했다고 하네요.

***시간이 없을 땐 부족한
것에 집중한다***

모든 것을 다할 수 없는 법입니다.
한정된 시간이 주어질 때는
잘하는 것보다는 부족한 것에 집중하세요.

시간 대비 효과나 자신감 측면을 고려했을 때
다소 부족한 것의 정보를 습득하는 것이 더
효과적입니다

*꾸준한 독서로 다양한
지식을 뇌에 공급한다*

교과서나 학습지 외에 다양한 독서를 통해
색다른 정보를 받아들이는 것은
두뇌의 유연성을 확대하고
새로움에 대한 뇌 기능 발달에도 효과적입니다.

*중요한 날 전에는 충분한
휴식으로 뇌를 편안하게 한다*

뇌가 긴장하면 뇌 기능이 쉽사리 발현되지 않습니다.

중요한 날 전에는 뇌를 편안한 상태로 두거나

정리한 내용 위주로 체크하는 것이
뇌를 최적의 상태로 유지하는 데 좋습니다.

# 5-2. 멘토 활용 인격개발

일반교육은 대체적으로 한 사람 강사가 다수를 수강인원으로 학습을 진행하고 단시간에 이뤄지기 때문에 물리적인 차원에서 어느 정도 영향력을 줄 수 있으나 멘토 양성교육은 한 사람(A Person)을 한 사람 멘토(A Mentor)가 1:1로 연결을 맺고 12개월 등 장시간 전인적인 방법으로 진행하는 것이다.

한편 그의 핵심역량을 최대한 발휘함으로써 자기와 같은 리더(A Leader)로 재생산(Reproducting)하는 것을 목표로 삼는 것이다.

[일반 리더십 교육과 멘토리더 양성교육 차별]

| 일반 리더십 교육 | 구 분 | 멘토 리더 양성교육 |
|---|---|---|
| 사람들(People)에게 | 대상 | 한 사람(A Person)에게 |
| 영향력(Influence)을 발휘하여 | 내용 | 역량(Competency)을 발휘하여 |
| 많은 추종자들(Followers)을 얻는 일 | 목적 | 한 리더(A Leader)를 얻는 일 |
| 양적(Quantity) 성장평가 | 평가 | 질적(Quality) 성장평가 |
| 망원경적 리더십/숲을 보는 리더십 | ynergy | 현미경적 리더십/나무 보는 리더십 |

[멘토 활용 인격개발 10Skill 개요 도표]

| 인격요소 | NO | 10Skill | 비고 |
|---|---|---|---|
| 知-전문 | 1 | 경청하기[Listening for Menger] | |
| | 2 | 이해하기[Understanding for Menger] | |
| | 3 | 진실하기[Integriting for Menger] | |
| 情-정서 | 4 | 관계 맺기[Connecting for Menger] | |
| | 5 | 양육하기[Nurturing for Menger] | |
| | 6 | 믿어 주기[Beliving for Menger] | |
| 意-의지 | 7 | 성장하기[Enlarging for Menger] | |
| | 8 | 항해하기[Navigating for Menger] | |
| | 9 | 능력 주기[Empowering for Menger] | |
| | 10 | 재생산하기[Reproducing for Menger] | |

# 1. 멘토 인재개발 원리

멘토링 프로그램은 왕자 교육이라는 고품질의 인재개발에서부터 출발한다. 한 왕자를 위하여 멘토는 전인적인 삶이라는 주제로 지혜롭고 현명한 왕으로 성장시켰다. 그러한 멘토 인재개발 원리를 알기 쉽게 5가지로 요약해서 설명하고자 한다.

■ **원리 1: 한 사람 멘토(Mentor)와 한 사람 멘제(Menger)를 선정한다.**

멘토/멘제를 선정하는 것은 특별한 기준이 있어야 한다. 일반적으로 아무나 선정하는 것이 아니라 각 조직마다 멘토링 목표에 맞게 특정한 사람을 멘토와 멘제로 선정한다는 의미가 내포되어 있다.

■ **원리 2: 일정 기간 동안 멘제 중심의 1:1 관계를 맺는다.**

멘토링 활동에는 조직마다 멘토와 멘제에게 약정한 기간을 설정해 주어야 한다.

특히 1:1로 연결하고 활동을 하되 멘제 중심의 활동이 이뤄져야만 올바른 멘토링이라고 볼 수 있다.

당초 왕자 텔레마코스에 초점을 맞추고 멘토 선생이 20년간 집중적으로 열정을 다하여 현명한 지도자로 성장시켰다는 것에 유의해야 한다. 멘토나 리더가 중심이 된다는 것은 멘토링의 활동에서 본질에 크게 벗어나고 있다는 것을 알아야 한다.

■ **원리 3: 멘토의 역량(Competency)을 최대한 발휘한다.**

멘토가 멘제를 위하여 자신의 가장 노하우 격인 역량(남이 따를 수 없는 경쟁력 있는 능력)을 발휘하여 멘제를 업그레이드하는 데 전심전력을 다하여야 한다.

멘토와 멘제가 미팅 시 신변잡기 차원의 모임이라면 효과를 거두기에는 어렵다고 본다. 특히 멘토가 제대로 역량을 갖추고 멘제에게 전이(轉移)가 이뤄진다면 자동적으로 지식경영과 학습조직이 이뤄진다고 볼 수 있다.

■ **원리 4: 멘제의 특성과 잠재력을 개발한다.**

멘토링 활동이 성공하려면 가장 중요한 포인트가 멘제의 DB를 구축하는 것이다. 개인의 인적 사항은 물론이고 상호 간 관계를 더욱 돈독히 하기 위하여 예를

들면 성격 분석을 통하여 멘토/멘제 상호 성격의 차이를 극복하는 데 노력하여야
한다.

잠재력이라는 것은 멘토/멘제의 가치개발에 초점을 두되 당초 멘토가 텔레마코
스에게 20년 동안 교재로 수학, 철학, 논리학을 가르쳤듯이 오늘날 멘토링의 교육
훈련 프로그램의 내용(Contents)은 인격으로서 그 가치를 개발하여 업그레이드하
는 데 중점을 두고 있다.

■ **원리 5: 인격을 갖춘 차세대 리더로 세우는 원투원 멘토십이다.**

멘토가 멘제를 일정기간 동안 멘토링 함에 있어 먼저 자신의 인격, 즉 지정의
에 대한 역량을 서비스하는 것이다. 멘제가 인격적으로 업그레이드한다는 뜻은
지적 분야만 힘쓸 것이 아니라 정적 분야, 절제력이나 판단력 분야 등 균형을 맞
춰 개발한다는 것이다.

여기서 리더라는 뜻은 두 가지 면으로 생각할 수 있다. 첫째는 위대한 지도자
로 사회적으로 큰 영향력을 발휘한다는 것이고, 둘째는 조직 적용 멘토링에서 리
더라는 개념은 멘토의 도움을 받은 멘제가 일정기간이 지나서 멘제 자신도 도움
주는 멘토로 생활 태도가 바뀌는 재생산(Reproducting)을 의미한다.


## 2. Diamond 인재개발 모형도

멘토 Diamond 인재개발은 다이아몬드형 야구 Base와 같이 멘토링 활동이 이루
어지는 것을 의미한다. 다음 도표와 같이 홈~1루 - 모델단계(Modeling), 1루~2루
동기부여단계(Motivating), 2루~3루 - 멘토링단계(Mentoring), 3루~홈 - 재생산단계
(Reproducting) 멘토링으로 표시한다.

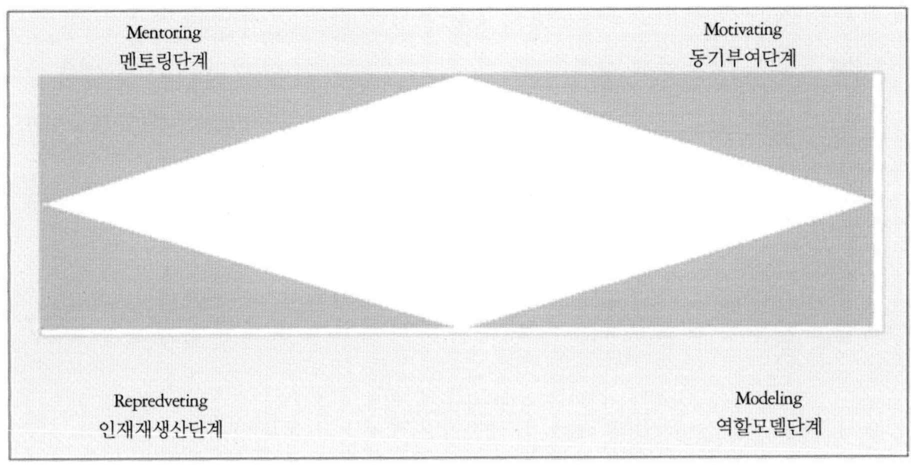


## 3. 인재개발 4단계별 10 - Skill

### ■ 1단계: 역할모델(Modeling)

사람들은 눈으로 보는 것의 영향을 먼저 받는다. 아이를 기르는 엄마라면 이 점을 느꼈을 것이다. 엄마가 아이에게 아무리 말을 해도 정작 아이가 받아들이는 것은 엄마의 말이 아니라 행동이다. 누군가에게 믿고 존경할 만한 자질이 있다고 생각되면 대부분의 사람들은 자신의 삶에 영향을 미칠 사람으로 그를 찾는다. 그리고 그를 알면 알수록 그에 대해 더 많은 신뢰감을 가지고 그의 영향을 더 많이 받는다. 단, 눈에 보이는 그의 행동이 맘에 들면 말이다.

- 모르는 사람을 만니면 처음에는 전혀 영향력을 발휘할 수 없다. 그러나 그가 믿는 누군가가 다리를 놓아 주면 잠시 그 사람의 영향력 일부를 '빌릴' 수 있다. 그러면 그는 여러분을 제대로 알기 전까지 여러분을 믿을 만한 사람으로 가정한다. 하지만 시간이 흐를수록 여러분이 어떠한 행동을 보이는지에 따라 그 영향력을 높일 수도 잃을 수도 있다.

- 흥미롭게도 유명인사의 경우는 그렇지 않을 수도 있다. 많은 사람이 텔레비전이나 영화 등의 대중 매체에서만 보았을 뿐 직접 보지 못한 유명인사에게서 큰 영향을 받는다. 그러한 경우 주로 그 유명인사의 실제 삶이 아니라 대

중매체를 통한 이미지에 영향을 받는데 그 이미지는 배우나 정치인, 스포츠 스타, 연예인의 실제 삶과 다를 수 있다. 그럼에도 많은 사람이 유명인사를 존경한다. 그리고 대중매체 속에서 비춰지는 그들의 행동과 태도를 그대로 믿고 그 영향을 받는다.

－여러분은 역할 모델이 될 수 있지만 더 높은 수준의 영향력으로 나아가기 위해서는 각 사람과 협력해야 한다.

Skill 1. 진실하기(Integriting for Menger)


■ **2단계: 동기부여(Motivating)**

좋은 방향으로든 나쁜 방향으로든 역할모델이 되기만 해도 강력한 영향력을 발휘할 수 있다. 또 멀리 떨어진 사람에게도 영향을 미칠 수 있다. 하지만 멘제의 삶에 진정한 영향을 미치고 싶다면 가까이 다가가야 한다. 바로 두 번째 단계인 동기부여로 나아가는 것이다. 감정에 호소할 때 동기를 부여할 수 있다. 이 과정은 다음 두 가지 결과를 낳는다. 1) 서로 간에 다리가 놓인다. 2) 서로 간에 신뢰가 쌓이고 자신감이 생긴다. 멘제와 함께 있는 동안 자신과 멘제에 대해 좋은 감정을 가질 때 멘제의 영향력도 매우 커진다.

Skill 2. 양육하기(Nurturing for Menger)

Skill 3. 믿어 주기(Beliving for Menger)

Skill 4. 경청하기(Listening for Menger)

Skill 5. 이해하기(Understanding for Menger)


■ **3단계: 멘토링 활동(Mentoring)**

상대방에게 동기를 부여하는 단계에 이르면 그 삶에 좋은 영향력을 줄 수 있다. 그러나 더 강력하고 오래 가는 영향력을 원한다면 다음 단계인 멘토링으로 나아가야 한다.

멘토링이란 멘토가 상대방 멘제의 적성(Aptitude)을 찾아 역량(Competency)을 발휘할 수 있도록 자신의 삶을 쏟아 돕는 것이다. 이 멘토링의 힘은 매우 강력해서

눈앞에서 멘제의 삶이 변하는 것을 볼 수 있다.

멘토는 정열을 쏟아 멘제의 삶의 장애물을 극복하도록 돕고 인간성(Humanity)과 생산성(Productivity) 현장에서 성장하고 발전할 수 있는 방법을 제시하면 결국 삶을 바꾸어 놓을 수 있다.

Skill 6. 성장하기(Enlarging for Menger)

Skill 7. 항해하기(Navigating for Menger)

Skill 8. 관계 맺기(Connecting for Menger)

Skill 9. 능력부여(Empowering for Menger)

### ■ 4단계: 인재재생산(Reproducting)

상대방 멘제의 삶에 미칠 수 있는 가장 높은 단계의 영향력은 재생산이다. 재생산이란 멘토가 또 다른 사람 멘제의 삶에 좋은 영향을 미치고, 배운 것에 스스로 터득한 것을 보태 전달할 수 있도록 돕는 것이다. 이 4단계에 이르는 멘토들은 인내가 필요하지만 누구나 가능성이 있다. 이기심에서 이타심으로 관용을 가져야 하며 시간과 노력이 필요하다.

또 사람에 대한 영향력을 높이려면 개인적인 관심과 애정을 가져야 한다. 여러 사람에게 모범을 보이는 단계를 넘어 더 높은 단계의 영향력으로 나아가기 위해서는 각 멘제들과 일일이 협력해야 하는 것이다.

Skill 10 재생산하기 Reproducting for Menger

## 4. 인재개발 10 Skill Workshop

### Skill 1. 진실하기 Integriting for Menger

진실성은 집의 기초와도 같다. 기초가 튼튼한 집은 비바람이 몰아쳐도 무너지지 않는다. 반면 기초에 금이 간 상태에서 폭풍우가 몰아치면 그 금이 더욱 깊어져 기초, 그리고 나중에는 집 전체가 무너지고 만다. 이것이 진실성을 잃지 않으려는 작은 잘못부터 고쳐야 하는 이유다.

■ **멘토 자신의 훌륭한 인격을 개발하는 데 전념하라.**
과거에 여러분은 자신의 인격을 전적으로 책임졌는가? 영향력이 큰 사람이 되려면 그렇게 해야 한다. 어려운 상황에 처했거나 상처를 받은 경험이 있는가? 잠시 잊어 보라. 이 모든 것을 잠시 잊고 남은 것 중에 확고한 진실성이 없다면 오늘부터 당장 삶의 방식을 바꾸어라.
다음 서약서를 읽고 아래에 서명하라.
인격적인 사람이 되도록 노력하겠습니다. 진실과 신뢰, 정직을 제 삶의 중심에 놓겠습니다. 제가 대접받고 싶은 대로 남을 대접하겠습니다. 삶의 어떤 순간에도 최고 수준의 진실성을 갖고 살겠습니다.

성명:　　　　　　서명:　　　　　　날짜:

■ **작은 일부터 하라.**
다음 주 동안 인격과 관련된 자신의 습관을 유심히 관찰해 보라. 다음과 같은 행동을 할 때마다 기록해 보라.
－진실을 모두 말하지 않는다.
－확실히 약속을 했건 넌지시 비췄건 약속을 지키지 않는다.
－해야 할 일을 다음으로 미룬다.
－비밀에 붙여야 할 일을 발설한다.

■ **원하는 일보다 해야 할 일을 먼저 하라.**
이번 주 동안, 해야 하지만 미루어 두었던 일을 하루에 두 개씩 찾아라. 그리고 다른 일보다 그 일을 먼저 하라.


## Skill 2. 양육하기 Nurturing for Menger

'양육'하면 머리에 가장 먼저 무엇이 떠오르는가? 아마도 대개는 아기를 달래는 엄마를 떠올릴 것이다. 엄마는 아기를 돌보고 보호하며 젖을 준다. 또 격려하고 필요를 채워 준다. 시간이 남거나 편리할 때만 관심을 기울이는 것이 아니다.

아기를 진심으로 사랑하고 잘 자라기를 바란다. 마찬가지로 멘제를 돕고 영향력을 발휘하려면 사랑과 관심을 가져야 한다.

멘제에게 좋은 영향을 미치고 싶은 멘토는 그를 미워하거나 깔보지 않아야 한다. 오히려 사랑하고 존경한다는 표현을 해야 한다.


■ **집과 회사, 학교, 교회에서 양육하는 분위기를 조성하라.**
주위 사람에게 사랑과 자존, 안정감을 주겠다는 목표를 가져라. 그러기 위해 멘제의 흠을 말하기보다. 장점을 찾아 말해 주어라.

■ **특별한 격려를 하라.**
이번 달에 격려할 사람을 멘제를 비롯해서 두세 명 선택하라. 각 사람에게 짧은 글을 써 보내고 그들과 가까이 지내라. 대가를 바라지 말고 그들에게 시간을 투자하라. 그리고 나서 월말에 그들의 긍정적인 변화가 있었는지 점검하라.

■ **관계를 회복하라.**
여러분이 과거에 나쁜 영향을 미쳤던 한 사람을 선택하라. 가령 멘제를 포함하여 동료, 가족, 직원 등 누구라도 상관없다. 그 사람을 찾아가서 과거의 행동이나 말에 대해 사과하라. 그리고 나서 그의 장점을 찾아 말해 주어라. 다음 몇 주간에 걸쳐 그의 관계를 어떻게 회복할지 고심하라.

## Skill 3. 믿어 주기 Beliving for Menger

남에 대한 신뢰는 남과 협력할 때 영향력 있는 사람에게 꼭 필요한 자질이다. 그러나 오늘날 많은 사람들이 자신을 믿지 못한다. 그리고 실패할까 두려워한다. 심지어 터널 끝에 빛이 보여도 그것을 자신에게 달려오는 기차로 생각하고 절망하고 만다. 항상 부정적인 측면만 보는 것이다. 하지만 사실은 어려움 때문에 실패하는 것이 아니다. 오히려 자신을 신뢰하지 못해 실패하는 경우가 많다. 조금만 자신감을 가져도 놀라운 일을 해낼 수 있지만 그렇지 않으면 정말 곤란한 상황에 빠지고 만다.

---

■ 장점을 찾아라.
멘제에게 용기를 주고 싶은가? 그렇다면 그 사람의 장점을 찾아 말해 주어라. 미팅할 때마다 그에 대한 신뢰를 표현하라.

■ 과거의 성공을 이용하라.
멘제에게 곧 어려운 일을 맡겨야 한다면 그가 과거에 거둔 성공을 상기하라. 그리고 나서 그를 만날 때마다 그것들을 검토하라. 만약 이렇게 했는데도 과거의 어떠한 성공도 기억나지 않는다면 시간을 너무 적게 투자한 탓이다. 서로 잘 알기 위해 충분히 시간을 투자하라.

■ 실패를 극복할 수 있도록 도움을 주어라.
최근 주위에서 실패를 경험한 멘제나 친구, 직원, 가족이 있을 수 있다. 시간을 내어 그와 이야기를 나누어라. 이야기의 전말을 들어 보고 자신감을 심어 주어라. 또 그에 대한 확고한 신뢰를 표현하라.

■ 지금 당장 시작하라.
조직을 위해 새로운 인력을 영입한 후에는 즉시 멘토링 관계를 형성하라. 가만히 앉아서 그가 성공하기를 기다리기보다는 그의 인격과 능력에 대한 신뢰를 계속해서 표현하라. 그러면 여러분의 기대에 부응하려는 그의 모습을 즐거운 마음으로 지켜볼 수 있게 될 것이다.

---

## Skill 4. 경청하기 Listening for Menger

뛰어난 리더들이 영향력을 발휘하고 성공하기 위해 꼭 필요한 요소로 꼽는 기술이 있다. 과연 무엇인지 알겠는가? 바로 듣는 기술이다. 그런데 듣는 기술의 중요성을 알고 있는 사람은 그리 많지 않다. 사람들이 대화할 때 자주 범하는 실수는 남의 관심을 끌기 위해 필요 이상으로 노력한다는 것이다. 똑똑하고 재치가 넘치며 유머가 넘치는 사람으로 보이고 싶어 하는 것이다. 그러나 생산적인 대화를 나누려면 남의 말에 관심을 기울일 수 있어야 한다. 관심을 끌려 하지 말고 관심을 기울여라. 크게 생각하는 사람은 듣기를 독점하고 작게 생각하는 사람은 말하기를 독점한다. 그러므로 멘제의 말을 잘 경청하는 사람은 그와 더 깊고 강한 관계를 맺을 수 있는 것이다.

- 자신의 듣는 기술을 평가하라.

친구에게 다음 질문을 하면서, 멘토는 다음 아홉 가지 질문에서 자신의 듣는 기술을 평가하라. 그리고 '아니오'라는 질문에 대해 친구의 설명을 들어 보아라. 단 친구가 설명하는 동안 끼어들거나 변명해서는 안 된다.

1. 나는 상대방이 말하는 동안 그 얼굴을 쳐다보는가?
2. 상대방이 말을 마칠 때까지 기다리는가?
3. 상대방의 말을 이해하려고 애쓰는가?
4. 말하는 순간 상대방의 의도를 헤아리는가?
5. 항상 내 감정을 점검하는가?
6. 이야기의 전말을 듣기 전까지 판단을 보류하는가?
7. 상대방이 말할 때 가끔씩 그 말을 정리해 주는가?
8. 필요할 때마다 확인을 위한 질문을 하는가?
9. 대화할 때 먼저 들으려고 노력하는가?

- 개선을 위한 방법

1.

2.

3.

몇 주 동안 위의 방법대로 노력해 보아라.

- 실제로 듣는 연습을 하라.

멘토링 활동 중에 있는 멘제와 이번 중에 만나 한 시간 동안 대화만을 나누어라.
그 사람에게 모든 관심을 기울이고 그 시간의 3분의 2를 듣는 데 사용하라.

## Skill 5. 이해하기 Understanding for Menger

멘제를 이해하면 그만큼 좋은 대화를 나눌 수 있다. 멘제를 설득할 때 가장 큰 실수는 자신의 생각과 감정을 무리하게 표현하려고만 애쓰는 것이다. 멘제가 정말 원하는 것은 그의 인격을 존중하고 현재 상황을 이해하며 자신의 말을 귀담아 들어 주는 것이다. 멘토가 멘제를 이해해 주는 순간 그도 멘토의 관점을 이해하려고 노력하게 된다. 멘제의 생각과 감정, 동기, 주어진 상황에서 행동과 반응을 이해할 수 있을 때 비로소 그에게 좋은 영향을 미칠 수 있는 법이다.

■ 멘토의 이해능력 평가하기
다음과 같은 기준으로 멘토인 자신의 이해능력을 평가하라.
- 매우 뛰어남-거의 모든 상황에서 멘제의 감정과 행동을 예측할 수 있다. 이해능력은 나 자신의 최대 장점
  중의 하나다.
- 뛰어남-항상 멘제의 행동과 요구에 귀를 기울인다. 이해능력은 내 자산(資産)이다.
- 보통-멘제의 생각을 예측할 때도 있지만 그렇지 못할 때도 그만큼 많다. 나의 이해능력은 평범하다.
- 부족함-멘제의 감정과 동기를 거의 모르겠다. 분명 이해능력 개선이 필요를 느낀다.

■ 평가 후 행동 절차
매우 뛰어나는 평가가 나왔으면 남에게 그 비결을 가르쳐 주어라. 뛰어나거나 평범한 평가가 나왔으면 계속해
서 배우고 발전하라. 새로운 사람을 만날 때마다 다음 4가지 질문을 이용해 이해력을 즉시 향상시킬 수 있다.
- 멘제는 어디서 왔는가?
- 멘제는 어디로 가기를 원하는가?
- 현재 멘제가 원하는 것은 무엇인가?
- 내가 멘제를 어떻게 도울 수 있는가?

■ 멘토 자신의 이해능력이 생각보다 못하다면
다음의 말을 마음에 깊이 새겨라.
"사랑하는 사람은 사랑의 세계에서 산다. 반면 미워하는 사람은 미움의 세계에서 산다. 요컨대 당신이 만나는
모든 사람은 당신의 거울이다(Ken Keyes, Jr.)."

## Skill 6. 성장하기 Enlarging for Menger

멘토링 활동에서 멘제에게 성장할 동기를 주면서 수단을 제시하지 않으면 별 소용이 없다. 멘토는 멘제의 잠재력과 꿈을 현실로 바꿀 기회를 계속적으로 제공해야 한다. 일단 멘토링을 통해 미친 영향력은 영원히 사라지지 않는다고 말할 수 있다. "자신에게 맞지 않는 일에 열정을 허비하지 않는 사람은 현명하다. 그러나 자신이 잘할 수 있는 일을 찾아 그것에 최선을 다하는 사람은 더욱 현명하다."(William Gladstone 英 정치가) 자신이 잘할 수 있는 역량(Competency)을 알고 있는 사람은 그리 많지 않다. 대부분 사람들은 그 역량을 찾아 성장하고 꿈을 실현하기 위해 도움을 필요로 한다. 이것이 멘토링이 꼭 필요한 이유이다. 그러므로 멘토는 멘제의 인격과 직업의 성장에 있어 홀로 설 수 있을 때까지 시도해야 한다. 훌륭한 멘토링은 멘제를 성장으로 이끄는 것이다. 멘토링의 4가지 방법은 멘제를 성장시킨다. 멘제를 도와 항해하면서 인생의 문제를 해결한다. 멘제와 더 깊은 관계를 맺는다. 그리고 멘제의 잠재력을 최고도로 발휘할 수 있도록 능력을 부여하는 것이다.

■ 누구를 성장시킬 것인가?

멘토가 성장시킬 후보 멘제를 세 명만 골라 기록하라. 여러분과 인생철학이 비슷한 사람, 그 잠재력을 여러분이 믿을 수 있는 사람, 여러분이 좋은 영향을 미칠 수 있는 사람, 성장할 준비가 된 사람을 선택하라.

1.
2.
3.

■ 성장 일정

다음 양식을 이용해, 위에서 선택한 세 명을 성장시키기 위한 전략을 개발하라.

| 후보 | 멘제 1 | 멘제 2 | 멘제 3 |
|---|---|---|---|
| ─이름: | | | |
| ─잠재력: | | | |
| ─열정: | | | |
| ─인격 문제: | | | |
| ─최대 장점: | | | |

■ 누구를 성장시킬 것인가?

멘토가 성장시킬 후보 멘제를 세 명만 골라 기록하라. 여러분과 인생철학이 비슷한 사람, 그 잠재력을 여러분이 믿을 수 있는 사람, 여러분이 좋은 영향을 미칠 수 있는 사람, 성장할 준비가 된 사람을 선택하라.

1.

2.

3.

■ 성장 일정

다음 양식을 이용해, 위에서 선택한 세 명을 성장시키기 위한 전략을 개발하라.

| 후보 | 멘제 1 | 멘제 2 | 멘제 3 |
|---|---|---|---|
| ─이름: | | | |
| ─잠재력: | | | |
| ─열정: | | | |
| ─인격 문제: | | | |
| ─최대 장점: | | | |
| ─다음 단계: | | | |
| ─현재 필요한 자료: | | | |
| ─성장과 관련된 다음 번 경험: | | | |

─다음 단계:
─현재 필요한 자료:
─성장과 관련된 다음 번 경험:

## Skill 7. 항해하기 Navigating for Menger

멘토링 대상의 꿈을 어느 정도 파악했다고 해서 멈추어서는 안 된다. 도착지가 어딘지 알아야 한다. 멘제가 분투하는 목적지를 찾는 데 도움을 주기 위해서는 그에게 정말 중요한 것이 무엇인지, 무슨 생각을 갖고 있는지 알아야 한다. 즉 다음과 같은 것을 알아야 한다.

■ 멘제가 무엇을 열망하는가?

그가 진정으로 원하는 목적지를 알려면 그의 마음을 움직이는 요인이 무엇인지 알아야 한다. 물론 열정과 동정심도 중요한 요인이다. 그러나 역사 속의 위대한 사람들이 위대한 이유는 그들이 이미 얻은 것 때문이 아니라 앞으로 얻기 위해 삶을 바치는 대상 때문이라고들 한다. 마음의 귀로 들으라. 그러면 멘제가 삶을 바쳐 얻고자 하는 대상을 알 수 있다.

■ 멘제가 무엇을 노래하는가?

사람의 마음을 감동시키는 것은 오랜 시간을 두고 볼 때 많은 열정을 쏟아야 한다. 멘토링에서도 멘제 속의 열정을 찾으면 그가 원하는 목적지에 대한 단서를 얻을 수 있다.

■ 멘제가 무엇을 꿈꾸는가?

"비전과 꿈을 영혼의 자식이라도 되는 양 소중히 여겨라. 그것들은 바로 궁극적인 성공의 청사진이다(Naoleon Hill)." 진정한 꿈을 발견하면 목적지가 드러난다. 멘제가 꿈을 발견하고 목적지를 알 수 있도록 도움을 주어라.

---

■ 목적지를 확인하라.
멘토가 성장시키기로 결심한 멘제에 관하여 생각해 보라. 그의 목적지는 어디인가?
그를 열망하고 노래하고 꿈꾸게 만드는 요인을 찾아 적어 보라.
－열망하게 하는 요인:
－노래하게 하는 요인:
－꿈꾸게 만드는 요인:

■ 예측하라.
멘제에 대한 당신의 경험과 지식을 바탕으로 미래에 그에게 닥칠 어려움을 예상하여 적어 보라.
1.
2.
3.

■ 미리 계획하라.
그러한 미래의 문제를 해결하는 데 여러분은 어떤 도움을 줄 수 있는가? 언제 어떻게 도울 것인지 적어 보라.
1.
2.
3.

---

## Skill 8. 관계 맺기 Connecting for Menger

멘토링에서 관계형성은 절대 빠져서는 안 되는 요소이다. 즉 남에게 좋은 영향을 미치려는 사람에게 반드시 필요하다. 남을 위한 항해란 잠시 함께 여행을 해 주면서 삶의 장애물을 극복할 수 있도록 돕는 것이다. 하지만 관계형성이란 상호 유익을 위해 멘제를 자신의 여행에 끌어들이는 것이다. 멘제를 여러분의 여행으로 끌어들이기 전에도 이와 비슷한 일이 벌어진다. 즉 목적지를 확인하고 멘제에게 다가가서 관계를 맺는 것이다. 이 일을 성공적으로 마무리하면 서로의 관계가 더욱 깊어진다. 아울러 멘제를 한 단계 더 발전시킬 수 있다. 기억하라. 한 단계 발전하는 길은 항상 오르막길이므로 멘토의 도움이 꼭 필요하다.

다행이 관계형성에 전문 기술은 필요 없다. 노력하기만 하면 누구와도 관계를 맺을 수 있다. 단, 대화 기술, 남의 성장과 변화를 도우려는 열정, 그리고 명확한 목적의식이 요구된다. 특히 어디로 가야 할지 몰라서는 곤란하다.

---

- 멘토/멘제의 현재 관계를 측정하라.

현재 멘토와 멘제로서 얼마나 강한 관계를 맺고 있는가? 멘제의 삶에 가장 중요한 것은 무엇인가? 무엇으로 상호 공통기반을 형성했는가? 두 사람을 하나로 묶어 줄 경험을 공유했는가? 아직 깊은 관계를 맺지 못했으면 멘토인 자신이 먼저 다가가야 함을 명심하라. 이번 주에 만나 커피를 마시고 식사를 하거나 서로 이야기를 나누기로 약속하라.

- 깊은 관계를 맺어라.

일상관계에서 가장 중요한 사람과 의미 있는 시간을 가져 본 적이 없다면 이번 달 안에 기회를 만들어라. 배우자를 동반해 주말을 함께 보내기로 계획하라. 단, 깊은 관계를 맺고 경험을 공유하기 위해 최선을 다해야 한다는 점을 명심하라.

- 상호 간 비전을 이야기하라.

멘토와 멘제가 깊은 관계가 형성되었다면 상호 간 희망과 꿈을 말하라. 미래에 대한 비전을 제시하고 그 비전을 향한 여행에 멘제를 초대하라.

---

### Skill 9. 능력부여 Empowering for Menger

능력을 부여하면 사람을 통해 일할 수 있게 된다. 하지만 능력을 부여한 사람에게만 유익이 있는 것은 아니다. 능력을 부여받은 사람도 개인 및 직업상 발전에서 최고의 수준에 이를 수 있다. 간단히 말해 능력부여란 개인 및 조직의 성장을 위해 자신의 영향력을 나누어 주는 것이다. 남의 삶에 투자해 최상의 노력을 이끌어 내려는 목적으로 자신의 영향력과 지위, 권력, 기회 등을 나누어 주는 것이다. 또 남의 잠재력을 보고 자신의 자원을 나누어 주며 전적으로 믿어 주는 것이다.

능력부여는 삶을 변화시키고 자신과 멘제 모두에게 유익을 끼친다. 능력을 부여하는 일은 자동차와 같은 물건을 멘제에게 주는 일과 다르다. 차를 주면 내가 걷거나 대중교통을 이용하는 불편을 겪어야 한다. 그러나 능력을 주는 일은 정보

를 나누는 일과 비슷하다. 즉 전혀 손해를 보지 않고도 멘제의 능력을 높여 줄 수
있다.



### Skill 10. 재생산하기 Reproducting for Menger

멘토링이란 멘토와 멘제가 일정기간 동안 달리는 항해라고 볼 수 있다. 이 과
정의 마지막 단계에서 멘토는 멘제와 함께 달리는 법을 배운 셈이다. 멘토는 진실
성의 모범을 보이는 일이 얼마나 중요한지 알고 있다. 그리고 양육, 남에 대한 신
뢰, 귀를 기울이고 이해하는 자세를 통해 동기를 부여할 수 있게 되었다.

또 멘토링을 통해서만 멘제가 진정으로 성장할 수 있다는 점을 알고 있다. 즉
성상시키고 함께 인생의 이려움을 극복하면서 항해하고 관계를 맺고 권한을 부여
해야 한다. 이제 벤토는 뛰어난 주자가 되었디. 이올러 멘제를 멘토링했으면 또
한 명의 뛰어난 주자가 탄생한 것이다. 이제 배턴을 넘길 때이다.

하지만 멘도인 딩신도 또 다른 주자에게 배턴을 넘기지 않으면 경기는 끝나고
만다. 즉 재생산(Reproducting)의 기회를 놓치고 만다는 것이다. 배턴을 받지 못한
그 주자는 뛸 이유를 상실하고 그와 함께 운동력도 사라진다. 그것이 영향력 있는
사람이 되기 위해서 재생산 단계가 매우 중요한 이유이다.

- 멘토 자신의 리더십 잠재력을 개발하라.

멘토 자신의 리더십 삼재력을 끊임없이 개발해야 멘제에게 리더십을 가르칠 수 있다. 성장을 위한 계획을 아직까지 실천하지 않았다면 지금 당장 시작하라. 다음 3달 동안 매주 검토할 교재와 자료와 촉진 Skill을 선택하라. 그러한 습관을 들일 때만이 성장이 가능하다.

- 리더십 잠재력을 가진 멘제 후보를 개발하라.

주위 사람들을 성장시키고 능력을 부여하다 보면 미래의 멘제 후보가 나타난다. 그중 가장 잠재력이 뛰어난 사람을 선택해 특별히 멘제로 선정하여 멘토링하고 더 수준 높은 리더십 기술을 가르쳐라. 단, 멘제 후보가 성장을 원하고 미래의 리더십을 키우는 데 적극적인 사람이어야 한다.

- 단순한 업무 수행이 아니라 리더가 되는 법을 가르쳐라.

선택한 멘제와 최대한 많은 시간을 보내며 리더십의 모범을 보여라. 매주 시간을 내어 교육과 자료 제공, 세미나 참여 등을 통해 멘제의 리더십 잠재력을 끌어내라. 그의 리더십 잠재력을 최고도까지 끌어내기 위해 최대한 도움을 주어라.

- 재생산하라.

멘토는 멘제가 훌륭한 리더가 되면 멘제가 멘토로서 멘토링할 대상을 선택하게 한 다음 그를 놓아주어라. 그리고 멘토인 당신도 또 다른 미래의 리더를 찾아 위의 과정을 반복하라.

다음 도표는 William Gray 교수(加 브리티시대)를 통해 멘토와 멘제의 관계발전에서 멘토링 활동의 순환적인 재생산을 이해할 수 있으리라 생각한다.

◀ 멘토링 재생산 Mentor−Menger 관계 모델(by '78 William Gray 교수)

M m − 멘토(Mentor)표시 P p − 프랑스 원어로 프로테제(Protégé) − 오늘날 멘제/멘토와 유사용어

$$M \rightarrow Mp \rightarrow MP \rightarrow mP \rightarrow P$$

| 정보제공형 | 안내형 | 상호협력형 | 확인형 | 재생산 달성 |
|---|---|---|---|---|
| 양육해 주는 유형 | | 능력을 부여하는 유형 | | 인재 재생산 유형 |

오늘날의 멘제는 성공을 거두기 위하여 멘토로부터 양육을 받고(Nurturing), 능력을 부여받는 것(Empowerring) 두 가지가 필요하다. 멘토들은 유연성 있는 방식인 '4가지 멘토링 유형'을 사용하는 것을 배움으로써 두 종류의 도움을 줄 수 있다.

인류 역사를 통한 전통적인 멘토링 패러다임은 '멘제에게 지혜를 전수해 주고, 조언을 하고, 안내자였던 사람'으로 멘토를 정의한다. 이러한 사전적 정의는 '멘토가 주인'이라는 사고에서 비롯되었으며, 어떤 분야에 있어서 대부분의 사람들에 대한 지식의 원천일 때만 성립된다. 멘토의 역할은, 멘토가 알고 있는 지식으

로 멘제를 세우는 것이었다.

그래서 멘제도 그 지식을 잘 알게 되는 것이다. 이러한 것은 종종 멘토의 복제품인 멘제를 만드는 결과가 되기도 하였다.

오늘날 제도적 멘토링(System Mentoring)에서의 멘제는 과거의 멘제보다 훨씬 교육도 잘 받고, 좀 더 다양한 삶을 살아왔으며, 직업적 경험도 많다. 그럼에도 불구하고, 그들은 여전히 멘토의 경험으로부터 얻은 실무적 노하우와 지혜로 세움 받기를 필요로 한다. 왜냐하면 이러한 것들은 혼자서나 연수과정을 통해선 적절하게 학습될 수 없기 때문이다.

오늘날의 멘제는 또한 그들의 꿈과 열정을 추구할 다양성, 창의성, 아이디어 및 독창력을 발휘할 능력을 받을 필요가 있다. 이것은 조직이 멘토링 프로그램을 후원하여 멘제들이 혁신적으로 조직에 공헌하도록 함으로써 가능하다. 이와 같은 멘토링 인재개발 기법으로 각 조직은 급변하는 경쟁세계 속에서 정체되거나 진부화되지 않고 인재 재생산을 통하여 인재경쟁력 확보를 할 수 있는 것이다.

## 5-3. 교육활용 인격개발

### 1. 멘토링 교육 컨설팅 개념(Concept)

멘토링의 주제(Theme)는 한 인간(A Person)이고, 내용(Contents)은 인격(Personality)이며, 목적(Purpose)은 인격을 갖춘 리더(Leader)개발이다.

**멘토링 = 인격개발 + 멘토개발 + 리더개발 = 전인적 인재개발**

### 2. 멘토링 교육컨설팅 목적(Purpose)

1) 인격개발: 균형인간으로 지(전문), 정(정서), 의(의지) 핵심역량을 개발한다.

2) 멘토개발: 한 사람(A Person) 멘제를 자신과 같은 멘토리더로 재생산한다.

3) 리더개발: 결국 자기실현의 목표를 달성한 인격적으로 존경받는 리더다.

| Method | Plan | Course | Condition |
|---|---|---|---|
| 교육<br>활용법 | 인성(격)<br>Pesonality | 1. 특강과정<br>2. 기본과정<br>3. 중급과정<br>4. 고급과정 | 1) 교육시간:<br>　일정한 교육시간이(80H 범위 내) 필요하다.<br>2) 교육교재:<br>　표준화된 4권 인격교재와 10권 총서와 커리큘럼, 강의안이 필요하다. |
| | 행복<br>Happy | 1. 전문과정<br>2. 멘토과정<br>3. 리더과정 | |
| 컨설팅<br>활용법 | 희망<br>Hope | 1. 핵심인재 개발<br>2. 핵심역량 개발<br>3. 업무능력 향상 | 1) 컨설팅 기간:<br>　일정한 컨설팅기간(6~60개월 등) 필요하다.<br>2) 컨설팅 매뉴얼:<br>　체계화된 운영 매뉴얼이 필요하다. |
| | 동행<br>Partner | 1. 신입사원 한마음<br>2. 마음관리 한마음<br>3. 노사화합 한마음 | |
| 미팅<br>활용법 | 콤비<br>Combi | 1. 06개월 과정<br>2. 09개월 과정<br>3. 12개월 과정 | 1) 미팅주기:<br>　주간, 월간, 계간으로 정기적으로 미팅 횟수가 필요하다.<br>2) 미팅소재:<br>　미팅 시 활동소재가 필요하다. |
| | 그룹<br>Group | | |

## 1. 인성(격)개발 교육과정

### [인성(격)개발 교육목적]

1. 인간성 회복: 제도권교육의 인격상실교육과 조직의 Hightech 및 성과경영으로 상실된 인간성을 인격 프로그램으로 회복하기 위함이다.
2. 멘토개발 교재: 신간 4권의 인격 시리즈는 인격을 갖춘 멘토로 개발하기 위한 교재로 사용하기 위함이다.
3. 인간잠재역량 개발: 인격을 구성하는 15개 핵심역량을 개발함으로써 멘토 자신 개발과 동시에 멘제의 역량개발로 상호 간 역량개발을 하기 위함이다.
4. 인격적으로 존경받는 리더: 우리 사회 각 조직마다 지도층에 있는 리더들의 인격적인 매너 부실이 심각하므로 사회 각계각층의 지도자들이 인격적으로 균형인간의 틀 속에서 존경받기 위함이다.

5. 국격과 자정 프로그램: 국가의 품격을 높이기 위한 대안으로 제도권교육계
   와 기업 등 사회 법적 조직, 그리고 협회, 학회, 단체 등 자율조직의 리더급
   위치에 있는 사람들에게 상실된 윤리 리더십 회복과 언행일치의 삶 등 자정
   프로그램으로 적용하여 선진국 대열에 진입의 계기를 마련하기 위함이다.


(1) 특강과정(Special Course)

(2) 기본과정(Silver Course)

(3) 중급과정(Gold Course)

(4) 고급과정(Diamond Course)


1) 인성(격)교육 유래(Original)

* 인격 멘토링 유래
잔닥제도 1. 히브리 문화권(이스라엘 지역 중심 B.C. 1400년대) - 잔닥
       - 할례예식에서 잔닥 - 부친 모헬 중 잔닥 - 신앙지도/생활지도 - 인격개발
       - 오늘날 유대인 - 랍비제도 천주교 - 대부모제도
멘토제도 2. 헬라 문화권(그리스 지역 중심 B.C. 1250년대) - 멘토
       - 최초 멘토/텔레마코스 - 수학, 철학, 논리학 교재 - 지정의 상징 - 인격개발
       - 프랑스 페넬롱 - 유럽의 길드제도 - 영국의 도제제도
       - 미국의 BBS(청소년 멘토제도 1904년)

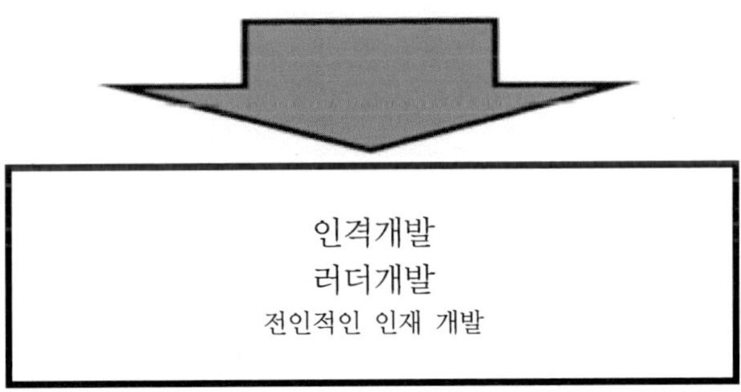

인격개발
러더개발
전인적인 인재 개발

최초 멘토:

B.C. 1250년 트로이 전쟁 당시 최초 멘토(호머의 그리스 신화에 등장인물)는 전인적인 삶의 조언자로서 아래 내용의 인격을 주제로 한 자질을 갖춘 사람이었다.

| 인격 | | 자질(당시 멘토/텔레마코스 관계에서) | 비고 |
|---|---|---|---|
| 知 – 전문분야 | 스승 | 가르치기를 좋아하는 스승 | |
| | 전문 | 수학, 철학, 논리학(知情意 인격상징)의 전공자 | |
| 情 – 정서분야 | 관계 | 왕 등 타인과 관계가 원활한 사람 | |
| | 정서 | 타인과 상담이 잘 이루어지는 사람 | |
| 意 – 의지분야 | 존경 | 당대 온 국민의 존경대상인 사람 | |
| | 리더 | 당대 최고 지도자로 인정받은 사람 | |

## 2) 인성(격)개발교육 내용(Contents)

멘토링 인격개발 과정은 먼저 인격개발 내용(Contents)을 아래와 같이 핵심 인격교재 4권에 20개 핵심주제를 선정하여 교육 프로그램으로 적용하고 진행한다. 먼저 선정된 멘토를 핵심멘토로 양성과 멘토를 통하여 멘제를 자신과 같은 인격적인 멘토리더로 재생산(Reproducing)을 주요 내용으로 하고 각 조직에서 인재개발과 지도층의 자정 프로그램으로 확대 적용이 가능한 학습과정이다.

① 특강과정(Special Course): 주문형 교육시간에 맞춘 특별 교육과정이다.

② 기본과정(Silver Course): 직장이나 공공기관에 맞춘 2박 3일 교육과정이다.

③ 중급과정(Gold Course): 12개월 기간에 계간마다 1회 1일 8시간에 맞추었다.

④ 고급과정(Diamond Course): 주간요일(월~금)에 맞춘 교육과정이다.

| Course<br>Theme | Special<br>특강과정 | Silver<br>기본과정 | Gold<br>중급과정 | Diamond<br>고급과정 |
|---|---|---|---|---|
| Concept<br>인격개념 | 1 | 3 | 4 | 5 |
| Worth<br>인격가치 | 2 | 6 | 8 | 10 |
| Skill<br>인격기술 | 3 | 9 | 12 | 15 |
| Life<br>인격생애 | 2 | 6 | 8 | 10 |
| Total | 8 | 24<br>3일 | 32<br>4일 계간별 | 40<br>5일 Full |

3) 인성(격)교육 커리큘럼(Curriculum)

(1) 교육과정: [인성(격)개발과정 — Human Belt 프로젝트]

(2) 교육참가: 경영자 임원 관리자 멘토링 모니터 멘토/멘제

(3) 교육시간: 특강/일반과정 08~40H(선택 가능)

(4) 교육교재: 인격교재 시리즈(4권 교재 ppt — 750p)

| Module | Contents | Basic | Silver | Gold | Diamond |
|---|---|---|---|---|---|
| 개념<br>Concept<br>기본이해편<br>교재:<br>인격<br>오디세이 | 1. 인격개념 | 1 | 1 | 1 | 1 |
|  | 2. 인격정의 |  | 1 | 1 | 1 |
|  | 3. 인격진단 |  | 1 | 1 | 1 |
|  | 4. 인격평가 |  |  |  | 1 |
|  | 5. 인격개발 | 소계1 | 3 | 1   4 | 1   5 |
| 지(知)<br>가치개발편<br>교재:<br>인간가치<br>경영 | 1. 인성개발 |  | 1 | 1 | 2 |
|  | 2. 관계개발 | 1 | 2 | 2 | 2 |
|  | 3. 리더개발 |  | 1 | 2 | 2 |
|  | 4. 혁신개발 |  | 1 | 2 | 2 |
|  | 5. 성과개발 | 1   소계2 | 1   6 | 1   8 | 2   10 |
| 정(情)<br>기술개발편<br>교재:<br>활동촌진<br>기술 | 1. 칭찬개발 |  | 1 | 2 | 3 |
|  | 2. 소통개발 | 1 | 2 | 3 | 3 |
|  | 3. 감성개발 | 1 | 2 | 3 | 3 |
|  | 4. 창의개발 |  | 2 | 2 | 3 |
|  | 5. 열정개발 | 1   소계3 | 2   9 | 2   12 | 3   15 |
| 의(意)<br>생애개발편<br>교재:<br>생애진단<br>도구 | 1. 마음개발 | 1 | 2 | 2 | 2 |
|  | 2. 건강개발 | 1 | 1 | 2 | 2 |
|  | 3. 재능개발 |  | 1 | 1 | 2 |
|  | 4. 자금개발 |  | 1 | 1 | 2 |
|  | 5. 미래개발 | 소계2 | 1   6 | 2   8 | 2   10 |
| 합계 |  | 8 | 24 | 32 | 40 |

## 2. 행복개발 교육과정

지난해 한국보건사회연구원이 경제협력개발기구(OECD)와 유럽연합의 '웰빙과 사회진보 측정' 워크숍에서 제안된 '국가행복지수'(NIW)를 바탕으로 각국의 행복 수준을 측정한 결과를 보면, 우리나라는 경제협력개발기구 회원국 30개국 가운데 25위에 머물렀다. 특히 금년 초 조선일보에서 발표한 행복지수 통계자료는 10개국 중 최하위를 차지하고 국민 7%만이 행복을 느낀다는 자료와 이와 같이 낮은 점수는 돈에 행복의 기준을 둔다는 것이다.

멘토링의 행복지수 대안은 참여자들에게 상호 인격적인 면에서 존경과 한편 멘토링 활동을 성공적으로 수행함으로써 개인의 행복감과 조직의 효율성으로 생산성을 얻기 위함이다.

이를 위하여 멘토링 프로그램 관리 전문가, 멘토/멘제, 경영 리더들의 목표달성을 위한 책임 있는 역할을 학습하는 교육과정이다.


**[행복메이커 교육과정]**

1. 전문교육 - 프로그램 전문 관리자가 학습 후 행복을 지원한다.
2. 멘토교육 - 멘토/멘제가 학습 후 행복을 직접 주관한다.
3. 리더교육 - 경영자가 학습 후 활동과 행복을 지원한다.


**INDEX**

1. 전문교육 과정
2. 멘토교육 과정
3. 리더개발 과정

## 1) 행복개발 교육과정 개요

| 교육과정 | 교육과정 | 시간 | 참가대상 |
|---|---|---|---|
| 전문교육<br>과정 | 전문 관리자 양성과정<br>강사 자격과정<br>컨설턴트 자격과정<br>목적:<br>멘토링 프로그램 전문가<br>양성과정 | 20~40H<br>60H<br>80H | 멘토링 프로그램 관리자(매니저) 모니터<br>사내 강사자격 희망자<br>전문컨설턴트 자격 희망자 |
| 멘토교육<br>과정 | Combi Mentor<br>Golden Mentor<br>Best Mentor<br>목적:<br>멘토링 인재개발 전문<br>멘토 양성과정 | 08~20H<br>20~40H<br>20~60H | 12개월 활동 멘토 대상자<br>경영자 부서장 등으로 인재개발 위치 직급자<br>멘토 활동 대상자<br>핵심인재 개발 대상자<br>인재개발 선배 멘토<br>학습지원 대학생 멘토<br>진로지원 청소년 멘토<br>선도지원 학부모 멘토<br>선도지원 사회유지 멘토 |
| 리더개발<br>과정 | 고급과정<br>중급과정<br>기본과정<br>목적:<br>경영 멘토링 리더십<br>개발과 지원방법 과정 | 40H<br>24H<br>08H | CEO<br>임원<br>공장장 부서장 센터장 팀장<br>고급 관리자 등 |

## Course 1. 전문교육 과정

* 교육목적: 멘토링 실행 프로그램 및 Human Belt 구축 전문 관리자, 인재개발 리더십, 인간중심 조직문화 구축이 목적이다.

* 교육참가: 부서장, 관리자, 매니저, 모니터, 코디네이터 등 프로그램관리자

* 교육과정: 1) 전문 관리자 양성 과정 20~40시간 – 사내 프로그램 전문가 양성 과정

2) 선분강사 자격과정 60시간 – 사내 강사 양성과정

## 3) 컨설턴트 자격과정 80시간 - 사내 외 컨설턴트 양성과정

| Contents 인간경영총서 10권 | Manager<br>관리자 양성 | Facilitator<br>전문강사 | Consultant<br>컨설턴트 |
|---|---|---|---|
| 1. 인간경영이해(Story) | 2 | 4 | 8 |
| 2. 인간경영스킬(Skill) | 4 | 8 | 8 |
| 3. 인간경영 리더십(Leadership) | 2 | 8 | 8 |
| 4. 개인-인간경영 게임(Game) | 4 | 12 | 16 |
| 5. 조직-인간경영도구(Tool) | 4 | 4 | 4 |
| 6. 인간경영전략(Strategy) | 2 | 4 | 4 |
| 7. 인간존중경영(Humanity) | | 4 | 4 |
| 8. 생산성과경영(Management) | | 4 | 4 |
| 9. 인간경영매뉴얼(Manual) | 2 | 4 | 4 |
| 10. 인간경영 사례(Case Study) | 4 | 8 | 20 |
| 합 계 | 24H | 60H | 80H |

| 교육효과 |
|---|
| 1. 도입, 활동, 평가 프로그램을 체계 있게 관리할 때 저비용 고효율의 효과 |
| 2. 분명한 멘토링 목표가 있기 때문에 실패율을 줄이고 성공률을 높임 |
| 3. 멘토링 프로그램을 전문적으로 관리하게 됨으로써 장기간 지속이 가능 |
| 4. 활동과정마다 적절한 프로그램으로 멘토/멘제들이 책임감과 안정감 |
| 5. 활동 종료 시는 목표율 평가에 의하여 생산성 여부를 점검 가능함 |

## Course 2. 멘토교육 과정

*교육목적:

멘토링 활동의 성공률을 높이기 위하여 먼저 멘토 상대인 멘제의 특성과 눈높이에 맞게 멘토 리더십을 역할별 체계적으로 개발하는 과정이다.

*교육대상:

1. 멘토 대상자, 모니터, 매니저, 코디네이터 등 멘토링에 참여자

2. 인재개발 위치에 있는 부서장 및 관리자

*교육과정:

1. Combi 멘토: 12개월 1:1 멘토링 활동에 기본적으로 지원하는 멘토 학습과정임

2. Golden 멘토: 멘제를 인재개발 차원에서 리더십 개발을 지원하는 학습 과정임

3. Best 멘토: 조직 내 핵심인재 개발 대상으로 지원하는 학습과정임

| Contents<br>인간경영총서 10권 | Combi<br>Mentor | Golden<br>Mentor | Best<br>Mentor |
|---|---|---|---|
| 1. 인간경영 이해(Story) | 0.5 | 2 | 4 |
| 2. 인간경영 스킬(Skill) | 3.0 | 8 | 8 |
| 3. 인간경영 리더십(Leadership) | 1.0 | 2 | 8 |
| 4. 개인-인간경영 게임(Game) | 3.0 | 4 | 12 |
| 5. 조직-인간경영 도구(Tool) |  | 2 | 4 |
| 6. 인간경영 전략(Strategy) |  |  | 4 |
| 7. 인간존중 경영(Humanity) |  |  | 4 |
| 8. 생산성과 경영(Management) |  |  | 4 |
| 9. 인간경영 매뉴얼(Manual) |  |  | 4 |
| 10. 인간경영 사례(Case Study) | 0.5 | 2 | 8 |
| 합 계 | 8H | 20H | 60H |

| 교육효과 |
|---|
| 1. 멘토링 원리와 현장 프로그램에 대한 올바른 이해를 갖는다. |
| 2. 멘토/멘제 상호 간 관계 촉진 커뮤니케이션이 원활해진다. |
| 3. 멘토/멘제가 미팅 시 소재개발에 아이디어를 갖게 된다. |
| 4. 멘토십이 개발되어 멘제를 양육하는 데 노하우를 갖게 된다. |
| 5. 멘토는 리더십이 개발되어 조직의 핵심인재로 인정받게 된다. |

## Course 3. 리더개발 과정

*교육목적: 멘토링 경영 리더십을 개발하는 과정으로 기본과정(8H), 중급과정(24H), 고급과정(40H)이 있다.

1. 인격개발 교육: 인간의 가치, 기술, 생애 개발을 통하여 인격분야 업그레이드 방법을 학습한다.
2. 콤비멘토링 운영: 3342 콤비미팅 12개월 운영방법으로 준비과정, 도입과정, 활동과정, 평가과정을 학습한다.
3. 인재 경쟁력 강화: 오늘의 행복한 사원, 내일의 희망찬 회사 경영전략으로 5가지 멘토링 전략 실행방법을 학습한다.

| (인간경영총서 10권) | 기본과정 | 중급과정 | 고급과정 |
|---|---|---|---|
| 1. 인간경영 이해(Story) | 1 | 2 | 2 |
| 2. 인간경영 스킬(Skill) | 1 | 4 | 4 |
| 3. 인간경영 리더십(Leadership) | 2 | 2 | 4 |
| 4. 개인－인간경영 게임(Game) | 3 | 4 | 8 |
| 5. 조직－인간경영 도구(Tool) | | 4 | 4 |
| 6. 인간경영 전략(Strategy) | | 2 | 4 |
| 7. 인간존중 경영(Humanity) | | | 2 |
| 8. 생산성과 경영(Management) | | | 2 |
| 9. 인간경영 매뉴얼(Manual) | | 2 | 4 |
| 10. 인간경영 사례(Case Study) | 1 | 4 | 6 |
| 합 계 | 8H | 24H | 40H |

<br>

**교육효과**

1. 인간존중 경영자로서 개인의 인격역량 개발로 합리적 리더십을 갖춘다.
2. 구성원의 양과 질 관리의 시너지로 유기적 공동체 조직이 가능하다.
3. 멘토링 경영전략－5를 학습함으로써 인재경쟁력 개발의 계기를 만든다.
4. 조직 내외 고객 만족의 경영 서비스 질을 동시에 높일 수 있다.
5. 오늘의 행복한 구성원/내일의 희망찬 조직으로 인간존중 공동체를 구축한다.

## 3. 한마음 동행Plan 컨설팅 과정

한마음 동행 컨설팅은 "행복한 젖소가 우유를 많이 생산한다"는 말이 있듯이 먼저 인간존중 경영을 통하여 구성원의 만족감으로 창의형 자율경영으로 조직의 효율성 경영을 유도하는 것이다.

그동안 경영 현장에서 기술과 과업 우선의 성과중심 경영에서 먼저 인간을 우선 경영으로 인간성과 생산성의 균형 경영을 통하여 희망찬 조직건설에 관한 컨설팅 프로그램이다.

멘토링의 적용방법으로 1) 멘토링 활동목표를 분명히 설정하고, 2) 활동기간을 정하고, 3) 시작과 종료일을 정하고, 4) 멘제그룹을 먼저 선정하고, 5) 마지막으로 멘토그룹을 멘제의 특성과 인원수만큼 정한다.

INDEX



[한마음 동행 Plan 컨설팅 총괄표]

| 프로그램 | 목적 | 멘토 | 멘제 | 참고 |
|---|---|---|---|---|
| 신입사원 한마음 | 신입직원 정착<br>업무 조기 숙달<br>사원과 관계 촉진 | 경력사원 | 신입사원 전입사원 | 활동개시<br>Workshop부터 12개월 진행<br>멘제에 맞게 1:1로 연결 |
| 노사화합 한마음 | 노사 간 상호 이해<br>부하 인재개발<br>애사심과 생산성 | 근로자 중 추천자 | 관리자 이상 추천자 | 노조와 협의하여 1:1로 연결하고 12개월 진행<br>사원 동기부여 차원에서 Camp 진행효과 |
| 마음관리 한마음 | Slump 회복<br>개인진로지도<br>개인 자존감 | Slump사원<br>진급누락<br>연봉문제<br>진로문제 등 | 관리자나 전문가 중에서 추천자 | 멘제 해당자와 멘토가 1:1로 연결하고 보완 유지<br>12개월 진행 |

[동행 1. 신입사원 한마음 컨설팅]

| | |
|---|---|
| 추진배경 | ■ 현재 우리 조직 사회는 20대 성인 초기에 진정으로 마음을 열고 대화를 나눌 상대 찾기에 꽤나 힘겨워하고 있는 실정이다. 학교를 금방 졸업하고 직장 초년병으로서 호기심과 두려움의 연속이라고 볼 수 있다.<br>■ 특히, 가정과 학교생활은 유달리 한국적인 학력우위 의식에서 수년간을 자유 분망한 생활이 지속되고 마침내 준비 없이 사회에 첫발을 딛게 된다. 그러나 직장은 이러한 20대의 특수성을 감안하지 않고 길들이기 식의 신입 사원 교육이 이어져 순간적인 효과는 있으나 미봉책에 불과하다. 이제는 새로운 틀인 1:1 멘토링 기법으로 고효율 저비용의 효과를 얻고자 한다. |
| 추진기본<br>사항 – 5 | ■ 활동목표: 신입사원 성착률 향상 멘토닝<br>■ 활동기간: 12개월<br>■ 활동始終: 2011. 1. 1.~ 2011. 12. 31.<br>■ 멘제기준: 신입사원사원(또는 신입 6개월 미만인 자 등)<br>■ 멘토기준: 선배사원(또는 2~5년차 선배사원) |
| 기대효과 | 신입사원 멘제에게 멘토를 연결하여 직장 생활에서 다양한 정보와 지시을 제공함으로써 성장잠재력을 개발하고 나아가 자기개발의 기회를 제공한다.<br>■ 회사에서 신입사원 멘제들이 겪는 심리적, 사회적, 정서적 문제에 대한 유경험자 멘토들의 조언과 함께 고민(Slump)을 풀 수 있는 자리를 마련해 준다.<br>■ 신입사원 멘제들이 형님과 같은 멘토들과 교류기회를 확대하여 동료의식을 고취하고 신속한 적응을 유도하여 정착률을 향상시킨다. |

[동행 2. 노사화합 한마음 컨설팅]

| | |
|---|---|
| 추진배경 | ■ 노사화합 멘토링은 오늘날 경영 현장에서 상호대립 관계에 있는 노사관계를 상호공존 관계로 전환하기 위한 노사화합 한마음 기법으로 개발한 것이다.<br>한편 현장에서는 노조 지도자들이 노조원 전체 이익이 아닌데도 전체 이익인 것처럼 강성으로 행동하고 있다. 노조 지도자들이 일반 노조원의 이익을 대변하고 경영진과 이익을 공유할 수 있는 정책을 내놓아야 한다.<br>경영자와 사원 간, 신입사원과 기존 사원 간, 선배사원과 후배사원 간을 멘토와 멘제로 캠프 과정 Workshop에서 1:1로 결연식 행사를 갖고 그 후 12개월간 각 쌍별로 멘토링 활동을 통하여 구성원 간 특별히 노사 간 인간관계를 촉진함으로써 한마음이 되어 조직의 개인의 만족감과 조직의 수익창출에 기여할 수 있도록 지원해 주는 프로그램이다. |
| 추진기본<br>사항 - 5 | ■ 활동목표: 노사화합 멘토링<br>■ 활동기간: 12개월<br>■ 활동始終: 2011. 1. 1.～2011. 12. 31.<br>■ 멘제기준: 신입 및 후배사원, Slump 사원(또는 신입 및 일반 및 평사원)<br>■ 멘토기준: 선배 및 간부사원 경영임원(또는 모범 및 우수사원) |
| 기대효과 | ■ 멘토링 활동으로 경영자와 사원 간 협력과 공존관계가 이뤄진다.<br>■ 멘토/멘제 상호 간 관계 촉진 커뮤니케이션이 원활해진다.<br>■ 멘토링 활동을 통해서 상대방을 배려하는 마음을 갖게 된다.<br>■ 멘토십이 개발되어 상급자는 부하직원의 양육 노하우를 갖게 된다.<br>■ 멘토링 활동으로 애사심이 배가되고 생산성 향상으로 이어진다. |

[동행 3. 마음관리 한마음 컨설팅]

| | |
|---|---|
| 추진배경 | ■ 우리의 조직은 객관적이고 공정한 업무처리를 필요로 하는 집단이기 때문에 결재과정에서 상급자와 의견충돌이 생기거나 간혹 개인의 욕구와 조직의 욕구가 상반되게 나타나기도 한다. 이런 때일수록 개인에게는 부담이 되어 마음에 상처를 입게 되고 조직을 떠나거나 불만의 생애를 내부에서 키우는 형태로 나타난다. 뿐만 아니라 가정에서 생긴 일 등 외부의 문제들이 근무에 막대한 영향을 끼쳐 특별이 사전에 상담과 조정으로 이러한 Slump 사원의 마음관리 멘토링이 수시로 필요로 하게 된다.<br>- 두 사람 연결내용에 관한 보안을 철저히 유지한다.<br>- 1개월에 한 번씩 중요 문제는 모니터링한다.<br>- 수시로 멘토/멘제 관계에서 이상 유무를 점검한다.<br>- 두 사람 간의 중요사항은 경영자까지 결재를 통해 해결한다.<br>- 3개월에 한 번씩 쌍별과 그룹 평가한다. |
| 추진기본<br>사항 - 5 | ■ 활동목표: 마음관리 멘토링<br>■ 활동기간: 12개월<br>■ 활동始終: 2011. 1. 1.～2011. 12. 31.<br>■ 멘제기준: Slump 사원(Slump, 보직, 연봉, 진급, 가사, 개인진로 문제 사원)<br>■ 멘토기준: 관리자급 사원(관리자급 이상에서 우수 모범자 선정) |
| 기대효과 | ■ 조직 구성원 간의 끈끈한 우정과 인간관계가 구축된다.<br>■ 멘제는 배려해 주는 멘토와 신뢰와 존경으로 한마음이 된다.<br>■ 부하직원들의 고민(Slump)을 사전에 해결할 수 있는 기회를 얻는다.<br>■ 상호 커뮤니케이션이 원활해짐으로써 한마음 공동체가 이뤄진다.<br>■ 상호 남을 배려하는 마음으로 결국 애사심으로 연결된다. |

## 4. 희망 Plan 컨설팅 과정

먼저 이 과정은 각 조직에서 인재개발을 할 수 있는 인격을 갖춘 리더로 멘토 양성을 우선하여 멘토시스템(Mentor System)을 가동하는 단계다.

조직의 희망 개발 컨설팅은 멘토링 참여자로 하여금 인간성과 생산성의 균형경영을 학습하여 개인의 만족감과 조직의 효율성을 목적으로 진행하는 12개월 프로젝트다.


INDEX

희망 1. 업무능력 향상 컨설팅

희망 2. 핵심 인재개발 컨설팅

희망 3. 핵심 역량개발 컨설팅


[희망 Plan 컨설팅 총괄표]

| 프로그램 | 목적 | 멘토 | 멘제 | 참고 |
|---|---|---|---|---|
| 업무능력 향상 컨설팅 | 조직 구성원의 업무능력 향상 자율학습 활동으로 인간성 바탕 위에 생산성 효과를 얻고자 하는 멘토링 활동 | 각 부서별 업무 선배 | 업무 후배 신입사원 | 전문 업무별로 1:1 연결, 12개월 진행 |
| 핵심인재 개발 컨설팅 | 핵심인재 양성과 핵심업무 담당자 양성대안으로 조기 전력화를 목적으로 하는 멘토링 활동 | 리더십 있는 관리자 | 진급 예정자나 진급자 핵심 업무를 맡을 자 | 핵심 인재 대상자와 관리자와 1:1로 연결, 12개월 진행 |
| 핵심역량 개발 컨설팅 | 조직 내 핵심역량, 핵심기술, 핵심지식을 관리자급 이상을 멘토로 의무화하여 후배사원에게 지식경영을 실행하고 구성원의 역량 결집으로 조직의 경쟁력을 강화하고자 하는 멘토링 활동 | 관리지급 이상 일정인원을 멘토로 선성 리더십 전문가 자격자 | 미숙사원 신입사원 전입사원 | 관리자 멘토 중 전문 업무 등 핵심억량 소유사별로 1:1로 연결, 12개월 진행 |


## 희망 1. 업무능력 향상 컨설팅

■ 내용 1: 업무능력 향상이란?

조직 경쟁력 강화를 위한 자율학습 프로그램으로 '업무능력 향상 멘토 1:1 프로그램'이다. GE그룹 사례를 활용하여 현장에서 적용하는 방법을 소개한다.

- GE Group 사례:

## 사례 1. 식스시그마 업무 향상 멘토링

－GE그룹의 상징 경영기법으로 Six Sigma는 업무 차이와 인간 차이를 줄여 제
  품의 생산수율을 최고로 높이고자 하는 것으로 30년간 유지함으로써 성공프
  로그램으로 인정받고 있다. 인간 차이를 줄이는 방법으로 전 공정과 후 공정
  간에 멘토시스템을 도입하여 업무 차이뿐만 아니라 인간적으로 한마음으로
  인간벨트를 구축하여 성공률을 높이는 멘토링이다.

## 사례 2. 인터넷 업무 향상 멘토링

－GE그룹 임원들의 업무취약 부문인 인터넷을 업그레이드하는 멘토링으로 임원
  600명과 인터넷기술이 우수한 젊은 사원 600명을 역(Reverse)으로 연결하여 6개
  월간 1:1로 진행하여 세계 최초 성공적인 성과를 거둔 임원 멘토링이다.

| 법적 조직 업무적용 분야 | | 업무모델 | 업무세분 |
|---|---|---|---|
| 기업 등 각 조직별로 업무선정은 단위 부서의 특성에 맞게 선택하여 멘토/멘제를 1:1로 연결, 12개월 진행한다. | | 조직개발부서 1:1 | 1. 조직개발 업무<br>2. 인력개발 업무 |
| | | 재무관리부서 1:1 | 1. 자금관리 업무<br>2. 회계관리 업무 |
| 멘토(선배 사원) 대상 | 1) 선배사원<br>2) 자격소지사원<br>3) 지적소유권사원<br>4) 전문학위소지자 | 생산관리부서 1:1 | 1. 자재관리 업무<br>2. 품질관리 업무 |
| | | 영업관리부서 1:1 | 1. 고객관리 업무<br>2. 상품관리 업무 |
| 멘제(후배 사원) 대상 | 1) 후배 및 신입사원<br>2) 업무미숙사원<br>3) 보직전입사원 | 경영전략부서 1:1 | 1. 기획관리 업무<br>2. 혁신관리 업무 |

## 희망 2. 핵심 인재개발 컨설팅

- 내용 1: 핵심역량 개발이란?

개인 경쟁력 강화를 위한 지식경영 프로그램으로 '핵심역량 전수 1:1 프로그램'
이다. 관리자급 이상자를 멘토로 하여 핵심역량, 업무, 기술 등을 전수하고 아울
러 인격적인 차원에서 전문적, 정서적, 의지적인 분야의 역량을 전수한다.

■ GE Group 사례:

### 사례 3. 핵심 인재개발 멘토링

–GE그룹의 임원들은 멘토 찾기에 전력을 기울인다. 한 가지 사례로 플라스틱 부서 여성 CEO로 승진한 샤린 베글리(40세)는 "나는 임원 멘토링을 통하여 혹독한 수련 기간을 거쳐 20년 배울 것을 6년에 끝냈죠"라고 말했다.

특히 잭 웰치와 현 이멜트 회장의 1년간 후계자 성공 멘토링은 삶 전체의 멘토링으로 업무뿐만 아니라 인간관계, 의사소통, 경험담으로 진행되었다.

### 사례 4. 우수인재 개발 멘토링

–GE그룹의 인사관리 원칙은 A급(우수)사원 20%, B급(보통)사원 70%, C급(퇴출)사원 10%로 구분하여 관리한다. 특히 보통사원에서 우수사원으로 승급하는 데 1:1 멘토링 프로그램이 필수적이다. 1999년에는 우수사원으로 진급자 중 멘토로부터 멘토링을 받은 자는 거의 전부인 80%다.

| 핵심역량 전수 적용분야 | | 역량모델 | 핵심역량 세분 |
|---|---|---|---|
| 조직에서 관리자급 이상 일정직급 이상자를 멘토로 지정하여 하급자에게 의무적으로 지식 및 업무 노하우를 전수하여 관계를 활성화하면서 조직구성원의 역량을 결집하여 경쟁력을 강화하고자 하는 프로그램이다. | | 핵심역량 Sharing 핵심업무 Sharing 핵심기술 Sharing | [인간가치] 1. 인격가치 2. 관계가치 3. 리더십가치 4. 혁신가치 5. 성과가치 [인간기술] 1. 칭찬기술 2. 소통기술 3. 감성기술 4. 창의기술 5. 열정기술 인간생애 |
| 멘토(선배회원) 대상 | 1) 관리자급 이상 선배<br>2) 핵심역량 소지사원<br>3) 리더십 회원<br>4) 전문학위 소지자 | | |
| 멘제(후배회원) 대상 | 1) 후배 및 신입사원<br>2) 자격회원 및 핵심 업무에 관심회원<br>3) 핵심 업부 근무사 | | |

## 3. 희망 핵심역량 개발 컨설팅

| | |
|---|---|
| 추진배경 | 조직에서 앞으로 핵심인재로 세울 대상자와 핵심 업무에 종사할 대상자를 1:1로 연결하여 조기 전력화시키는 프로그램으로 특히 상하 간 대화 촉진과 부서 간 업무 협조를 배려한다.<br>마커스 버킹엄의 『First, Break All The Rule』이라는 책에는 이런 말이 나온다. "조직을 떠나는 사람은 없다. 다만 리더를 떠날 뿐이다." 이 말은 상사의 관계 리더십이 부하직원의 조직 적응도에 있어서 결정적인 영향력을 미치고 있음을 대변해 주고 있다. 결국 구성원들의 동기부여와 조직 충성도를 높이기 위해서는 회사 차원에서 관리자들의 관계 리더십(Mentorship) 배양에 보다 많은 관심과 노력을 기울여야 한다.<br>■ 선후배 대화 활성화<br>■ 부서 간 업무 협조화<br>■ Human Net Work 형성 |
| 추진기본<br>사항 - 5 | ■ 활동목표: 핵심인재 개발 컨설팅<br>■ 활동기간: 12개월<br>■ 활동始終: 2011. 1. 1. - 2011. 12. 31.<br>■ 멘제기준: 후배 사원(진급 예정자나 진급자 핵심 업무를 맡을 자)<br>■ 멘토기준: 리더십이 있는 관리자급 이상(관리자급 이상에서 멘제 인원만큼 선발한다) |
| 기대효과 | ■ 상급자와 하급자 간에 대화가 원활해진다.<br>■ 타 부서와 업무협조가 원활히 이루어진다.<br>■ 사내 업무가 전략적인 차원에서 협조가 된다.<br>■ 멘토그룹의 미팅효과로 인재개발 노하우가 축적된다.<br>■ 자율학습 인재개발 차원에서 조기전력화의 효과를 거둔다. |

## 5. 희망/동행 Plan 컨설팅 Process

| 구분 | 주제 | 세부 프로그램 | 비고 |
|---|---|---|---|
| 4 | Process | 1 준비과정-츄잔<br>2 도입과정-교육<br>3 활동과정<br>4 평가과정 | -미팅회사 운영 매뉴얼 작성<br>-멘토링 참석자 교육과정 진행<br>-미팅회사 12개월 프로젝트별 활동<br>-정량/정성 평가 |

### 1) 컨설팅 4 - Process 12개월의 의미

멘토링은 일회성이 아니고 멘토/멘제가 활동하는 데 일정기간이 필요하게 된다. 아울러 활동에 필요한 사람투자, 설비투자, 자금투자가 필요하게 되는데 회사에서는 이에 대한 생산성 효과를 반드시 측정하는 것이 원칙이다. 멘토링의 목적은 투자를 감안한 인간성 바탕 위에 생산성 효과를 얻기 위함이다.

개인 멘토링에서는 기간에 큰 문제가 없지만 회사에서는 목표에 의한 평가 문제가 반드시 대두되기 때문에 일반적으로 회사의 법정 회기(會期)에 맞게 12개월을 최소단위 기간으로 설정한 것이다. 그러나 가장 적합한 기간은 8-Projects 하나하나에 특성과 형편을 감안하여 정하는 것이다.


## 2) 컨설팅 4-Process 12개월의 내용

멘토링 활동을 효율적으로 관리하기 위하여 4개 과정(4-Process)을 나누어 편의상 준비과정, 도입과정, 12개월 활동과정 그리고 최종 평가과정으로 구분했다.


**Process 1-준비과정**

| 준비과정 단계 | 과정진행 프로그램 |
|---|---|
| 환경분석 → TF Team → 운영매뉴얼 | 준비과정은 시행 전 3개월 동안 멘토링 활동12개월 실행을 위하여 미팅교회 운영매뉴얼을 작성하고 4개 프로그램-관리. 교육, 활동, 평가-을 설계한다.<br>**[교회 환경분석(토양-Soil-테스트)]**<br> 1. HPI 행복지수 진단도구  2. HCI 희망지수 진단도구<br> 3. SWOT 강약지수 진단도구<br>**[TF Team]**<br> 1. 교회 멘토링 위원장  2. 모니터(매니저)<br> 3. 멘토/멘제<br>**[운영 매뉴얼 5가지 선행 조건 작성]**<br> 1. Project(활동목표)  2. 활동기간  3. 활동시종  4. 멘제그룹<br> 5. 멘토그룹 |


**Process 2-교육과정**

| 교육과정 단계 | 과정진행 프로그램 |
|---|---|
| 멘토/멘제 선정 및 교육 Workshop겸행<br>멘토 ↕ 결연식 ↕ 멘제<br>1:1 결연식 진행 | 교육과정은 활동개시 Workshop을 시작으로 멘토/멘제 상견례 그리고 1시간 정도 당회장 참석 하에 결연식 순서를 진행하고 마지막으로 이벤트식 만찬에 멘토/멘제를 초대한다.<br><br>**[교육과정]**<br> 전문가과정-20~80H<br> 멘토과정 08~60H<br> 목회자과정 04~40H<br> Workshop 04~20H<br> 인격개발과정 08~40H<br><br>**[결연식]**<br> 멘토/멘제 1:1 결연식 프로그램진행 |

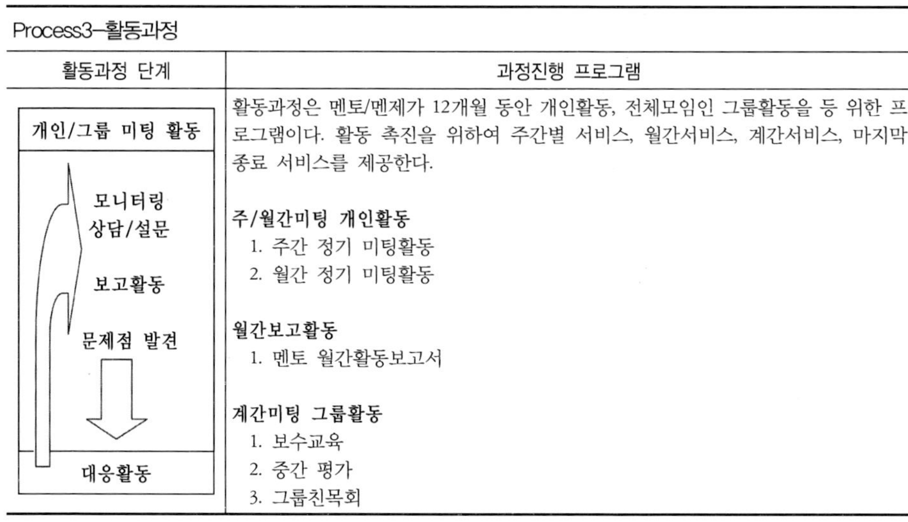

| 활동과정 단계 | 과정진행 프로그램 |
|---|---|
| 개인/그룹 미팅 활동<br><br>모니터링<br>상담/설문<br>보고활동<br>문제점 발견<br>대응활동 | 활동과정은 멘토/멘제가 12개월 동안 개인활동, 전체모임인 그룹활동을 등 위한 프로그램이다. 활동 촉진을 위하여 주간별 서비스, 월간서비스, 계간서비스, 마지막 종료 서비스를 제공한다.<br><br>**주/월간미팅 개인활동**<br>1. 주간 정기 미팅활동<br>2. 월간 정기 미팅활동<br><br>**월간보고활동**<br>1. 멘토 월간활동보고서<br><br>**계간미팅 그룹활동**<br>1. 보수교육<br>2. 중간 평가<br>3. 그룹친목회 |



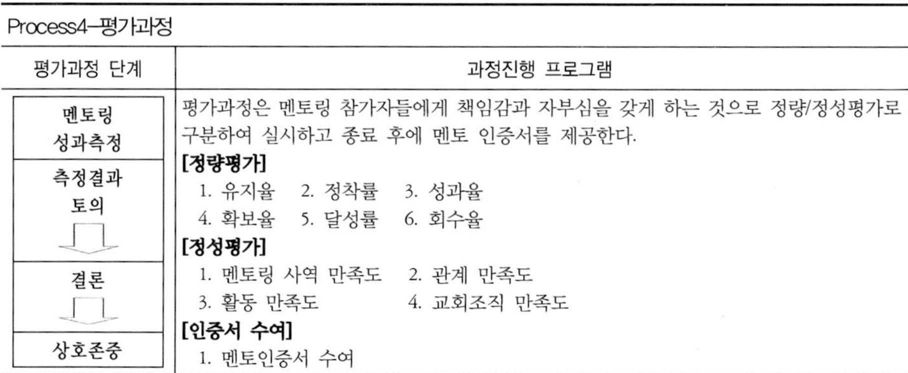

| 평가과정 단계 | 과정진행 프로그램 |
|---|---|
| 멘토링<br>성과측정<br>측정결과<br>토의<br>결론<br>상호존중 | 평가과정은 멘토링 참가자들에게 책임감과 자부심을 갖게 하는 것으로 정량/정성평가로 구분하여 실시하고 종료 후에 멘토 인증서를 제공한다.<br>**[정량평가]**<br>1. 유지율  2. 정착률  3. 성과율<br>4. 확보율  5. 달성률  6. 회수율<br>**[정성평가]**<br>1. 멘토링 사역 만족도  2. 관계 만족도<br>3. 활동 만족도  4. 교회조직 만족도<br>**[인증서 수여]**<br>1. 멘토인증서 수여 |

## 3) 희망/동행 컨설팅 12개월 일정표

멘토링 활동기간은 바로 멘토/멘제 활동기간이 기준이 된다. 멘토링 활동기간 설정은 멘토링 활동 Project에 좌우된다. 특별히 금번 소개하는 12개월 일정표는 3개월을 준비과정으로 하고 실행과정 12개월로 설정하여 샘플로 소개하는 것으로 조직에서 실정에 맞게 목표선택과 활동기간은 주문형으로 가능하다.

| 구 분 | 예비1 | 예비2 | 예비3 | 실행1 | 2 | 3 | 4 | 5 | 6 | 7 | 8 | 9 | 10 | 11 | 12 | 비고 |
|---|---|---|---|---|---|---|---|---|---|---|---|---|---|---|---|---|
| 준비과정<br>1. 환경분석<br>2. 시스템 구축<br>3. 매뉴얼 작성 | ☐ | ☐ | ☐ | | | | | | | | | | | | | |
| 교육과정<br>4. 교육과정<br>5. 결연식 | | | | ☐ | | | | | | | | | | | | |
| 활동과정<br>6. 주/월간활동<br>7. 보고활동<br>8. 계간활동 | | | | ☐ | ☐ | ☐☐ | ☐ | ☐ | ☐☐ | ☐ | ☐ | ☐☐ | ☐ | ☐ | ☐☐ | |
| 평가과정<br>9. 활동평가<br>정량/정성평가<br>10. 멘토 인정 | | | | | | ☐ | | | ☐ | | | ☐ | | | ☐ | |

## 6. 미팅 Plan 활동과정

　멘토링 미팅 활동부문은 멘토/멘제가 일정 기간 동안 조직의 지원하에 자유롭게 프로그램을 진행하는 자율활동을 말한다. 여기에서 콤비활동은 정기미팅 등 멘토/멘제 두 사람만이 갖는 프로그램을 말하고 그룹활동은 소그룹이나 전체 쌍이 야외 활동을 하는 등 합동으로 활동하는 것을 말한다.

　특히 멘토링 미팅활동은 멘토의 자율성이 최대한 보장되는 만큼 멘토는 조직의 규정이나 모니터의 관찰에 유의하고 멘제와 건전하고도 유익한 활동 전개에 최선의 노력을 다하여야 한다.

　멘토링 활동에서 멘토와 멘제가 가장 부담스러워하는 것이 미팅 때 다룰 소재와 진행방법이다. 대부분 조직에서 멘토링을 도입한 후 이 미팅에 프로그램 지원을 하지 못하기 때문에 사실 방치상태로 되어 처음은 있고 끝은 없는 비생산적인 멘토링이 되는 것이다. 여기에 소개하는 미팅실행은 멘토링 활동에서 성공률을 높이는 지름길이다.

1) 미팅활동 유형

(1) 미팅활동 개요

① 멘토/멘제 활동의 범위

멘토링의 활동 범위는 먼저 멘토링 활동 목표에 의하여 크게 좌우되는데 예를 들자면 업무능력 향상 멘토링, 경력개발 멘토링, 지식기술 이전 멘토링 등은 주로 학습 활동이 우선되고 반면 신규직원 멘토링, 노사화합 멘토링, 관계개선 멘토링 등은 친목 위주의 활동이 많아지게 된다.

② 멘토/멘제 활동기간

일반적으로 멘토링 활동기간은 조직에 적용되는 멘토링에서는 제한을 받게 된다. 그러나 개인적으로 이뤄지는 멘토링 활동은 그 기간을 제한할 필요는 없다. 두 사람이 마음이 맞으면 수년이나 평생도 멘토링을 할 수 있기 때문이다.

문제는 조직에 멘토링의 활동기간을 설정하는 것이 무엇보다도 중요하다고 본다. 현재 멘토링 기간은 전혀 심사숙고하지 않고 종전 OJT(On the Job Training)기간 개념에서 3개월 6개월, 12개월 식으로 시행함으로써 제대로 성과도 내지 못하고 도중 해체되는 예가 비일비재하다. 왜냐하면 인재개발과 업무숙달이 목적인 멘토링은 개념 자체가 다르기 때문이다. 조직 적용 멘토링 활동기간을 설정하는데는 다음의 몇 가지 고려할 점에 유의하기 바란다.

첫째는 우리 조직에서 어느 영역에 멘토링을 도입할 것인가가 우선 고려되어야 한다. 멘토링 전문가가 조직 내에 있다면 조직의 환경분석이 먼저 이뤄져서 취약부문을 가려내어 목표설정을 해야 한다. 잘나가는 부문에 멘토링을 도입하는 것은 저비용 고효율 원칙에 어긋나게 된다.

두 번째로 멘토링 목표가 설정되었으면 목표달성을 필요한 기간을 계산하여 적용하면 큰 무리 없이 멘토 멘제가 충분한 기간을 갖고 목표달성에 효과적으로 대응하게 된다. 참고로 멘토링 활동 목표별로 권장기간을 아래 내용으로 기술한다.

- 업무능력 향상 멘토링 – 최소 6~12개월
- 신규직원 멘토링 – 최소 12개월
- 경력개발 멘토링 – 최소 12개월(업무별로 연장 가능)

- 노사화합 멘토링 – 최소 12개월
- 지식기술이전 멘토링 – 최소 2년(특수기술은 연장 가능함)
- 핵심인재 개발 멘토링 – 최소 5년(최고경영자 대상은 연장 가능함)

우리 속담에 우물에서 숭늉 구한다는 말이 있다. 멘토링 활동은 인재개발이 목적이다.

조직에서 멘토링을 통한 인재개발의 의미는 협의적 차원에서 멘제를 자신과 같은 멘토 리더로 재생산(Reproducing)함을 의미한다. 그러므로 최소한 회계기간인 1년의 기간은 적극 지원해 주고 그 후 절차에 의하여 평가 결과를 지켜보면 된다.

③ 멘토/멘제 미팅 횟수

멘토/멘제의 미팅 횟수는 조직에서 주간 1회, 월간 1회 등 최소한의 횟수를 정해 주어야 한다. 왜냐하면 두 사람의 정규 업무 사정에 따라 신축적으로 횟수가 변동되면 큰 차질이 올 우려가 있기 때문이다. 일반적으로 활동기간이 1년 넘게 길면 월 1~2회 미팅, 활동기간이 짧으면 주 1회 미팅이 효과적이라고 본다.

그 후 더 횟수를 추가하는 것은 간여할 성질이 아니다. 그리고 최소한 정해 준 횟수는 챙겨야 하는데 모니터는 월간 멘토 보고서에 미팅 내용을 보고받으면 된다.

④ 멘토/멘제 미팅 장소

멘토/멘제의 미팅 장소는 크게 조직 내와 사외 두 가지로 나눌 수 있다. 초창기에는 대부분 개인 시간을 보호하는 차원에서 근무시간 내, 조직 내에서 미팅을 하게 된다. 그러나 3개월쯤 지나 서로 간 만나 정을 서로 느낄 때가 되면 구태여 시간 내, 조직내라는 등식이 맞지 않게 되고 근무시간 외에 자연스러운 미팅이 이뤄진다. 어하간 멘토/멘제가 알아서 결정할 일이다. 가능한 효과적인 면에서는 시간 외에 사회의 어느 한곳에서 미팅이 이뤄지기를 기대한다. 조직에서는 좋은 장소를 물색해서 웹사이트나 조직 내 게시판에 공고하는 것은 멘토/멘제에게 크게 도움을 주는 것이 된다.

⑤ 멘토/멘제 미팅 일자

멘토링 활동이 개시되고 멘토/멘제가 염려하는 것이 "과연 현재 상급자 밑에서 정규업무를 다루면서 미팅에 나갈 수 있을까"이다. 조직에서는 이 점을 감안하여 이왕 예산과 인력을 들여 멘토링을 도입했으므로 과감한 결단이 과정마다 필요로 한다. 바로 미팅 일자를 CEO의 결재를 얻어 양성화해 주는 일이다.

이 점은 대부분 멘토링 도입업체에서 받아들여져 멘토링 데이(Mentoring Day)라는 공식 명칭으로 특정 요일을 선포함으로써 미팅을 활성화하는 좋은 계기를 만들어 주고 있다.

⑥ 활동 경비 충당

멘토링 선진국인 미국에서는 멘토링 단체 대부분이 비영리 재단(1904년 설립한 BBS를 비롯하여)으로 정부공적 자금이나 개인 기부금으로 소요 경비를 충당하고 있다. 그러나 국내에서는 아예 기부문화의 후진성과 멘토로서 헌신 봉사정신을 기대하기 어려워 북미지역 운영 스타일과는 다른 체계가 요구되고 있다.

그러한 원리에서 조직에서 정상적인 투자 개념으로 멘토링 프로그램을 다루어 주기를 기대하며 특히 멘토는 정규업무와 멘토링 업무 등 두 가지 업무 실적을 거두어야 하므로 당연히 차별된 물심양면의 대가를 지불해야 하는 것이 당연하다고 본다. 멘토의 교육비, 멘토의 활동비, 멘토 시상비 등이다. 참고 현재 멘토/멘제 월간 활동비는 처음 도입 50,000~계속 도입업체 100,000원 정도로 책정되어 있다.

(2) 콤비별 미팅활동 유형

멘토링 활동에서 가장 핵심이 멘토/멘제 한 쌍, 즉 멘토링 셀(Mentoring Cell)이 첫째는 자연스럽게 둘째는 자율적으로 활발하게 활동해 주는 것이다.

외형적으로 아무리 투자가 많고 형식적인 프로그램이 잘 갖춰졌다 하더라도 이 셀이 움직이지 않으면 성과는 기대할 수 없는 것이다.

멘토링 추진 팀은 멘토의 자생력을 위해 최대한 지원하도록 하고 가능한 관리 (Control)의식은 떨쳐버려야 한다. 자연 번식하는 세포의 원리를 그대로 적용해야 한다.

멘토/멘제가 개인 미팅 시 할 수 있는 프로그램을 아래 내용으로 소개한다. 각 조직마다 나름대로 특징 있게 준비하여 멘토/멘제가 자유롭게 선택하는 데 도움을 주기 바란다.

① 정기미팅활동

조직에서 제시한 정기미팅일에 만나서 두 사람이 진행할 프로그램이다. 주로 인격지수 업그레이드에 관한 대안으로부터 시작하여 한 주간의 동향 조직 내외 주요사항들을 다루고 가장 주요한 개인개발의 목표의식과 조직개발의 목표의식에 관심이 열려 있어야 한다.

② 스포츠활동

멘토/멘제가 다양한 스포츠—테니스, 탁구, 골프, 헬스, 등산, 수영 등— 중에서 직접 선택하여 미팅일에 체력단련 겸 건강지수 업그레이드 차원에서 프로그램을 갖는다.

③ 친목활동

멘토/멘제가 미팅일에 친목식사, 분위기 있는 카페, 공원산책 등의 프로그램을 갖는다.

④ 학습활동

멘토/멘제가 고시, 자격증, 학위, 리포트 작성, 과제풀이 프로젝트 등에 필요한 학습자료를 준비하고 특별히 세미나나 교육 등에 직접 참여하는 프로그램을 갖는다.

⑤ 가정방문

멘토/멘제가 사전에 합의하여 상호 가정을 방문하여 경조사 등 친목을 겸하여 미팅을 갖는다.

⑥ 봉사활동

멘토/멘제가 주위 청소나 이웃 돕기, 양로원, 고아원 등 시설을 찾아가 사회봉사 프로그램을 갖는다.

⑦ 문화활동

멘토/멘제가 콘서트, 미술 감상, 고적 답사, 운동경기 관람, 서전 등을 찾아 문화활동 프로그램에 참가한다.

(3) 그룹별 미팅활동 유형

멘토링 활동은 자발적 참여가 성공의 지름길이 되기 때문에 가능한 조직 전체가 지원 분위기 조성에 각별히 관심을 가져야 한다.

가장 효과적인 지원은 CEO의 관심사다. 최근에 CEO가 직접 사원을 챙기는 예가 자주 매스컴에서 볼 수 있는데 아마 인간존중경영의 시대적인 흐름으로 생각한다.

멘토링 계획을 수립할 때 처음부터 CEO를 멘토링 영역에 두어야 한다. 그래서 멘토/멘제 결연식 때부터 친해질 수 있도록 참석해서 주례를 하고 사진을 찍고 선물도 직접 챙겨 주어야 한다. 부득이 불참할 경우에는 소상히 사정을 알리고 임원이 반드시 대행해야 한다.

멘토/멘제가 출발 Workshop할 때 대부분 색다른 경험을 하게 되어 감격을 맛보는 사람이 대부분이다. 그러나 교육의 효과는 3개월 가지 못한다고 한다. 그러므로 분기별로는 CEO 참여하에 격려 모임을 갖고 보수교육 등 전체 분위기를 높이는 게 효과적이다.

다음 프로그램은 멘토/멘제 전체 그룹이 분기별로 한 가지씩 선택하여 멘토링 열정을 북돋우는 프로그램으로 활용하도록 소개한다.


① 분기그룹미팅

멘토링 추진 팀 주관으로 멘토/멘제가 활동 개시 후 분기별로 갖는 전체 모임이다. CEO 참석하에 자유토론, 건의사항, 격려사, 보수교육, 친목식사 등을 내용으로 하는 프로그램을 갖는다.

② 야외활동

멘토링 추진 팀 주관으로 멘토/멘제 전체가 등산, 마라톤, 운동, 수영대회 등을 내용으로 프로그램을 갖는다.

③ 학습활동

멘토링 추진 팀 주관으로 멘토/멘제 전체가 모여 자체적으로 주제발표, 조직내외 강사, 초등 특강 수강, 학술발표회, 고적 답사, 프로젝트 성공 사례 등을 내용으로 프로그램을 갖는다.

④ 독서활동

멘토링 추진 팀 주관으로 멘토/멘제 전체 대상으로 신간 발표회, 독서그룹 운영, 전문서적 공람, 교양서적 공람, 독후감 발표 등을 내용으로 프로그램을 갖는다.

⑤ 봉사활동

멘토링 추진 팀 주관으로 멘토/멘제 전체가 지역청소 한경운동 참여 병원봉사

이웃 돕기 행사, 꽃동네 방문, 자선바자회 등을 내용으로 프로그램을 갖는다.


## 2) 미팅활동 소재

**[콤비활동 소재]**

멘토와 멘제 두 사람만의 활동에서 필요한 활동 소재들을 소개한다.


**[그룹활동 소재]**

멘토와 멘제 소그룹이나 전체 활동에서 필요한 활동소재들을 소개


### (1) 콤비 미팅활동 소재


**[콤비 1. 미팅활동 학습소재]**

| 활동주제 | 세부 내용 |
| --- | --- |
| 1. 역량개발을 위한 활동 | − 도서관 탐방, 서점 탐방<br>− 영화, 동화 함께 읽기<br>− 멘토/멘제의 과거 생활에 대한 정보를 교환하고, 습득하도록 도움<br>− 인터넷상에서 정보 찾기<br>− 역량개발을 위한 전문과목 등을 개인지도<br>− 컴퓨터 사용방법을 가르침<br>− 박물관 방문 및 방문에 대한 보고서나 스피치 준비 |
| 2. 개인적 관계 진전을 위한 활동 | − 멘제가 좋아하는 음식으로 식사<br>− 멘제가 가 보고 싶어 하는 곳−대학로, 한강, 산, 바다 등을 방문<br>− 멘토의 가정에 초대<br>− 영화, 연극, 음악회 등 관람<br>− 야구장, 축구장, 농구장 방문<br>− 볼링이나 포켓볼을 함께 즐김<br>− 시장이나 백화점을 함께 다님<br>− 함께 장애인 시설이나 병원에 봉사활동 |
| 3. 진로 탐색 또는 미래 준비를 위한 활동 | − 멘토의 전공이야기나 대학생활 전공에 조언<br>− 관심분야에 대한 자료 제공, 관심분야에 종사하는 선배와 만남 주선<br>− 전문분야 학술발표에 참석<br>− 장래개발에 대한 것들에 대해 토론 |

[콤비 2. 미팅활동 일상소재]

개별활동은 멘토/멘제가 일상생활 안에서 쉽게 할 수 있는 활동들로 구성되어 있다. 멘제가 좋아하는 작은 것으로부터 멘제의 가정, 직장, 사회 전반에 영향을 미치는 것들에 대해 정서적인 지지와 실제적인 도움을 줄 수 있는 활동들로 구성되어 있다.

| 소재 | 세부 내용 |
| --- | --- |
| 친밀감 형성 | 그동안 생활 나누기, 생일 챙겨 주기, 마니또, 쪽지 보내기, 문자 보내기, 메일 보내기, 게임, 차 마시기, 멘제가 좋아하는 음식으로 식사하기, 멘토/멘제 집 방문하기, 그림으로 자기 표현하기(잡지책, 신문, 전지, 색종이, 풀 등 활용) |
| 진로 지도 | 인터넷 정보 검색, 도서관, 서점, 확실한 전공 선택, 나의 인생 설계 |
| 자율학습 지도 | 전문도서 구입, 자율학습 방법 지도 등 |
| 문화체험 | 박물관, 민속놀이 체험, 놀이공원, 일일여행, 눈썰매 타기, 온천욕, 감 따기, 송편 짓기, 노래 배우기, 보드게임 |
| 스포츠 체험 | 재즈댄스, 요가, 등산 |
| 경제적 지원 | 건강진단 |
| 고민 나누기 | 힘든 부문 이야기, 현재 도움받고자 하는 내용 나누기 |
| 격려자 도와주기 | 자립할 있도록 정서적 지지 및 격려 |
| 관계형성 | 멘제 가족과 관계형성을 위한 가정방문 |

(2) 그룹 미팅활동 소재

그룹활동은 멘토/멘제가 다른 팀과 함께하는 활동으로 심리검사를 통한 서로 간의 이해와 각종 문화체험 활동, 스포츠 활동, 봉사활동, 자기개발 활동 등이 있다. 멘토와 멘제가 다른 쌍들과 함께하는 시간으로 자신들의 관계를 객관적으로 점검해 볼 수 있는 기회가 되며, 서로 간의 응집력을 강화할 수 있는 기회가 될 것이다.

| 소재 | 세부 내용 |
|---|---|
| 문화체험 활동 | 자연답사 여행, 도예체험, 문화 유적지 조사, 문화탐방, 탁본체험, 전통놀이 체험, 산림박물관 견학, 갯벌체험, 콘서트, 영화, 풍물 배우기, 요리대결, 장애체험, 암벽등반, 캠프(캠프파이어, 옥수수, 고구마, 감자, 계란 구워 먹기), 세줄 타기, 협력게임, 팀빌딩 게임, 공동벽화 그리기 |
| 스포츠 활동 | 레크리에이션, 국토순례대행진−2박 3일(범물사회복지관), 캠파이어, 댄스파티, 오리엔티어링, 래프팅, 서바이벌, 골든벨, 챌린지(산악자전거), 스케이트, 눈썰매 타기, 캠프, 가장무도회, 재즈파티, 테크노파티, 가든파티 |
| 봉사활동 | 사회복지 시설 방문/청소, 농어촌봉사, 영아 돌보기 |
| 심리검사 | 자아개념검사(Egogram 측정), MBTI, DISC, Eneagram, Holland 적성탐색검사, 다중지능검사, 미술치료, 음악치료 |
| 자기개발 활동 | 칭찬합시다(Pygmalion Game), 자기 자랑하기(자신의 장점과 자랑거리 발표), 자기성장 캠프(자신에 대한 발견−성격, 관심도, 특성 등), 가치관 경매(가치관 목록표 만들고 자신이 중요하다고 생각하는 순서대로 선택), 시간관리 프로그램(시간관리 중요성을 교육하고 시간관리 척도검사, 시간관리 유형 파악을 통해 멘제의 시간관리 현주소를 알게 함), 인생목표 설정하기(일일, 단기, 장기 계획 수립), 장기자랑, 자화상 그리기, 명함 만들기 |
| 기타 활동 | 타임캡슐 만들기, 심리극, 가족 간 편지 쓰기, 가족에게 선물하기, 골든벨 |

### 3) 미팅 7Step 시나리오

멘토와 멘제는 주어진 기간 멘토링 활동에서 성공률을 높이기 위하여 미팅 주기를 습관화하는 것이 무엇보다도 중요하다. 특히 각 조직에서 CEO의 결재를 얻어 일정 일시를 '멘토링데이'로 선포하는 것이 더욱 바람직하다(예: 매주 목요일 1시간 등).

그다음에는 주기적으로 미팅시간이 주 1회나 월간 2~3회 등으로 이뤄지게 되는데 이때 미팅시간을 효율적으로 나누기 위하여 아래 내용으로 진행순서를 모델로 정하여 선보인다.

특별히 유의할 것은 미팅 시간이 1시간이 될 수도 있지만 별도 야외친목교제를 나눌 경우는 하루도 될 수 있음을 알아야 한다.

멘토/멘제가 미팅 당일에 당황하거나 부담되지 않게 이 진행 시나리오를 사전에 학습해 두면 크게 도움이 될 것이다.

| Step | Theme | |
|------|-------|---|
| 1 | Welcoming | 환영하기 |
| 2 | Counseling | 질문하기 |
| 3 | Teaching | 답변하기 |
| 4 | Freetalking | 토론하기 |
| 5 | Coaching | 교제하기 |
| 6 | Plannin | 준비하기 |
| 7 | Ending | 종료하기 |

# Step 1. Welcoming

**-환영해요**

새로운 환경 속으로 들어오는 한 사람 멘제를 위해 멘토인 당신이 매번 만남 (Meeting)에서 마음의 문을 열고 환영해 줄 수 있는 방법을 찾으라.-Ice Breaking!

멘토는 이렇게 말하지 않는다. "겨우 한 사람을 위해서" "일개 사원을 위해서"

[Hint-Ice Breaking 소재]

1) 나의 좌우명은?

2) 내가 가장 존경하는 한 사람은?

3) 다른 사람이 모르는 내 모습 한 가지는?

4) 가장 기억나는 친구, 스승, 선배, 친척은?

5) 내 인생에서 가장 기쁜 때와 사건은?

6) 내 인생에서 가장 슬플 때와 사건은?

7) 가족 중에서 나를 가장 많이 닮은 사람은?

8) 가장 오랫동안 잠 못 이루지 못한 때와 사건은?

[첫 만남 즐거운 대화 10Tip]

1) 밝은 주제를 가지고 이야기를 나눈다.

2) 환한 미소를 주고받는다.

3) 삶에 도움이 되는 이야기를 나눈다.

4) 대화를 나눌 때 의견이 활발히 오가야 한다.

5) 자기의 의견만 고집하지 않는다.

6) 솔직하게 의사 표시를 한다.

7) 긍정적으로 맞장구를 친다.

8) 칭찬할 일이 있으면 기쁜 마음으로 칭찬을 한다.

9) 같은 말을 지루하게 반복하지 않는다.

10) 공감할 수 있는 대화를 나눈다.


## Step 2. Counseling

### – 멘제가 상담 질문해요

미팅의 두 번째 단계는 첫 단계에서 상호 간 마음의 문이 열린 상태에서 진행한다. 상담 단계는 그동안 멘제의 질문을 비롯하여 멘토에게 상담할 내용을 멘제가 사전에 준비해서 거리낌 없이 이야기를 나누는 것이다. 바로 동생이 형님한테 자연스럽게 대하는 태도다. 멘토는 우선적으로 경청 자세로 진지한 모습을 보여준다.


* 멘토는 신뢰로, 멘제는 존경으로 상호 간 한마음!

멘토는 이렇게 말하지 않는다. "멘제여 내가 먼저 이야기할게." "그다음 순서에 말하라고."


멘제는 항상 먼저 말하고 질문하고 멘토는 항시 경청 후 답변해 주고 상담해 준다.

[Hint – 상담 및 질문 소재]

1) 직장에 대한 이야기

2) 업무에 관한 이야기

3) 전문 및 교양도서 독후감

4) 핵심기술 지식 노하우 이야기

5) 사회 활동 및 동우회 이야기

6) 종교 등 신앙이야기

7) 가정(부모, 부부, 자녀 등) 이야기

8) 학습 세미나 자격증에 관한 이야기

9) 건강(신체와 정신 등) 이야기

10) 문화, 취미, 특기, 생활 이야기

11) 자기관리에 관한 이야기


## Step 3. Teaching

**- 멘토가 답변해요**

미팅의 세 번째 단계는 두 번째 단계에서 멘토가 경청한 후 답변해 주고 상담해 주고 그리고 그동안 준비한 업무, 기술, 지적, 주요정보 등을 챙겨서 전한다.

* 멘제의 마음은 멘토의 가슴으로 통한다.

멘토는 이렇게 말하지 않는다. "나의 핵심기술은 줄 수 없어." "멘제여 당신도 나만큼 고생해야 얻을 수 있는 것이야."

멘제의 인재개발은 멘토의 핵심 기술이나 가장 귀한 자료를 나눔 여부에 달려 있다.

**[Hint - 멘토의 경청과 포용력]**

1) 가벼운 마음으로 이야기할 수 있게 한다.

2) 상대방이 하는 말을 잘 듣는다.

3) 멘제가 문제를 해결할 수 있도록 돕지만, 필요 이상으로 멘제의 행동을 억제하지 않는다.

4) 문제에 관하여 의논하고 있을 때 공감을 표시한다.

5) 멘제가 감정적이 되어 이성을 잃더라도 그것을 대범하게 보는 관대함을 갖는다.

6) 자신감을 잃지 않는다.

7) 멘제가 도움을 필요로 하고 있음을 곧 알아차린다.

8) 멘제가 성공하는 것을 바라고 있다.

9) 멘제의 자존심과 자신감을 키우려고 노력한다.

10) 멘제가 하고 싶은 말을 열심히 들어 준다. 자신이 듣고 싶어 하는 것에만 귀를 기울이지 않는다.

11) 멘제의 인격을 존중한다.

12) 차분히 시간을 들여 이야기한다.

13) 멘제의 사고방식을 받아들일 수 있어야 한다.

14) 멘제를 위하여 온 정성을 기울인다.

15) 다시 한 번 시도할 기회를 부여한다.

## Step 4. Freetalking

**- 서로 간 토론해요**

미팅의 네 번째 단계는 두 번째와 세 번째 단계에서 멘토/멘제가 상호 간 의사소통괴 열린 미음 상태로 준비되었으므로 이제 자생력 개발 및 인간성장을 위한 14가지 미딩소재 개발을 주제로 목표달성을 위한 토론을 갖는다.

* 멘토는 조언자이고 멘제는 결정권자다.

멘토는 이렇게 말하지 않는다. "시간이 없어 내가 결론지을게." "다음에는 좀 더 잘 준비해서 요점만 말하라고."

멘토링의 목적은 멘제를 멘토와 같은 인격적인 리더로 재생산하는 것이다. 멘토보다 더 훌륭하게 키우는 것이 선(善)순환의 인재개발이다.

[Hint – 미팅소재 – 14]

아래 미팅소재를 가지고 지난주간 실천사항을 점검하고 앞으로 활동 목표를 정하고 Brain Game으로 실천카드를 작성한다.

- 주제 1. 멘토/멘제가 리더로서 적합성 Compatibility 점수는?

1) 자질테스트

2) 역할테스트

3) 자생력테스트

- 주제 2. 멘토/멘제의 인간성(인격) Humanity 점수는?

4) 마음테스트

5) 지식테스트

6) 건강테스트

7) 의지테스트

8) 관계테스트

- 주제 3. 멘토/멘제가 생산성 Productivity에 기여 점수는?

9) 경영이해테스트

10) 업무숙달테스트

11) SWOT테스트

- 주제 4. 멘토/멘제가 장래성 Futurity 설계 점수는?

12) 가정영역테스트

13) 직업영영테스트

14) 경제영역테스트


# Step 5. Coaching

### - 함께 친목해요

미팅의 네 번째 단계까지는 주로 실내에서 이뤄졌지만 멘토링에서 코칭은 일반적인 업무코칭과 달리 주로 야외에서 상호 간 친목교제를 말한다. 구체적으로 식사, 영화, 오락, 취미, 운동, 등산, 가정방문 등 정서적 분야를 개발하는 시간이다. 1시간 또는 경우에 따라 온종일도 걸릴 수 있다.


* 멘토와 멘제는 정신적 부문에서는 부부와 같이 일체다.

멘토는 이렇게 말하지 않는다. "회사 출장 때문에 여기서 끝내자고." "활동비를 줄 테니 혼자 식사하고 돌아가게."


아름다운 동행! 멘토링은 결코 업무처리 식으로는 성과를 낼 수 없다. 잭 웰치 회장처럼 멘제를 위해 칭찬, 가치인정, 사랑, 키스, 포옹으로 정서적 면에 우선해야 한다.


**[Hint – 친목활동 소재]**

■ 개인활동 – 멘토/멘제 정기 미팅 시 개인활동 소재

1) 스포츠활동 – 테니스, 골프, 농구, 탁구, 마라톤, 조깅 등

2) 친목활동 – 게임, 특식 먹기, 경기장 참가

3) 학습활동 – 전공연구 및 세미나 자격증 취득, 교양 및 전문독서

4) 가정방문 – 경조사 위문, 축하, 병문안

5) 봉사활동 – 불우이웃 돕기, 양로원, 고아원

6) 문화활동 – 콘서트, 영화, 음악/미술감상, 서점 가기

7) 취미활동 – 꽃꽂이 만들기, 새 기르기, 음식 만들기


■ 그룹활동 – 멘토/멘제 계간 전체 모임 그룹활동 소재

1) 야유회활동

2) 등산활동

3) 체육활동

4) 봉사활동

5) 장애인 돕기

6) 농촌 돕기

7) 해병대 병영체험

## Step 6. Planning

### ─다음 준비하기

여섯째 단계는 오늘의 미팅을 마무리하면서 챙겨야 할 사항을 점검하는 단계다. 왜냐하면 다음의 미팅 시간을 알차게 진행하려면 앞으로 한 주간 준비를 잘해야 하기 때문이다. 먼저 4단계 토론단계에서 다음 주 활동목표 계획서와 5단계에서 야외친목 활동에서 의논된 것을 챙기면 된다.

* 멘토링은 투자(In Put)에 의해 성과(Out Put) 있는 활동으로 이어져야 계속성을 유지할 수 있다.

멘토는 이렇게 말하지 않는다. "요즈음 회사일 때문에 마음이 복잡하니 멘토링은 대충 하자고." "체크하는 사람도 없으니 모이는 시늉만 하자고."

조직에서 멘토링은 체계적인 프로그램이 요구되는 제도적 멘토링으로 활동해야 한다. 준비과정에서 계획과 프로그램을 제대로 설계한 후에 그다음 도입과정, 활동과정, 평가과정으로 진행하면서 적정한 프로그램을 소화해야 성공률을 높일 수 있는 것이다.

[Hint─멘토링 활동 계획양식]

■ 활동양식─멘토/멘제 정기 미팅 시 개인활동 계획서
1) 다음 미팅활동 목표 달성을 위한 실천카드 작성 Sheet─Brain Game
2) 수시로 야외친목 활동에 관한 분야 일정 장소 예산 등 계획서

■ 행정양식─멘토링 활동에 필요한 행정양식
1) 멘토 월간 보고서 작성 Sheet

2) 미팅활동 여부 소감 설문도구 양식

3) 활동비 정산 작성 Sheet

## Step 7. Ending

**-다시 만나요**

오늘의 미팅 시간을 해피엔딩(Happy Ending)으로 장식하는 단계다. 미팅 시간은
물론 조직에서 할애한 시간이지만 멘토의 주관으로 하되 상호 간 자율을 원칙으
로 진행된다.

자율에는 책임이 따르듯이 이미 공인으로서 개인 인격개발 목표와 조직에서
주어진 생산성과 개발목표도 달성하고, 더 중요한 것은 멘토링을 통하여 멘토/멘
제 상호 간의 유익이 전제가 되어야 오래 지속할 수 있다.

* 멘토링은 부담이라기보다는 조직으로부터 인재개발 자율권을 인정받고 활동
하는 멘토 경영의 한 축이다 .

멘토는 이렇게 말하지 않는다. "회사에서 맡겼으니 내 체면을 봐서라도 잘해
보자고." "길지 않은 기간이니까 대과 없이 지내자고."

인지상정(人之常情)이라는 말이 있다. 사람은 같이 지내다 보면 더욱 가까워지
고 정도 들게 된다는 말이다. 처음은 서로 어색하지만 3개월을 알차게 보내면 정
이 들게 되어 더욱 관계가 촉진된다.

[Hint-See You Again]

1) 악수하고

2) Hugging하고

3) See You Again!

## Step 8. [Meeting Day Note]

아래 내용은 실제로 봉쥬르 식당에서 식사하면서 활동 내용을 기록한 사례다.
참고해서 미팅할 때마다 보고용으로 기록을 남기도록 하자.

미팅일시: 2010. 3. 27. 17:00~18:00
미팅장소: 봉주르 식당

1. Welcoming(환영하기)
멘토: 지난주 가장 좋았던 일은?
멘제: 상무님으로부터 프레젠테이션 시 칭찬받은 일입니다.

2. Counseling(멘제의 질문하기 - 멘제의 시간)
멘제 질문: 우리 회사 경영이 가장 좋았던 때와 그때 어떤 일로 입니까?
멘제 상담: 과다체중인데 5kg 정도 줄이고자 합니다.

3. Teaching(멘토 답변하기 - 멘토의 시간)
멘토 답변: 1973년부터 중동 건설에 참가했을 때입니다.
멘토 상담: 나도 지난번 체중을 줄였는데 30% 소식하고 30% 운동(헬스)으로 느
　　　　　려서 6개월 걸렸어요.
상호 간: 토론과 파드백
4. Freetalking(미팅소재 개발 토론하기)
멘제: 영어회화를 위해 다음 달부터 학원에 등록하려는데요?
멘토: 요즈음 원어민과 1:1 전화 학습방법을 생각해 보세요.
상호 간 토론과 피드백

5. Coaching(친목교제 나누기)

멘토: 다음 미팅 때는 아예 공휴일인 5/12일에 도봉산 등산 어때요.

멘제: 좋습니다. 가족과 같이 동행하면 좋을 것 같은데요.

상호 간 토론 후 결론 도출


6. Planning(다음 미팅 준비하기)

멘토: 다음 미팅 때 월간 보고서 함께 작성해요.

멘제: 다음 미팅 시 좋은 음식점 제가 찾아볼게요.


7. Ending(종료하기)−See You Again

## Step 9. [Meeting Day Scenario Sheet]

**멘토링 미팅 시 실제로 상황을 아래 양식에 요약해서 기록해 보자.**

미팅일시:

미팅장소:

미팅참석:    멘토(          ) 멘제(          )


1. Welcoming(환영하기)


2. Counseling(멘제의 질문하기−멘제의 시간)


3. Teaching(멘토 답변하기−멘토의 시간)


4. Freetalking(미팅소재 개발 토론하기)

5. Coaching(친목교제 나누기)


6. Planning(다음 미팅 준비하기)


7. Ending(종료하기)—See You Again

# 제 3 부
# 멘토링 인격사례 모델

제3장에서는 그동안 수집한 자료를 참고로 멘토링 모범사례를 다루었다. 멘토링은 인류 역사 이래로 인간의 관계지향 본능에서 오늘에 이르기까지 사회 구석구석에서 리더개발이라는 목적으로 자연스럽게 이루어져 왔다. 이와 같이 두 사람의 개인적인 차원에서 만남과 헤어짐이 자연스러운 개인형태의 전통적(Typical)멘토링 사례와 기업, 학교, 교회, 정부기관, 군대, 사회복지단체 등의 조직에서 체계적으로 운영되고 있는 조직개발 형태인 제도적(Systematic) 멘토링 사례를 성과사례와 함께 소개했다.

# 제1장
# 개인개발 사례모델

멘토링은 인류 역사 이래로 인간의 관계지향 본능에 의해서 오늘에 이르기까지 사회 구석구석에서 리더개발이라는 목적하에 자연스럽게 이루어져 왔다. 이와 같이 두 사람의 개인적인 차원에서 만남과 헤어지는 것이 자연스러운 형태를 전통적 멘토링(Typical Mentoring)이라고 한다.

이 책에는 여성, 드라마, 저명인사, 성경인물 등 다양한 분야별로 각 사례 모델을 요약해서 소개했다.

| NO | 분야 | 멘제 | 멘토 | Story |
|---|---|---|---|---|
| 1 | World Star | 박태환 | 노민상 감독 | |
| 2 | 골프 | 박세리 | 박준철 부친 | |
| 3 | 음악 | 신현수 | 김남윤 교수 | |
| 4 | 대통령 | 링컨 | 그레이엄 교사 | |
| 5 | CEO | 이멜트 현 회장 | 잭 웰치 전 회장 | |
| 6 | | 워런 버핏 | 빌 게이츠 | |
| 7 | 저명인사 | 오정현 | 옥한흠 목사 | |
| 8 | 여성과학 | 정수연 | 이혜숙 교수 | |
| 9 | 성경인물 | 모세 | 이드로 장인 | |
| 10 | | 바울 | 바나바 | |
| 11 | 드라마 | 대장금 | 한상궁 | |
| 12 | | 이순신 장군 | 류성룡 | |

## 1. 박태환 선수
## 멘토: 노민상 감독

그는 5살 때 의사의 추천으로 천식을 치료하기 위해 수영을 처음 시작했다. 2008년 8월 10일에는 베이징의 2008년 하계 올림픽에서 아시아 최초로 수영 400m 자유형에서 3분 41초 86의 기록으로 그랜트 해켓, 장린 등을 꺾고 금메달을 획득하였다.

멘토 노민상(53세) 감독은 오늘날까지 12년 동안 박 선수를 위해 보살피고 있으며 현재는 태능 선수촌의 수영 국가대표 감독으로 있다.



## 2. 박세리 선수
## 멘토: 아버지 박준철

박세리는 1996년 프로로 데뷔하여 LPGA 경기인 2003년에는 베어 트로피를 수상하였고 2006년에는 헤더 파 어워드를 수상하고 2007년 6월에는 꿈에도 그리던 LPGA 명예의 전당 입회 자격을 얻어 입회했다. 또 7월에는 KLPGA 명예의 전당에 입회하였다. 2008년 9월 4일 현재는 통산 천만 달러를 돌파하였다.

멘토 아버지 박준철 님은 박세리 선수를 초등학교 3학년 때 골프에 관한 천재적인 적성을 발견하여 현재까지 매니저처럼 그리고 미래 박 선수 재단 운영까지 구상하고 있다.



## 3. 신현수 바이올린
## 멘토: 김남윤 교수

신현수는 전주에서 초등학교를 다닐 때부터 서울을 오가며 김 교수에게 사사했다.

"그동안 출전했던 여러 콩쿠르에서 2~3위를 한 것이 오히려 약이 됐다"라고 말했다. 이어 "어렸을 때부터 선생님으로부터 무대에서의 걸음걸이, 옷차림 등 때문에 혼났는데 언젠가부터 무섭다기보다 포근한 사랑이 느껴졌다"라고 덧붙였다. 신현수는 롱 티보 콩쿠르 우승했다.

멘토 김남윤 교수는 12년 동안 레슨비도 없이 영재성을 살려서 프랑스 롱 티보 콩쿠르에서 국내파 음악인으로서는 최초로 우승할 수 있도록 뒷받침해 주었다.

## 4. 링컨 대통령
### 멘토: 그레이엄 교사

가장 존경받는 미국 대통령이 된 링컨은 성장과정에서는 참으로 어려운 생활을 했다. 초등학교 교사로서 멘토가 된 그레이엄은 링컨의 미래 지도자로서 기본생활에 많은 영향을 준 사람이다. 6개월 동안 침식을 제공하고, 토목기술, 웅변기술, 문법학습은 물론이고 처녀를 소개하여 결혼까지 주선한 너무 고마운 분이다. 천신만고 끝에 대통령이 된 링컨은 그의 취임식 가장 가까운 자리에 멘토인 그레이엄을 초대했다.



## 5. 이멜트 CEO
### 멘토: 잭 웰치 CEO

잭 웰치와 제프리 이멜트는 GE그룹 전/후임 CEO로서 오래전부터 공식, 비공식적으로 끈끈한 멘토링 관계가 지속되어 왔음을 기록을 통해 알 수 있다. 끈끈한 멘토링 관계란? 단순히 업무에만 국한한 것이 아니고 인간관계, 리더십, 의사소통, 경험담 등 삶 전체로 두 사람의 관계가 1년 넘게 1:1로 멘토링이 이루어졌다는 것을 알 수 있다. 그러니까 성공 확률이 높은 것이다.



## 6. 빌 게이츠 CEO
### 멘토: 워런 버핏 CEO

저자는 위 두 분을 21세기 현존 인물의 최고 멘토링으로 소개하고 싶다. 25년의 연령 차이를 극복하면서 1991년에 동료 멘토링으로 시작하여 상호 신뢰와 존경의 바탕에서 가정방문, 동행여행, 게임놀이, 경영자문 등으로 모범을 보였다. 특히 워런 버핏의 자산 중 80%인 40조 거금을 빌 & 게이츠 메린다 재단에 기부한 것은 멘토링이 아니고서는 상상할 수 없는 쾌거다. 자본주의 꽃으로 전 세계에 감동을 준 CEO 기부 천사 희망 스토리이다.

## 7. 오정현 목사
## 멘토: 옥한흠 목사

*** 잡음 없는 세대교체**
옥한음 원로목사
"사랑의 교회는 후임이 와서 어지간히 잘해도 광이 안 나요. 그 중압감을 이해 못 합니다. 저 사람이 마음껏 역량을 펴도록 내가 조금 비켜 주자고 판단한 거죠."
오정현 담임목사
"간섭하지 말고, 그런 걸 따지는 게 우습죠. 저의 제일 큰 원군이 玉 목사님입니다. 玉 목사님이나 저나 본질에 충실하면서 교회의 유익이 뭔가를 늘 생각합니다."



## 8. 정수연 학생
## 멘토: 이혜숙 교수

"고3 초에 시작했던 교수님과의 멘토링은 제 인생에 가장 큰 영향을 미친 사건 중 하나랍니다. 모니터 앞에 앉아 망설이며 키보드를 두드리던 일이 이렇게 큰 경험을 가져올 줄은 몰랐어요." 지금은 미국 코넬대학교 3학년생인 정수연 양은 WISE 웹사이트에서 이화여자대학교 수학과 이혜숙 교수를 자신의 멘토로 신청하던 때를 회고했다.



## 9. 지도자 모세
## 멘토: 이드로 장인

이드로는 아랍부족의 추장이며 시내반도 미디안의 제사장이며 모세의 장인이다. 모세가 애급에서 우발적인 살인을 하고 도망치는 도중 양을 보살피고 있던 그의 일곱 딸들을 도운 것이 계기가 되어 그중 십보라와 결혼했다. 그리고 약 40년 동안 장인 이드로의 양 무리를 쳤다. 그는 모세에게 위임권에 관한 조언을 한 멘토로 모세에게 재판제도를 조언해 주고 천부장, 백부장, 오십부장, 십부장을 모세 대신 위임 행정을 할 수 있도록 조언해 줬다(출 18:19~23).

## 10. 바울 전도사
### 멘토: 선배 바나바

바나바와 바울은 신약성경에 나타난 멘토링의 모델 가운데 뛰어난 모델 중 하나이다. 바나바는 바울을 지원했고 유대 그리스도인들에게 성공적으로 연결시켜 주었다. 뿐만 아니라 바나바는 바울을 이방 기독교의 중심에 서도록 길을 만들어 준 멘토였다.

바나바의 멘토링으로 바울은 그 후에 멘토로서 디모데, 디도, 아볼로, 브리 스길라와 아굴라 등을 멘토링함으로써 그의 선교사역은 그레데, 아시아의 여러 교회들(행 18:27~28)과 계시록에 나오는 일곱 교회들(계 2~3장)과 고린도 교회(행 18:1~2), 로마교회(롬 16:3~5) 등 세계 교회로 뻗어 나가게 되었다.



## 11. 대장금
### 멘토: 한상궁

MBC 고전 드라마 대장금은 주인공 서장금(徐長今, 이영애의 배역)이 폐비 윤 씨의 폐위 사건 당시 궁중 암투에 휘말려 부모를 잃고 수라간 궁녀로서 궁궐에 들어가 멘토 한상궁(양미경의 배역)을 만나 어머니처럼 도움을 받으면서 중종의 주치의인 최초 어의녀(御醫女)가 되기까지의 과정을 그리면서, 그 가운데 주인공 장금의 성공과 사랑을 그리고 있다.



## 12. 이순신 장군
### 멘토: 류성룡 학자

KBS 대하드라마 '불멸의 이순신'은 주인공 이순신 장군이 스스로의 힘으로 임진왜란의 신화를 만들어 낸 가장 큰 이유는 바로 멘토인 류성룡의 손재다. 류성룡이 없었더라면 아마 이순신 장군은 자신의 이상과 능력을 발휘하지 못했을 것이다.

이순신을 발탁한 '서애 류성룡'은 임진왜란을 승리로 이끈 선조시대의 명재상으로 죽어 가면서 선조 임금에게 올리는 마지막 상소로 그의 우국을 짐작하게 한다.

# 제2장
# 조직개발 사례모델

산업사회의 발달과 더불어 기업, 학교, 교회, 정부기관, 군대, 사회복지단체 등의 조직에서 멘토링이 인재개발 프로그램으로 활용되면서 맥킨지 컨설팅 그룹의 주창대로 조직에서 의도적인 계획을 가지고 체계적으로 운영되는 형태를 제도적 멘토링(Systematic Mentoring)이라고 부른다. 이 제도적 멘토링은 인간성을 포함하여 성과도출의 생산성 목표의식도 갖추도록 되어 있다.

## 2-1. 잠재능력을 깨우는 멘토링의 힘

‘피터 드러커’는 미래의 조직에서 가장 강력한 인재육성의 도구는 멘토링 (Mentoring)이라고 하였다. 그의 말처럼 현재 멘토링은 조직의 성과 향상을 가져다 주는 가장 효과적인 인재육성 전략으로 급부상하고 있다.

멘토링이란 일정기간 동안 멘토(Mentor)와 멘제(Menger)가 합의된 목표하에, 멘제의 잠재능력을 계발해 나가는 체계적인 핵심인재 육성활동이다. 여기서 멘토는 ‘도움을 주는 사람’이며, 멘제는 ‘도움을 받는 사람’을 뜻한다.

최근 널리 확산되고 있는 ‘사람이 경쟁력이다’라는 인식처럼, 조직이 성장하기 위해서는 구성원들의 열정을 불러일으키고 잠재능력을 계발하여 경쟁력 있는 리더로 키워 나가는 것이 중요하다. 그리고 이를 실행시키는 것이 바로, 조직 멘토링의 가장 중요한 목적이다.


## [삶을 바꾸는 멘토링의 놀라운 힘]

멘토링의 효과에 대해 ‘맥킨지 컨설팅’은 ‘다보스회의 보고자료’에서 ‘멘토링의 놀라운 힘’이라고 표현하며, 멘토링을 경험한 사람 중의 50%가 멘토링 활동이 그들의 삶을 바꾸었다고 답했다는 설명을 덧붙였다.

이처럼 멘토링의 효과는 우리가 예상할 수 있는 것보다 더욱 큰 힘을 발휘하고 있는데, 특히 조직 차원에서 얻을 수 있는 효과들을 조금 더 자세히 살펴보면 긍정적인 조직 문화의 계승과 성장 가능성이 높은 핵심인재의 육성, 구성원의 학습 촉진, 지식 이전을 통한 경쟁력 강화, 신입 직원의 업무 적응력 향상을 통한 성과 촉진 등을 꼽을 수 있다. 또한 구성원들 개인적으로도 새로운 지식과 기술 확보, 다양한 사람들과의 관계 형성, 리더십 향상, 조직 생활의 자신감 향상, 경력 개발 등의 효과를 얻을 수 있다.

푸춘지 선정 500대 기업의 71%가 멘토링을 활용하고 있고, 그 기업의 임원 설문 결과 96%가 ‘멘토링은 중요한 인재개발 도구’이며, 75%가 ‘자신의 직업적 성공에 핵심 역할을 담당했다’라고 답한 것을 보더라도 조직에 있어서 멘토링의 효과가 얼마나 대단한지 알 수 있다.

요컨대 멘토링은 조직 구성원의 수동적인 의식을 능동적인 리더의식으로 전환함으로써 조직의 인적 경쟁력을 확보하고, 지속적인 생산성을 올리기 위한 최고의 도구인 것이다. 따라서 개인의 특성과 조직의 목표에 따른 멘토링 활용에 더 큰 관심을 기울일 필요가 있다.

## [맞춤식 1:1 인재교육 방법]

멘토링은 전통적인 집단 교육훈련과는 달리 '맞춤식 1:1 인재육성 방법'이다. 보통 멘토링과 유사하다고 생각할 수 있는 'OJT'나 '코칭'과의 차별점을 살펴보면, 우선 OJT가 신입 직원을 대상으로 업무지식을 전수하는 데 집중하는 반면 멘토링은 업무뿐만 아니라 개인적인 문제까지도 지원한다는 점에서 OJT와 구별된다.

코칭과의 차별점으로는 멘토링이 제도 또는 프로그램이라면 코칭은 그것을 실행시키기 위한 핵심 도구나 스킬이라고 할 수 있다. 즉, 멘토링은 코칭을 포함하는 보다 큰 개념이다. 주요 관심사에서도 멘토링은 사람(구성원) 자체에 관심을 보이는 반면, 코칭은 업무에 더욱 치중되어 있다.

## [지금은 멘토링 시대]

맥킨지 컨설팅의 21세기 인재전략 리포트인 '인재전쟁(The War for Talent)'에서는 기업들은 멘토링을 제도화해야 한다고 설명한다. 올바른 멘토링의 방향은 상호인격을 존중하면서 잠재능력을 최대한 발휘할 수 있도록 서로 도움을 주고받는 효과적인 쌍방향 인재개발 프로그램이다. 이제 우리나라도 멘토링의 시대에 자연스럽게 접어들고 있다. 아직은 조직 내 신입직원 정착률 향상과 OJT성격의 멘토링이 주를 이루고 있는 것이 사실이지만 차차 경력 개발, 기술력 향상, 핵심인재 개발, 후계자 양성 등으로 적용 범위를 넓혀 나가야 할 것이다.

요즘과 같이 어려운 불경기의 시대에 경비도 적게 들이고 구성원들의 사기도 진작시킬 수 있으며, 개인의 성장과 기업의 발전이라는 두 마리 토끼를 잡게 해 주는 강력한 인재개발 도구인 멘토링제도를 활용하여 우리 기업들이 좋은 기업을 넘어 위대한 기업으로 우뚝 설 수 있기를 기대한다.

## 2-2. 멘토링 노하우, 이것만은 알아두자

어느 기업이나 멘토링을 도입하여 실행할 수는 있지만 모든 기업이 그 효과를 제대로 보는 것은 아니다. 사전에 멘토링에 대한 올바른 이해와 운영 노하우를 갖추지 못했기 때문이다. 그렇다면 기업과 개인의 성장을 동시에 이룰 수 있는 강력한 인재개발 도구인 멘토링을 성공적으로 운영하는 방법은 무엇일까? 또 멘토링을 성공적으로 이끌기 위해서 멘토가 갖추어야 할 자질과 멘제가 가져야 할 자세는 무엇일까?

우리가 멘토링을 실행하기 위해 반드시 알아야 할 요소들, 혹은 그 효과를 두 배로 향상시킬 수 있는 노하우는 어떤 것들이 있는지 살펴보도록 하자.


### [멘토링, 어떻게 하면 성공할 수 있을까?]

먼저, 조직 내 멘토링에 대한 전 사적인 공감대를 형성해야 한다. 전 임지원이 멘토링을 성공적으로 운영하겠다는 의지를 갖고, 홍보활동 등을 통해 전 사적인 공감대로 키워 나가는 것이 중요하다.

둘째, 멘토링 추진 팀을 구성한다. 멘토링을 주도적으로 추진할 책임자와 인사 교육 관련 부서의 멤버로 멘토링 추진 팀을 구성하고, 멘토링의 목표와 활동기간을 정한 후 목표에 맞는 멘제와 멘토를 선발한다.

셋째, 멘토링이 진행되는 동안 수시로 모니터링하여 개선점들을 체크한다. 선발된 멘토와 멘제는 함께 멘토링에 대한 이해와 추진 스킬에 대해 배워 나가고, 이때 추진 팀은 멘토링이 잘 실시되고 있는지를 수시로 모니터링하여 분석하고 개선할 점들을 체크한다.

넷째, 멘토링 우수 활동 사례를 발굴하여 공유하고 모델링한다. 멘토링 우수 활동 커플 발표회를 열고, 여기에 참석하여 멘토와 멘제가 어떻게 활동을 하는지를 모델링한다.

다섯째, 인재개발지수 향상에 주력해야 한다. 멘토링 활동의 실천계획 대비 실적분석을 5가지의 인재개발지수(심력, 지력, 건강력, 자기관리력, 인간관계력) 중 부족한 부문의 향상에 중점을 두고 추진한다. 이를 통해 멘제는 균형 잡힌 인격을 갖게 되고, 성품과 역량이 뛰어난 훌륭한 인재로 성장하게 된다.

## [훌륭한 멘토가 되기 위한 5가지 방법]

우선, 멘토는 성품과 역량이 뛰어나야 한다. 멘제가 언제나 마음 놓고 고민을 상담할 수 있는 편한 사람, 항상 미소를 지으며 사랑을 가득 담은 눈망울로 멘제를 바라보는 사람, 칭찬으로 멘제의 동기를 부여해 줄 수 있는 사람이어야 한다.

둘째, 멘제의 말을 잘 경청하고 질문을 통해 멘제의 생각을 끌어낼 수 있어야 한다. 멘토는 노하우를 전수할 때 멘제가 주제에 대해 어떤 생각을 가지고 있는지 먼저 질문하고, 멘제가 자신의 생각과 아이디어를 충분히 설명할 수 있도록 경청해야 한다.

셋째, 멘제에 대한 깊은 관심과 따뜻한 배려로 멘제의 입장에서 생각하고 행동해야 한다. 멘토는 멘제의 목표 달성과 성공을 진심으로 바라고, 멘제 스스로 잠재능력을 발휘할 수 있도록 도움을 주어야 한다.

넷째, 조직의 경영방침과 규정을 숙지하고 있어야 한다. 훌륭한 멘토는 조직의 비전과 경영방침을 잘 이해하고 있어야 하며, 이를 멘제에게 잘 전수하여 멘제가 조직에 대해 이해하고 충성심을 높일 수 있도록 이끌어 주어야 한다.

다섯째, 전문지식을 지니고 있어야 한다. 멘토는 담당 분야에 대한 탁월한 전문

지식과 노하우를 가지고 있어야 하며, 이를 통해 조직 구성원들로부터 존경받는 사람이 되어야 한다.

## [멘토링 효과를 높이는 멘제의 자세]

첫째, 멘제는 능동적인 태도로 멘토링 활동계획을 주도해 나가야 한다. 처음엔 멘토가 주도하여 이끌어 가겠지만, 차츰 멘제 스스로 활동 계획을 수립하고 멘토링을 주도해 나갈 수 있어야 한다.

둘째, 열정적인 실천가가 되어야 한다. 멘토링 활동계획을 실천하는 이유는 멘제의 성공을 위한 것이다. 늘 열정적으로 실천하고, 성장해 나가고 있다는 것을 멘토에게 보여 주기 위해 노력해야 한다.

셋째, 늘 예절을 지키며 자신을 성찰해야 한다. 언제나 멘토에 대한 존경심과 예절을 잊어서는 안 된다. 그리고 자신의 부족한 점을 지속적으로 성찰하여 개선해 나갈 수 있도록 해야 한다.

넷째, 스스로 동기부여를 해야 한다. 멘토링 활동을 하다 보면 계획대로 되지 않을 경우가 있는데, 그럴 때는 스스로에게 용기를 주고 격려하면서 끊임없이 스스로 동기부여를 해야 한다.

다섯째, 멘토를 벤치마킹하고 뛰어넘어야 한다. 멘토의 모든 것을 벤치마킹한다는 마음으로 사소한 것까지도 메모하면서 배워 나가야 한다. 그리고 더 나은 지식과 아이디어를 찾아내어 멘토에게 말하자. 그러면 멘제도 훌륭한 멘토가 될 수 있을 것이다.

앞서 소개한 효과적인 멘토링 운영 노하우나 멘토의 자질, 그리고 멘제의 자세를 잘 숙지하고 멘토링을 실시한다면 분명 성공의 확률이 두 배는 높아질 것이다. 하지만 보다 근본적인 멘토링 성공 노하우는 멘토링에 대한 구성원들의 열정에 달려 있다는 것을 잊지 말자. 모든 구성원들이 자신은 멘토이면서 곧 멘제이기도 하다라는 생각으로 멘토링에 임한다면, 멘토링은 우리가 기대했던 것 이상으로 그 진가를 발휘할 것이다.

# 2-3. 멘토링, 회사의 운명을 바꾼다

멘토(Mentor)라는 단어가 우리나라에 알려지기 훨씬 이전부터 멘토링(Mentoring)은 해외에서 다양한 방법으로 활발히 진행돼 왔다. 특히 멘토링 제도가 가장 활성화되어 있는 미국의 경우, 'GE그룹' 등의 대기업은 물론 벤처기업들까지도 멘토링 제도를 도입하여 적극 활용하고 있다. 그만큼 성공적인 사례들도 많이 찾아볼 수 있는데 다음의 성공 사례들을 살펴보면서 우리가 배우고 응용할 수 있는 점들은 무엇인지 생각해 보도록 하자.

**[GE그룹: 사원부터 CEO까지 단계별 종합멘토링]**

멘토링 성공 사례로 빼놓을 수 없는 곳이 바로 GE그룹이다. GE그룹은 종합적이고 세분화된 멘토링을 실행한 것으로 유명한데, 대표적인 프로그램으로 우수 인재 개발 멘토링, 임원 개발 멘토링, 차기 CEO 양성 멘토링, 역멘토링 등을 꼽을 수 있다.

그중에서도 가장 성공적인 프로그램으로 인정받고 있는 우수 인재 개발 멘토링은 주로 신입사원들을 대상으로 하며, 우수 사원 후보들을 멘제로 선발하고 우수 사원인 멘토들과 연결시켜 지속적으로 멘토링을 시킴으로써 우수 인재를 개발하는 프로그램이다. 실제로 1998년도 GE그룹 진급자의 80%가 이 멘토링 참여자였을 정도로 성공적인 사례로 인정받고 있으며, 가장 널리 알려져 현재 우리나라에서 실행되고 있는 멘토링 프로그램들의 대부분이 이 우수 인재 개발 멘토링에서 비롯되었다고 할 수 있다.

이 외에도 GE는 임원들의 체계화된 멘토링 프로그램을 통해 GE 플라스틱 부문의 여성 CEO '샤린 베글리'를 배출하기도 하였으며, 차기 CEO인 '이벨트'를 위해 '잭 웰치'가 멘토로서 1년간 차기 CEO 양성 멘토링을 실시한 것으로도 유명하다. 또한 600여 명의 간부 사원을 멘제로, 젊은 사원을 멘토로 선발하여 IT 분야의 기술을 6개월간 전수한 역멘토링도 빼놓을 수 없는 GE의 멘토링 사례라고 할 수 있다.

### [Dupont: 생각의 반점(Reverse)을 통한 역(逆Reverse멘토링)

'듀폰'은 리더들의 인재 육성 능력을 향상시키는 주요 수단으로 역멘토링을 활용하고 있다. 역멘토링은 기존 멘토링과는 반대로 부하직원이 상사에게 배움을 전달하는 상향식(upward) 방식으로 임직원 간의 디지털 정보 지식의 격차를 줄이고자 실행되었던 것이 최근에는 다양한 주제로 확산되고 있는 추세이다. 역멘토링에 참여한 듀폰의 리더들은 자신들의 멘토인 젊은 부하 직원들과의 커뮤니케이션을 통해 새로운 지식도 얻고 사고도 넓히는 동시에 인재육성 능력 또한 향상시키고 있다고 말한다.

실제로 '월스트리트저널(WSJ)'은 지난해 11월 미국에서 역멘토링이 유행하고 있다고 보도하며, 상사도 부하 지원에게 조언을 구하라고 조언했다. 상사와 동료, 부하 직원 등 직장 내 모든 관계자들이 인사 고과점수를 매기는 다면 평가 제도가 정착되면서 부하 직원들의 의견이 더욱 값어치를 내고 있다는 것이다.

이처럼 듀폰은 반드시 위에서 아래로 내려와야 한다는 고정관념을 반전시킨 역멘토링을 통해 더욱 다양한 의견과 지식을 수용하고 멘토와 멘제 간의 커뮤케이션을 활성화함으로써 성공적으로 리더들의 인재 육성 능력을 향상시키게 되었다.

## [휴렛패커드: 철저한 사전준비]

중간 관리자 육성을 위해 멘토링을 적극 활용하고 있는 '휴렛패커드'는 멘토링을 실시하기까지의 준비가 매우 철저하기로 유명하다. 먼저 멘토로 선발된 직원들은 사전 교육을 통해 멘토가 갖추어야 할 지식과 자질들을 훈련받게 되는데, 특히 멘제를 가르치기 위해서는 많은 시간과 열정이 요구된다는 점을 충분히 인식시킨다. 또한 입사 5~7년 차의 회사 구성원 중 상사의 추천에 의해 선발된 멘제들도 사전에 7일간의 리더십 교육을 받게 된다. 이 교육에서 개선이 필요하다고 판단되는 2~3개의 역량을 선택하여 이후 멘토가 집중적으로 훈련을 시킨다. 뿐만 아니라, 휴렛패커드의 '로즈빌(Roseville)' 공장에서는 100여 쌍의 멘토링 커플을 멘토링 프로그램 실행에 앞서 하루 과정의 워크숍에 참석시키고, 비디오 시청과 시뮬레이션을 통해 멘토링 오리엔테이션을 받도록 하기도 한다.

## [세계은행: 전략적 사후평가]

한편 '세계은행'은 멘토링 프로그램 종료 후 설문조사를 통한 실효성 평가를 실시하여 향후 멘토링 프로그램 운영 전략에 참고 자료로 활용하고 있다. 세계은행의 경우에는 멘토를 선정할 때 직속상사는 피하도록 하고 있으며, 또 멘토나 멘제의 스타일이나 지적 수준 등을 종합적으로 고려해 파트너를 매칭시킨다. 프로그램을 실행시킨 후에는 일정기간을 주기로 멘토와 멘제 모두에게 4번의 설문조사를 실시하며 그 실효성을 평가하는데, 주요 설문 내용은 만나는 횟수, 멘토의 역할 수행 정도, 역량 개발 정도, 멘토 제도에 대한 만족도나 향후 개선돼야 할 보완점 등이다. 또한 여기에 그치지 않고 멘토링이 종료되면 외부 컨설팅 회사에 의뢰해 보다 심층적인 평가를 실시하여, 향후 운영할 멘토링 프로그램을 업그레이드시키는 데 참고 자료로 적극 활용하고 있다.

2000년부터 실행되기 시작한 우리나라의 멘토링은 대부분 선후배를 연결하는 신입사원 멘토링 수준의 초보적인 단계라고 할 수 있다. 이것은 한마디로 옛날 버전이다. 이제는 단순히 업무 성과를 향상시켜 보겠다는 단편적인 생각을 넘어서, 체계적인 관리 프로그램으로 멘토링을 정착시키고 리더 개발을 위한 지속적인 연결 고리로 활용해야 할 것이다. 이를 위해서 앞서 소개한 사례들과 같은 해외의 성공사례들을 벤치마킹하는 것도 좋은 방법이라고 할 수 있다. 그 과정에서 아이디어를 얻고 이를 응용해 우리 기업의 구조와 특징에 맞는 독창적인 멘토링 프로그램을 개발해 나가는 것이 중요하다.

# 제3장
# 성과개발 사례모델

멘토링 성과사례는 주로 조직에서 적용하는 제도적 멘토링에서 인간성 바탕 위에 생산성 효과를 목표로 하는 것이다. 특히 조직에서 상사는 생산성에 중점을 두고, 반면 멘토는 인간성에 중점을 두고 균형 경영을 이룩한다면 직원은 만족감으로 행복을 직장은 효율성으로 희망찬 미래 건설에 계기가 될 것이다.

1. 웅진케미컬 사례모델—4명
2. 삼성 SDS
3. 한국산업은행
4. 호텔 신라

## 3-1. 웅진케미컬 사례모델

### 웅진 1. 강병열 사원(구미2공장 단섬유 생산팀)
### [멘토링은 아무나 하나]

나는 멘토링이란 단어를 회사에 들어와서 처음 들었다. 하지만 Mentoring이란 영어 단어를 처음 접했을 뿐이지, 사람들이 모여 살아가는 모든 조직이나 단체에서 멘토링은 항상 존재해 왔고 앞으로도 존재할 것이다. 대한민국 남자로서 군대를 다녀온 사람이라면 멘토와 멘제라는 말보다 '사수'와 '부사수'란 말에 더 익숙할 것이다. 즉, 사수(특정 집단에서 지식과 경험이 많은 사람: 멘토)가 부사수(특정 집단에 갓 들어온 사람: 멘제)를 1 대 1로 전담해 지도와 조언을 하면서 실력과 잠재능력을 계발시키는 것이 바로 멘토링의 목적인 것이다.

나는 이런 멘토링에 대한 중요성을 '지나치다 싶을 정도로' 강조하고 싶다. 특히 회사라는 집단에서는 말이다. 사회에 첫발을 들여놓은 사회초년생이 그 회사의 문화와 분위기에 적응해서 자신의 잠재능력을 개발시키고 핵심 구성원으로 자리매김을 하는 데 멘토링의 역할은 매우 중요하다. 이것이 의도대로 되지 않아 많은 신입사원이 회사를 떠나 새로운 직장을 찾는다는 주변인들 소식을 접할 때면 멘토링의 중요성을 다시 한 번 실감하게 된다.

대부분의 멘토(우리 회사 멘토들도 예외는 아니다)들은 단순하게 지난날 자신이 멘토링을 받았던 대로 업무적인 부분의 경험과 지식에 온 신경을 집중한다. 물론 회사 입장에서 봤을 때 지극히 당연한 일이다. 하지만 그것이 정말 회사의 장래를 위한 혹은 회사의 이익을 위한 최선책일까? 나는 가끔씩 나 자신에게 이런 질문을 던지곤 한다. 그리고 내 머릿속을 맴도는 대답은 여러분의 예상대로 '아니다'이다. 멘제는 무한한 잠재력을 가지고 있으며 잠자고 있는 멘제를 깨우는 것이 바로 멘토의 역할이며, 그런 멘제의 잠재력은, 반복적이며 획일적인 기존과 크게 다르지 않은 멘토링에서는 기대하기 어려울 것이다.

멘토들은 보다 창의적인 접근으로 멘제들의 잠재력을 깨우기 위해 노력하지 않으면 안 된다. 멘제들의 특징을 제대로 파악하고 개개인에 적합한 맞춤식 교육이 필요하다. 내가 생각하는 멘토링의 핵심은 멘토의 지성(지극 정성!)으로 멘제들을 감동시켜 스스로가 회사와 일 그리고 집단의 꼭 필요한 구성원이 되고자 하는 욕구를 불러일으키는 것이다.

그러기 위해서는 회사 입장에서도 변화가 있어야 한다. 단순히 멘토와 멘제를 짝지어 주는 것이 전부가 아니라, 같이 호흡하고 서로를 믿고 의지할 수 있는 분위기를 만들어 준다면(가령 교육을 통해서) 보다 체계적이며 효율적인 멘토링이 될 것이라고 생각된다. 우리가 막연하게 생각해 버리는 멘토링은 멘토, 멘제 둘만의 활동이 아니라 인재육성과 미래 성장동력 발굴에 집단구성원 모두가 관심을 가지고 열정을 쏟아야 하는 체계적인 인력관리 시스템의 주춧돌인 것이다.

## 웅진 2. 민효진 대리(안성공장 소재생산팀)

### [멘토링은 조직에 신바람을 일으킨다]

신입사원 시절 아무 곳도 기댈 곳 없이 어려움을 느끼고 있었을 때, 처음으로 멘제로서 멘토링에 참여하게 되었다. 당시 멘토링 경험은 나에게 있어 업무에 대한 자신감을 심어 주었을 뿐만 아니라, 조직원으로서 목표를 갖고 제 실력을 발휘할 수 있도록 방향을 제시해 준 길잡이 같은 것이었다.

그리고 시간이 흘러 2005년 6월, 처음으로 후배 사원을 맞게 되었고 지난날의 나처럼 새로운 공간, 사람, 업무 등 모든 것에 어려움을 느끼는 후배를 보면서 이번엔 멘토로서 후배에게 도움을 주게 되었다.

나의 경험들을 토대로 후배에게 상담을 해 주면서 그 후배에게도 내가 길잡이가 되길 바랐고, 무엇보다 그도 나처럼 멘토링을 통해 자신이 원하는 길을 찾아갈 수 있길 바라는 마음이었다.

이번 멘토링에 대한 원고를 쓰면서 그 후배와 오랜만에 멘토와 멘제로서 대화를 나누게 되었는데, 멘토링 경험에 대한 생각과 느낌들이 나와 너무나 비슷해서 후배의 말을 빌려 그 느낌을 전하고자 한다.

"이제 와서 생각해 보니, 힘들었던 신입사원 시절에 가장 믿고 편하게 이야기를 할 수 있었던 사람이 바로 멘토였습니다. 업무를 포함해서 자기 계발, 졸업, 생일 등의 개인적인 부분까지 모든 부분을 도와주고 이끌어 주던 선배님이 있었기에 방황하지 않고 빨리 적응할 수 있었습니다. 지금 생각해 보니 '참 많은 부분 도움을 받았었구나'라는 생각이 듭니다. 입사한 때가 엊그제 같은데, 저도 벌써 4년차가 되었습니다. 비록 아직도 많은 부분이 미흡하고 부족하지만 앞으로 입사하는 후배에게 내가 도움을 받았던 것처럼, 후배들이 회사에 빨리 적응해서 자신의 역량을 해낼 수 있도록 길잡이를 해 주어야겠다는 생각이 듭니다."

후배의 말을 들으며 업무에서 느낄 수 있는 성취감과는 또 다른 성취감을 얻게 되었으며, 이제는 멘토로서 자신의 역할을 충실히 하는 후배를 보니, 멘토링은 선순환이 된다는 점에서 더욱 효과적인 인력 양성 프로그램이 아닐까라는 생각이 들었다.

## 웅진 3. 구자환 과장(구미2공장 장섬유 생산팀)

### [멘토는 인생을 이끌어 주는 지도자]

무한경쟁 시대를 살아가는 현대인은 인간관계와 직장생활에서 엄청난 스트레스에 시달리고, 빠른 기술 발전과 정보의 홍수 속에서 자칫 낙오하기 쉽다. 이때 경륜과 지혜가 있는 분들을 인생의 스승, 멘토로 모시는 것은 참으로 중요하다. 훌륭한 멘토를 가진 사람은 잘 적응하고 헤쳐 나가지만, 혼자서 모든 문제를 껴안고 가는 사람은 힘겹기 마련이기 때문이다. 내가 우러러 존경하는 분이 나의 가까운 스승이 되어 준다면 얼마나 좋을까. 주위를 둘러보고, '내가 따르고 싶고, 배우고 싶은 분이 있나' 한 번 살펴보자. 만약 그런 분이 있으면 조용히 그에게 멘토가 되어 달라고 요청하자. 직장 내에서든지 밖에서든지 열심히 멘토를 찾아 나서자.

## 웅진 4. 민기훈 과장/구미1공장 섬유개발실

### [훌륭한 멘토가 되기 위한 4가지 다짐]

나는 2008년 처음으로 멘토로서 멘토링에 참여하게 되었을 때, 과연 내가 누군가에게 훌륭한 상담자와 조언자가 될 수 있을까라는 의구심에 여러 가지 멘토 관련 책들을 뒤적여 보았다. 그러면서 나는 그동안 누구를 멘토로 하여 지금의 나로 성장할 수 있었는지 생각해 보았다. 돌이켜 보면, 사회라는 낯선 환경에 첫발을 디뎠을 때 만났던 멘토를 통해 나의 사회생활에 대한 밑그림을 그릴 수 있었다는 생각이 든다. 운 좋게도 훌륭한 멘토를 만날 수 있어서 웅진케미칼㈜의 문화를 제대로 익히고, 업무에 필요한 많은 정보를 얻을 수 있었으며, 당시 타지에 홀로 나와 있으면서 느꼈던 외로움을 잊을 수 있었디.

그때의 경험은 앞으로 내가 훌륭한 멘토가 되기 위해서 해야 할 일들을 알려주었고, 그것을 토대로 다음 네 가지의 다짐을 하게 되었다. 첫째, 멘제기 어려운 일이나 궁금한 것이 있을 때 언제든지 편안하게 이야기할 수 있는 친근한 멘토가 될 것이다. 둘째, 멘제가 훌륭한 조직원으로 성장하는 데 필요한 지식과 역량을 쌓을 수 있도록 옆에서 적극적으로 도울 것이다. 셋째, 멘제의 본보기가 될 수 있도록, 주변 사람들과 좋은 관계를 유지하고, 지속적으로 자기 계발에 노력할 것이다. 넷째, 공식적인 멘토링 일정이 끝난 후에도 멘토로서 갖추어야 할 능력들을 향상시키기 위해 끊임없이 노력할 것이다.

## 3-2. 삼성 SDS

**윤경희 팀장(삼성SDS 개발팀)**
**[직장생활 고충, 선후배가 함께 풀어요]**

"요즘 커리어우먼은 가정과 직장일, 두 가지 모두를 완벽하게 해내고 싶어 하지요. 멘제와 주고받는 대화의 상당부분도 가정과 직장의 조화에 관한 겁니다. 고비마다 서로 의논하면서 더 좋은 해결책을 이끌어 내곤 해요."

삼성 SDS에서 교육콘텐츠개발업무를 총괄하고 있는 윤경희 팀장(46)은 다른 부서 과장급 후배 여사원 1명과 멘토·멘제 관계를 맺고 있다. 삼성 SDS가 지난해 7월부터 사내 여성사이트 'SDSWomen.com'을 기반으로 사이버 멘토링을 시작하자 기꺼이 멘토로 참여, '특별한 관계'의 주인공이 됐다. 7,000여 명 직원 가운데 10명에 불과한 여성부장인 만큼 후배를 도와주고 이끄는 역할을 자임한 것.

"처음에는 나의 멘제가 누구인지 전혀 몰랐어요. 그도 그럴 것이 인사팀에서 서로를 연결해 줄 때 역할만 알려 줬고, 주로 인터넷 대화방에서 익명의 만남을 가졌으니까요. 하지만 시간이 지나면서 대화내용, 고민의 특징 등을 통해 누구인지 짐작을 했죠. 지난 2월, 7개월 만에 처음으로 오프라인에서 만났을 때 서로가 짐작한 사람이 딱 맞아 둘 다 크게 웃었습니다."

윤 팀장은 자신의 역할에 대해 "이야기를 들어 주거나 경험을 이야기해 주는 사람"이라고 했다. 까마득히 후배라고 해서 무언가 가르치거나 의견을 앞세워서는 안 된다는 것, "어떤 고민이든 해결은 스스로 해야 하므로 좋은 해법을 찾을 수 있도록 옆에서 도와줄 뿐"이라는 설명이다.

어느 날 "멘제가 직장일과 가정사가 겹쳐 어떤 일을 먼저 처리할지 우왕좌왕하고 있다 파트장에게 털어놓고 도움을 청하는 게 옳을까"라며 상담을 요청했다. 이에 대해 윤 팀장은 "일의 우선순위부터 세우고 평소에 직무 위험관리를 하라"

고 조언했다고. 하라, 하지 마라가 아니라 어떤 관점에서 일을 풀 것인지 말해 준 것이다. 그는 "후배와의 교류를 통해 스스로를 돌아보기도 한다며" "나도 든든한 멘토가 있었으면 좋겠다"고 말했다.

윤 팀장은 입사 12년차로 삼성 SDS 여성인력 가운데 최고참급이다. 그는 "전체 직원 가운데 여성인력은 16% 정도에 불과하다"며 "남성 위주 조직에서 힘겨워하는 이가 있다면 멘토링으로 풀어 볼 만하다"고 권했다. "멘토링의 미덕은 긍정적 마인드로 조직생활을 할 수 있도록 서로에게 정신적인 지원군을 만들어 주는 것"이란 게 윤 팀장의 생각이다.


## 3-3. 한국산업은행

### 박재범 행원(한국산업은행)
### [무서운 상사가 든든한 형님으로]

"멘토제도 덕분에 신입행원 시기를 즐겁게 보낼 수 있었습니다. 직장에 빨리 적응하고 애사심도 커졌어요. 특별한 관심을 갖고 지켜보는 선배가 있다는 게 얼마나 든든한지 몰라요."

2002년 8월 입행해 이제 3년차가 된 박재범 산업은행 자금 결제실 행원(29)은 두 명의 선배 멘토를 무척 자랑스러워했다. 입행하자마자 회사가 열어 준 성대한 '멘토결연식'을 통해 최광현 국제금융실 팀장을 멘토로, 박재훈 재무관리 본부 과장을 멘토 도우미로 '모시게' 된 후 지금까지 돈독한 사이를 유지하고 있다.

공교롭게도 세 사람 모두 고려대학교 동문이어서 쉽게 편안한 사이가 될 수 있었다고. "사회생활을 처음 시작하는 신입사원이 수십 년 경력의 선배와 같이 지내는 것은 거의 불가능한 일이죠. 멘토제도가 아니었으면 무서운 직장 상사와 애송이 사원의 관계에 그쳤을 겁니다. 터놓고 이야기할 기회는 물론, 진하게 술 한잔할 기회도 없었겠죠. 하지만 지금은 인생선배로 직장의 든든한 버팀목으로 두 분을 대하고 있습니다. 술자리에선 '형님'이라고 부르기도 해요."

50대, 30대, 20대인 남자 셋이 모이는 만큼 멘토링 터전은 주로 술자리다. 직장

생활 에피소드부터 개인사까지 하지 못할 이야기가 없다. 선배는 후배에게 사회생활의 지혜를 전해 주고 후배는 선배에게 젊은 감각과 패기를 심어 준다. 박 씨는 "다른 직장에 들어간 친구들의 이야기를 들어 보면 나는 정말 행운아라는 생각이 든다"며 "남들보다 빨리 수직교류를 경험할 수 있고 이를 통해 인적 네트워크를 확대하는 효과도 있다"고 덧붙였다.

사실 상업은행의 멘토제도는 금융권에서는 널리 알려져 있다. 신입행원이 연수를 마치면 모범적인 선배를 배정해 은행업무는 물론 진로지도나 인생상담을 하도록 지원한다. 분기마다 지원금이 나와 멘토, 멘토도우미, 멘제가 부담 없이 어울리도록 하는 것도 특징.

박 씨는 "선배들이 직장에 대해 프라이드가 상당히 높아 늘 자부심을 갖고 일한다"고 말하고 "선배의 가르침으로 직무 전문성을 높이는 것도 좋지만, 인간적인 교류를 통해 끈끈한 인연을 맺는 것이 더 매력적"이라고 말했다. 그는 "멘토가 퇴직한 후에도 언제까지나 성실한 멘제로 남아 있을 것"이라며 뿌듯한 웃음을 지었다.

## 3-4. 호텔 신라

**박기완 사원(호텔신라 조리부)**

**[멘토링 덕분에 특급호텔 요리사 꿈 이뤄]**

"대학시절 멘토링을 하지 않았다면 지금 이곳에 없었을 겁니다." 신라호텔 메인 주방의 정육섹션(Butcher)에서 일하는 박기완 씨(28)는 "멘토링 경험담을 말해 달라"는 주문에 경상도 사나이답게 단답형으로 대답했다. 실제로 그는 멘토링 덕을 톡톡히 본 사람이다. 멘토링 덕분에 진로를 진지하게 고민하게 됐고 도전 의식도 생겨 '선망의 대상' 특급호텔 요리사가 됐기 때문이다.

경북 경산시 대경대학 호텔조리과를 졸업한 박 씨는 요리가 좋아 뒤늦게 전공을 바꾸었다. 건축학과에 다니다 제대 후 다시 입학시험을 봐 호텔조리과에 들어간 것이다. 그러나 막연히 요리가 좋았을 뿐 졸업 후 진로에 대해서는 심각하게 생각지 않았다. 스스로 "놀기를 좋아해서 학업에 그리 열심이지 않았다"고 털어 놓았다.

박 씨가 모범생으로 '변신'한 것은 신라호텔에서 10여 년 근무한 하대중 교수와 멘토링(당시엔 전담지도교수제)을 하면서부터였다. 수시로 연구실을 찾아 대화를 나누고 하 교수와 요리봉사 동아리 활동을 함께하면서 적잖은 영향을 받았다. 박 씨는 "하 교수를 만나기 전에는 서울에 큰 호텔이 롯데 하나밖에 없는 줄 알았다"며 "호텔 요리사의 세계를 간접 체험하면서 큰 직장에서 더 많이 배우고 싶다는 생각을 하게 됐다"고 말했다.

특급호텔로 목표를 정한 박 씨는 2000년 7월 신라호텔 실습생 모집에 응시, 선발된 후 엄격한 시험 절차를 거쳐 2001년 1월 정직원이 됐다. 지금은 일 배우는 재미에 푹 빠져 눈코 뜰 새 없이 바쁜 생활이 이어지고 있다.

하지만 바쁜 와중에도 1년에 서너 번 학교를 찾아 스승에게 인사하기를 빼놓지 않고 있다. 하 교수의 전 직장인 신라호텔의 새 소식을 전하기도 하고 한 수 가르침을 받아 오기도 한다. 하 교수가 현역 요리사 시절 활용하던 레시피를 받은 날은 말할 수 없이 기뻤다고. 하 교수 역시 방학 때면 신라호텔 주방을 찾아 제자의 활약상을 직접 보곤 한다.

박 씨는 후배들에게 멘토를 자청, 일자리 정보와 수험 노하우 등을 제공하는 역할도 하고 있다. 그는 멘토링에 대해 "99~2000년 당시는 도입 단계여서 시행착오가 많았지만 이제는 상당히 체계적으로 바뀌었다"고 평가하고 "상대적으로 정보가 취약한 지방대의 경우, 교수나 선배가 멘토링에 참여해 후배들을 좋은 방향으로 이끌어 주는 게 필요하다"고 강조했다.

좁은 인격 넓은 인격

# 멘토링
# 인격 오디세이

초판인쇄 | 2011년 5월 9일
초판발행 | 2011년 5월 9일

지 은 이 | 류재석
펴 낸 이 | 채종준
펴 낸 곳 | 한국학술정보㈜
주    소 | 경기도 파주시 교하읍 문발리 파주출판문화정보산업단지 513-5
전    화 | 031) 908-3181(대표)
팩    스 | 031) 908-3189
홈페이지 | http://ebook.kstudy.com
E-mail | 출판사업부  publish@kstudy.com
등    록 | 제일산-115호(2000. 6. 19)

ISBN    978-89-268-2156-5 04320 (Paper Book)
        978-89-268-2157-2 08320 (e-Book)
        978-89-268-2148-0 04320 (Paper Book Set)
        978-89-268-2149-7 08320 (e-Book Set)

이담 Books 는 한국학술정보(주)의 지식실용서 브랜드입니다.